KB123340

식민지기 인천의
근대 제염업

인천학연구총서 37

식민지기 인천의 근대 제염업

류창호

보고사

머리말

소금은 인간에게 알려진 가장 귀중한 천연화합물 중의 하나이다. 성인의 몸에는 약 250g의 염분을 지니고 있으며, 이것은 혈액, 땀, 소화액, 그리고 효과적인 신경 전달에 모두 필요하다. 따라서 신체 활동으로 소모되는 염분은 반드시 보충해주어야만 생존이 가능하다. 인류는 그 탄생부터 생존의 필수요소인 소금을 찾아야 했으며, 진화의 과정과 문명화를 거치는 동안 다양한 제염법을 만들어 내었다.

그러나 사실 이러한 소금은 지구상 생명이 존재하는 어느 곳에서도 얻을 수 있다. 지구 면적의 70%를 차지하는 바다는 물론, 내륙 곳곳에 있는 염호(鹽湖)나 소금 사막, 소금 광산과 같이 오래전 바다의 잔유물로 남은 흔적에서도 채취가 가능하다. 하지만 우리가 보편적으로 손쉽게 소금을 얻게 된 것은 그리 오래된 일이 아니었다. 미국의 유명 저널리스트인 마크 쿨란스키(Mark Kurlansky)가 "소금은 너무 흔하고 너무 쉽게 구할 수 있고 너무 싸기 때문에 우리는 문명이 시작된 후 겨우 백여 년 전까지도 인류가 가장 애타게 찾아 헤맨 물건 중의 하나가 바로 소금이었다는 것을 잊고 있다"고 말한 것처럼, 우리는 소금을 통해 이루어진 인류의 문명, 그리고 그로 인한 갈등 등을 너무 쉽게 망각하고 있는지도 모르겠다.

우리나라는 암염(巖鹽)이나 정염(井鹽)과 같은 내륙의 소금 산지가 존재하지 않는다. 다만 삼면이 바다로 둘러싸여 있어 바닷물을 이용해 염도가 높은 함수(鹹水)를 만들고 이를 다시 끓여서 소금의 결정 (結晶)을 얻는 자염(煮鹽)이라는 고유의 제염법을 만들어 내었다. 그러나 이러한 전통적 자염 제염법은 근대 이행기에 불어 닥친 소금 수요의 급격한 증가를 따라 잡지 못하였다. 상대적으로 비싼 제조비, 특히 연료비의 부담이 수입염과 경쟁이 되지 않았다. 따라서 1907년 인천 주안에 처음으로 1정보(3,000평)의 시험천일염전을 조성한 것을 시작으로 서해안 일대에 대규모 천일염전을 잇달아 건설하였다.

2017년 올해는 우리나라에 천일제염이 시작된지 110년이 되는 해이다. 그러나 앞서 쿨란스키가 말한 것처럼 불과 110년밖에 안 된 역사의 제염법에도 수많은 오해와 억측이 생겨났다. 일부는 이 천일제염법을 우리나라 전통적인 제염법으로 오해하기도 하고, 또 다른 일부는 우리나라 자연환경과는 맞지 않는 청산되어야 할 식민잔재라고 폄하하기도 한다. 한때 국가재정의 한 축을 담당하는 전매사업이었고, 빈민과 실향민을 구제하는 취로사업이었으며, 또 외화를 벌어들이는 수출산업이기도 했던 천일제염업을 우리는 너무도 모르고 있다는 생각이 든다.

1980년대까지만 하여도 우리나라의 근대 제염업 연구는 극히 미진하였다. 1936년 총독부에서 간행한 『조선전매사』의 수준을 넘지 못하고 있어서, 식민지기 관찬 사료들을 검증 없이 그대로 인용하는 수준이었다. 따라서 일부 연구에서는 과거 일본인들이 이룬 업적이 그대로 한국의 산업화에 일조했다고 하는 소위 '식민지근대화론'의 시각이 여과 없이 투영되어 있기도 하다. 1983년 일본 우방협회(友邦協會)에서 편찬한 『조선의 염업』에는 지금도 한국에서 그대로 사용되고 있는 천일염전을 자신들의 노력과 정진의 기념물이라 하며 해방 전까지 7,000여 정보의 천일염전을 조성하고, 30만 톤 이상의 천일염을 생산한 총독부 전매국의 업적을 식민지 경영의 대표적인 업적으로 소개하고 있기도 하다.

이에 대한 반론으로 1990년대 이후부터는 개항기 상품화폐경제의 발전과 인구의 증가, 그리고 대외무역의 성장에 자극받으면서 국내 소금 생산이 증가하였으며, 또 제염업에서의 자본제적 경영의 발전 계기가 마련됐다는 '내재적 발전론' 입장의 연구들이 나타나기 시작했다. 일제의 염업정책이 기본적으로 식민지 경영의 재정 확보, 그리고 수입염 통제를 통한 관세 수입 증대에 있어서 전통 제염업자의 보호 및 육성은 이루어지지 않았고, 제염업에서의 근대적 발전 또한 매우 제한적이었다는 입장이다. 아울러 최근에는 19세기 초부터 이미 우리나라에 초기의 천일제염 형태의 제염법이 존재하고 있었다는 주장까지 나왔다.

하지만 이와 같이 상반된 연구 경향들은 우리나라의 근대 제염업, 특히 천일제염업에 대한 그 실체적 접근을 어렵게 만들고 있다. 천일제염은 현재까지도 국내 제염업의 중심적 기반을 이루고 있는 제염법이다. 따라서 아직까지도 현재진행형인 이 제염법이 어떻게 만들어졌고, 또 어떻게 변화되어 나갔는지를 파악하기도 전에 그 식민적 성격부터 문제 삼는다든지, 아니면 그 반대로 근대성에 대해 과도한 의미를 부여하는 일은 피해야 할 것이다.

아직까지 우리 학계에서 근대 제염업에 대한 연구는 미비한 상태이다. 이것은 관련된 사료가 지극히 제한적이라는 근본적인 문제가 가져온 결과일 것이다. 식민지기 관찬사료만을 가지고서는 제도사적인 정책 변화나 통계 결과 정도는 얻을 수 있겠지만, 그 이면에 존재하는 염업정책의 궁극적 목표와 제염방식의 변화 과정, 그리고 염부들의 실제적인 삶의 모습들은 그려낼 수 없다.

이러한 상황 속에서 필자는 우연히 일본 가쿠슈인(學習院) 대학 동양문화연구소의 '미공개자료 조선총독부관계자 녹음기록' 자료를 보게 되었다. 동양문화연구소가 2011년 「식민지기 조선에서의 전매제도−염업을 중심으로」라는 제목으로 공개한 녹음기록 3건에는 식민지기 조선의 천일염전에 헌신한 일본인 제염기술자의 생생한 증언이 담겨 있었다. 그리고 다나카 마사타카의 해제 속에서 우방문고(友邦文庫) 안에는 이시카와 타케요시가 정리한 방대한 분량의『조선염업사료(朝鮮鹽業史料)』가 별도로 보관되어 있다는 사실도 알았다. 이『조선염업사료』는 현재 국가기록원의 해외자료 수집 사업의 일환으로 그 복사본이 들어와 있다. 따라서 필자는 이들 자료를 중심으로 식민지기 근대 제염업의 실체를 파악해 보는 작업을 개시하였다. 그리고 그 첫 작업으로 천일제염의 시발지인 인천의 근대 제염업을 선택하였다. 수 많은 통계자료와 도면들, 그리고 난해한 화학공식이 난무하는 시험 보고서까지, 필자로서는 감당하기 힘든 어려운 작업도 있었지만 그 대체적인 변화 사항들은 이들 자료를 통해 확인할 수 있었다.

인천은 천일제염의 시발지일뿐더러, 제염업 발전을 위해 식민지기에 다양한 실험들이 이루어진 근대 제염업의 거대한 시험장이었다. 또한 민간 자본에 의한 천일제염도 가장 먼저 행해진 곳이기도 하다. 본 연구에서는 이러한 식민지기 인천의 근대 제염업을 살펴보기 위해 모두 5장으로 나누어 설명하였다. 문제의 제기 등 서론에 해당하는 제1장을 제외하고는 크게 관영 제염업을 설명한 제2~3장과 민영 제염업을 설명한 제4~5장으로 양분하여 서술하였다. 굳이 식민지기 천일제염업을 관영과 민영으로 구분한 이유는 1930년대 이후에 벌어진 근대 제염업의 질적인 변화상을 고찰하기 위해서이다. 즉 1930년대는 식민지기 근대 제염업에 있어서 커다란 분기점에 해당한다. 1920년대까지 총독부가 직접 대규모 천일염전 건설에 나서며 의욕적으로 펼쳤던 사업들이 재해와 자금난 등으로 좌절되면서 1930년대에 이르면 더이상 총독부의 힘만으로는 이끌어갈 수 없는 상태가 되고 말았다. 조선 내의 시급한 자급화는 물론, 식민 본국 일본이 요구하는 공업염의 수요를 총독부의 재정으로서는 도저히 감당할 수 없을 정도로 천일제염은 대규모의 사업이 된 것이다. 따라서 1930년대 후반 이후 다이니폰염업주식회사를 비롯한 일본의 대자본들이 조선의 천일제염사업에 뛰어들었지만 그 성과는 미미하였고, 오히려 천일제염의 주요 원료가 되는 고즙(苦汁)을 화학공업 방면으로 유출하다가 제염의 생산성을 크게 떨어트리고마는 파국적 결말로 끝을 맺는다.

　이러한 상황 속에서도 인천은 또 다시 주목되는데, 그것은 관영 염전과 마찬가지로 인천에 세워진 민영 염전들 역시 선진적인 제염법의 개량 시험에 함께 참여했다는 것이다. 식염을 제외한 소금은 공업염이라고 하여 다양한 화학공업의 원료로 사용되는데, 1930년대 후반부터 인천의 염전에서도 이러한 공업염 생산을 위한 다양한 시험이 이루어졌다. 그리고 이러한 성과들은 공업도시 인천의 성장에도 큰 역할을 하였다. 해방 후 설립된 한국화약, 인천판유리, 동양제철화학 등 우리나라를 대표하는 대형 화학공업회사들은 제품의 원료인 소금을 손쉽게 얻기 위해 생산공장을 모두 인천에 두었다.

　이처럼 근대 제염업의 발전은 물론 국내 화학공업 발전에 까지 깊은 연관성을 갖고 있는 인천의 염전들은 오늘날 모두 사라지고 말았다. 지금은 소래습지생태공원에 조그만 천일염전 체험장이 남아 있을 뿐이고, 최초의 천일제염시험장이 있었던 주안에는 작은 표지석만이 외롭게 옛 흔적을 알려주고 있다. 하지만 100년이 넘는 시간동안 무수한 사람들이 짜디짠 땀방울을 흘렸을 일생만큼은 우리가 쉽게 잊어서는 안 될 것이다.

차례

제4장 • 조선염업주식회사 설립과 '인천염전'의 운영 실태

제5장 • 전시체제기 인천에서의 기계제염 시도와 고즙공업

제1장
근대 제염업의 성립과
'식민지적 근대'

1. 국산 천일염은 조작된 거짓 신화인가?

  2013년 여름, 어느 유명 맛 칼럼리스트가 쓴 신문 기고문이 세간에 적지 않은 파장을 일으켰다. 그 주인공은 최근 활발한 저작 활동은 물론, 각종 TV, 인터넷, SNS 등을 통해 대중에게 크게 인지도를 높이고 있는 황교익이다. 그는 미네랄이 풍부한 건강식품으로 알려진 국산 천일염의 실상이 사실은 조작된 거짓 신화에 불과하다며 다음과 같이 주장하였다.

  천일염은 나트륨 함량이 적어 건강에 좋은 소금이라고 홍보한다. 정부기관 등의 자료에도 그렇게 되어 있다. 천일염의 나트륨 함량은 80~85%이고 정제염은 98~99%이다. 천일염에는 나트륨이 확실히 적다. 소금에는 또 칼슘, 칼륨, 마그네슘 등 미네랄이 포함되어 있다. 미네랄은 천일염에는 많고 정제염에는 적은데, 둘 다 대충 1~2% 된

다. 정제염의 나트륨 함량 98~99%에 미네랄 1~2%를 더하면 100%
가 맞아떨어진다. 천일염은 미네랄 함량을 넉넉잡아 2%로 보고 여기
에 나트륨 함량 80~85%를 더하면 82~87%가 나온다. 나머지
13~18%가 빈다. 정부기관 등의 자료에는 이 13~18%가 무엇인지 표
시되어 있지 않다. 정제염의 경우처럼 백분율은 그 숫자를 더하면
100이 되어야 하므로 천일염에서 차지하는 13~18%가 무엇인지 적어
놓아야 하는 게 정상이다. 숨겨져 있는 그 13~18%는 물이다. 정제염
에는 물이 없고, 천일염에는 물이 13~18% 함유된 것이다.[1]

이와 같이 그는 국산 천일염의 나트륨 함량이 80~85%에 불과하므
로 미네랄 함량을 넉넉잡아 2%로 본다고 해도 나머지 13~18%는 결
국 물에 지나지 않는데, 정부기관들이 이를 표시하지 않는 꼼수를 피
고 있다고 비판하였다. 아울러 천일염에 함유된 미네랄도 쓴맛을
내는 염화마그네슘이 대부분이어서 결국 몇 년에 걸쳐 간수를 빼내
야 하는 모순을 갖고 있다고도 하였다.

황교익의 이러한 주장에 대해 천일염 생산자 측은 즉각 반박 기고
문을 게재하며 맞섰다. 신안군 천일염생산자연합회는 국산 천일염이
한국만의 독특한 생산 방법과 생태 환경이 만들어낸 산물이라고 하
면서 같은 신문에 다음과 같이 반박하였다.

소금은 원래 더럽다. 바다에서 직접 얻었기에 당연히 먼지와 풀 부
스러기, 보이지 않을 정도의 미세한 흙, 모래가 섞여 있다. 이런 점
때문에 천일염은 식품이 아닌 광물로 분류됐다. 천일염을 사용해야

---

1) 「천일염은 나트륨이 적고 미네랄이 풍부해 건강에 좋다고?」, 《조선일보》 2013년 7월
   27일자 B4면.

김치·장류 등 전통 발효 음식이 깊은맛을 낸다는 건 경험해본 사람은
다 알지만, 그 상식이 법률에 적용된 것은 최근의 일이다. 5년 전인
2008년에야 식약청은 천일염을 식품으로 공식 인정했다. 천일염의
'더러움'이 곧 인체의 생명 물질인 30~100여종의 미량무기물(미네
랄) 함유를 뜻한다는 과학적 사실이 국내에서도 비로소 주목받기 시
작한 덕분이었다. 소금의 입장에서 보자면 천신만고 끝의 회생이라
할 만큼, 오랜 세월 감내해온 오해와 부당한 천대에 대한 보상이었다.
하지만 7월27일자 기고문은 기사회생한 천일염의 뒤통수를 내리쳤
다. 맛에 대한 넓은 식견으로 신뢰를 쌓아온 칼럼니스트의 견해라 하
기엔 아쉬움이 크다.[2]

즉, 신안군 천일염생산자연합회는 국산 천일염에 황교익의 주장처
럼 필요치 않은 다량의 수분만이 있는 것이 아니라 총 30~100여 종
의 미량무기물(미네랄)이 함유되어 있으며, 이는 과학적으로 증명된
사실이라고 하였다. 이러한 함유물은 칼륨 0.31%, 칼슘 0.14%, 마그
네슘 0.98%, 황산이온 1.86%, 수분 9.8% 등 총 13% 내외에 달하며,
이 중 수분을 제외한 미네랄 함량만을 보아도 3.2%에 달해 0.25%에
불과한 정제염에 비해 훨씬 월등하다고 주장하였다. 아울러 천일염
이 오랫동안 광물로 분류되다가 2008년에야 비로소 식품으로 공식
인정되어 기사회생한 이때, 황교익의 주장은 업계에 뒤통수를 내리
친 행위라며 맹비난하였다.

그러나 위의 반박 기고문이 일반 대중들에게 국산 천일염의 효용
성을 설득할 만한 명확한 근거를 제시한 것이라고는 믿기 어렵다. 천

2)「한국 천일염, 다른 나라보다 미네랄 풍부, 요리 匠人들 즐겨 찾아」,《조선일보》2013
년 8월 17일자 B6면.

일염의 '더러움'이 인체의 생명 물질인 미네랄이고, 또 이것이 과학적으로 증명되었다는 말을 믿을 사람이 과연 얼마나 될까? 사실 국산 천일염은 1985년 유엔의 국제식품규격위원회(CAC)가 규정한 코덱스(Codex; 국제식품규격)의 식용염 기준, 즉 염화나트륨(NaCl) 97% 이상 기준에도 훨씬 미달한다. 아울러 이 코덱스 규격에서 제시하는 비소, 구리, 납, 카드뮴, 수은 등 유해 원소의 기준조차 마련되어 있지 않다.3)

하지만 그렇다고 해서 황교익의 주장이 모두 옳다고 할 수도 없다. 천일염이 지닌 천연 미네랄 성분은 아직도 과학적으로 규명할 부분이 많이 남아 있다. 국산 천일염이 우리 전통식품(김치, 장류, 젓갈 등)과 만났을 때 발생하는 탁월한 젖산발효 효과라든가, 연화방지 효과들은 과학 이전에 실생활에서 누구나 손쉽게 경험되고 증명되는 장점들이다. 이러한 사실들에 대한 해명 없이 천일염과 정제염을 단순히 원소 성분의 비율로만 평가내릴 수는 없을 것이다. 특히 국산 천일염이 갖고 있는 다량의 마그네슘은 다른 나라의 소금에서는 볼 수 없는 우리만의 독특한 특징이라 할 수 있을 것인데, 황교익은 이런 천일염을 "시궁창 냄새가 난다"며 단숨에 평가절하하고 있다.

물론 과학적 검증과 정밀한 분석 없이 우리가 천일염에 대한 기존의 통념을 그저 당연한 것으로만 여겨왔다면 황교익의 문제 제기는 충분히 적법한 것이다. 또한 황교익 자신이 어느 인터뷰에서 밝혔듯이, 그가 한국 음식문화의 수준을 저하시키는 문화 권력의 주류들과의 싸움을 통해 한국 음식문화를 변화시키고자 노력하는 것이라면

---

3) 코덱스의 식용염 유해 원소 기준은 비소(As) 0.5mg/kg 이하, 구리(Cu) 2mg/kg 이하, 납(Pb) 2mg/kg 이하, 카드뮴(Cd) 0.5mg/kg 이하, 수은(Hg) 0.1mg/kg 이하이다.

현재의 주류 음식문화에 대한 과감히 비판 역시 격려를 보낼 수도 있다. 그러나 현재까지 이어지고 있는 이 천일염 논란은 건강한 토론을 통해 합리적인 결과물을 얻으려는 모습이 아니라 서로 상대방에게 칼을 겨누는 진흙탕 싸움으로 변질되었다. 정확한 사실에 근거하지 않는 주장을 일방적으로 펼친다든지, 그 배후에 모종의 세력이 있는 것처럼 음모론을 제기하는 모습은 심히 우려스럽다.

이후 천일염에 대한 논란은 단순히 식품학적인 영역에서 머물지 않고, 역사의 영역으로까지 확장되어 나갔다. 천일염은 일제에 의해 만들어진 잔재로 현재는 대만이나 일본에서도 모두 배척받는 생산방식이라는 주장이 나온 것이다. 인터넷과 방송 매체를 통해 황교익은 다음과 같은 주장을 하였다.

> 어느날 문득, 천일염이 전통 소금이 되었다. 천일염은 우리의 것이니 이를 지켜야 한다고 말한다. 한민족 역사를 상징하는 단어인 '땅천년'을 상표로 내건 천일염 제품도 있다. 이건, 신비이다. 일본에서 온 것이라 하면 그 어떤 것이든 청산의 대상으로 삼는 한국인이 천일염에서만은 그 강력한 '민족혼'을 무장해제하고 있다. 천일염은 일제강점기에 일본인이 이 땅에 이식한 소금이다.[4)]

> 우리나라의 천일염 제조방식이 일본 기술자에게서 만들어졌지만 일본에는 없더라고요. …(중략)… 대만과 우리는 일본의 식민지였죠. 그래서 대만, 일본에서 일본인들이 대만에 가서 그 제조방법을 보고 그대로 이식을 한 것이죠. …(중략)… 제가 보기에는 일본에서도 충분히 천일염

---

4) 「일제는 왜 한반도에 천일염전을 두었나」, 《DAUM 스토리볼》, 한국인의 머방(http://storyball.daum.net/episode/12930)

을 만들 수 있는 갯벌지역이 있었는데 안 했던 이유가 자연을 망치기 때문에 안 했지 않았을까? 우리는 청정갯벌에서 생산되는 천일염 이렇게 얘기를 하지만 그거는 청정갯벌을 망치는 방법이거든요.[5]

이처럼 황교익은 우리나라 고유의 전통방식으로 만들어진 자염(煮鹽)이라는 소금이 있었음에도 불구하고 정부와 지자체, 연구기관 등이 이를 숨기고 천일염을 전통방식의 소금으로 대치시켰다고 주장하였다. 그리고 이 천일염은 1907년 일본이 대만의 기술을 들여서 조선 땅에 이식한 식민 잔재로, 과거 공업염 기준을 그대로 따르고 있는 식용으로는 부적합한 소금이라고도 하였다.

이와 같은 황교익의 천일염 비판은 단순한 음식문화의 비평을 넘어 근대 염업사 연구에 드리워진 '식민성'과 '근대성'의 양가적 실존에 대한 근본적인 의문을 제기했다는 점에서 눈 여겨 볼 필요가 있다. 물론 황교익의 주장에는 비합리적인 측면도 있고, 또 역사적 팩트에 어긋나는 점도 많다. 일본이 자국 땅에서 천일염전을 만들지 않은 이유가 자연환경 보호에 있었고, 따라서 그것을 식민지 조선에 건설했다고 하는 주장은 물론 사실이 아니다. 천일염을 생산하지 않은 일본도 해안을 매립하는 방식의 대규모 유제염전을 조성한 것은 마찬가지이기 때문이다. 그러나 지금까지 식민지기 제염업에 대해 그 실체적 사실을 제대로 규명하지 못했고, 또 일반시민들이 여러 가지 잘못된 정보로 혼란을 겪고 있다는 것은 그 동안 역사학자들이 스스로의 임무를 방기하고 있었다는 사실을 인정할 수밖에 없을 것이다.

---

5) 「천일염은 정말 좋은 소금일까?」, 《노컷뉴스》 2015년 7월 24일, CBS시사자키 (http://www.nocutnews.co.kr/news/4448618)

필자는 천일염을 '민족혼'으로 포장하는 경우나 또 식민잔재로 폐기 대상이 되어야 한다는 주장 모두 동의할 수 없다. 그러나 겨우 110년밖에 되지 않은 천일염의 역사 속에도 수 많은 개인들의 수 많은 이야기가 숨겨져 있다고 본다. 때로는 부끄러운 역사일 수도 있고, 때로는 자랑스런 역사일 수도 있다. 이러한 사실들을 하나 하나 찾아나가고 조합을 할 때 우리의 천일염의 역사가 제대로 조명될 수 있을 것이다. 특히 그 동안 우리가 간과해 온 이야기가 있다. 그 이야기의 주인공은 바로 우리 역사 속에 처음으로 천일염을 전파시킨 일본인 제염기술자들이다.

2. 일본인 제염기술자들의 회고하는 식민지기 조선의 제염업

앞에서 황교익이 거짓 신화라고 비판한 천일염은 실제로 불과 반세기만에 전통 소금인 자염을 완전히 몰아내고 강고하게 그 뿌리를 이 땅에 내렸다. 이제 전통 자염은 충청도와 전라도 등 일부 지역에서 민속 행사로만 재현될 뿐이다. 그 외의 지역은 주민들의 기억에서조차 철저하게 망각되어졌다. 10여 년 전, 경기도 시흥의 염전 지대를 조사한 주강현과 이기복이 이곳 주민은 물론 염부(鹽夫) 출신들조차 천일염 이외의 생산 방식을 기억하는 사람이 거의 없다고 토로하고 있을 정도다.[6] 이 지역이 『세종실록지리지』(1454년)나 『신증동국

---

6) 주강현·이기복, 「군자와 소래염전의 천일염」, 『시흥시사』6, 경기도 시흥시, 2007, 269~270쪽.

여지승람』(1530년) 등에 기록되어 있듯이 조선시대 내내 유명한 소금 생산지였음에도 그러하다.

이처럼 천일염이 순식간에 수천 년 역사를 지닌 전통 자염을 몰아 내고 그 자리를 차지한 원인은 무엇일까? 이것은 황교익의 주장처럼 일부의 정부 관계자나 연구자들의 조작만으로는 결코 이루어질 수 없는 일이다. 여기에는 국가적인 대규모 지원은 물론, 그 당시 대부 분의 일반 대중(생산자 및 소비자)들까지 천일염의 효용성을 인정하고 능동적으로 받아들였기에 가능했을 것이다. 따라서 여기서는 일단 우리나라에 처음으로 천일염을 도입시킨 장본인이 일본인이었음을 인정하고, 이들 일본인들이 기억하는 우리나라 천일염에 대해서 살 펴보도록 하겠다. 어떠한 제도와 어떠한 기술적 진보를 통해 우리나 라 제염업을 천일제염으로 바꾸어 놓았는지 규명해 보겠다. 이들 일 본인들은 젊은 시절 식민지 조선으로 들어와 자신들의 반평생을 우 리 천일염전에 바친 제염기술자들이다.

1) 우방협회의 녹음기록과 『조선염업사료』

일본 가쿠슈인(學習院) 대학 동양문화연구소에는 사단법인 중앙일 한협회(中央日韓協會)가 기탁한 418권(총 486건)의 녹음테이프가 소장 되어 있다. 이 녹음테이프는 중앙일한협회 부회장이자 전 조선총독부 식산과장(殖産局長)인 호즈미 신로쿠로(穗積眞六郎)가 1952년 우방협 회(友邦協會)를 별도로 설립하고, 자료집 편찬을 위하여 500회 이상 총독부 관계자들에 대한 청취조사를 한 것이다.[7] 호즈미 사망 이후,

---

7) 우방협회 자료에 대해서는 辻 弘範의 「韓國近代史 關係史料의 蒐集·編纂現況과 展望-

자료 보존 문제가 심각하게 대두되자 1983년 가쿠슈인대학에 기탁되었다. 이후 2000년부터 동양문화연구소가 이 녹음자료를 디지털 음성으로 변환하고, 이를 다시 활자로 옮기는 자료 보존 작업을 개시하였다. 그리고 이들 자료 중 매년 3~4건을 골라 '미공개자료 조선총독부관계자 녹음기록'이라는 제목 아래 해설과 주석을 첨부하여 자신들의 학술지인 『동양문화연구』에 공개하고 있다.

2011년 동양문화연구소는 「식민지기 조선에서의 전매제도-염업을 중심으로」라는 제목으로 녹음기록 3건을 공개하였다.[8] 당시 청취 현장에 참석하였던 미야타 세쓰코(宮田節子)가 기억에 근거하여 발언자를 확정하는 등, 자료의 감수를 맡았고, 조선염업사 전공자인 다나카 마사타카(田中正敬)가 서두에 자세한 해설을 달았다. 3건의 녹음기록 일시와 내용은 다음 〈표 1-1〉과 같다. 녹음기록의 제목은 오픈릴(open reel) 테이프에 붙여져 있는 그대로이다.

〈표 1-1〉 식민지기 조선에서의 전매제도 녹음자료

번호	일시	강사	제목	녹음시간
8077(T138)	1963.05.23.	菊山嘉男	조선총독부의 전매제도 -특히 인삼정책을 중심으로	103분
8225(T268)	1967.04.20.	羽島久雄, 石川武吉	조선에서의 천일염전 축조에 대하여	130분
8014(T381)	1970.11.24.	石川武吉, 柳田万吉	조선에서의 천일염전 축조와 일본에서의 염 수급 방책	127분

友邦文庫 朝鮮總督府 관계자료를 중심으로」(『史學硏究』70, 한국사학회, 2003)와 「朝鮮總督府關係史料の整理と調査-學習院大學東洋文化硏究所での事例-」(『동북아시아문화학회 국제학술대회 발표자료집』, 2005)를 참조.
8) 宮田節子 監修, 「未公開資料 朝鮮總督府關係者 錄音記錄(12) 植民地期朝鮮における專賣制度-鹽業を中心に-」, 『東洋文化硏究』13, 學習院大學 東洋文化硏究所, 2011. 3.

먼저 녹음에 참여한 강사들의 면면을 살펴보겠다. 키쿠야마 요시오(菊山嘉男)는 1913년 동경제대 법과를 졸업한 후 총독부 사무관으로 조선에 부임하였고, 평안북도 내무부장 등을 거쳐, 1932년부터 1933년까지 전매국장을 지낸 인물이다. 연초·소금·인삼·아편 등 조선에서의 전매 물품 전반을 관리, 감독한 총책임자였던 것이다. 비록 전매국장으로 일한 시기가 2년밖에 안 되고, 구술 내용도 주로 인삼정책에 치중하고 있는 등 한계가 있으나, 전매제도 속에서의 염업을 총독부 전체의 정책 방향이라는 큰 틀 안에서 증언하고 있다.

키쿠야마가 염업정책의 입안자였다면, 그 외의 하시마 히사오(羽島久雄), 야나기다 만키치(柳田万吉), 이시카와 다케요시(石川武吉)는 천일염전 현장에서 직접 활동한 제염기술자들이다. 하시마는 1911년 전매국의 임시고원으로 들어와 1914년 광량만(廣梁灣)출장소의 기수(技手)가 되었고, 1931년 주안(朱安)출장소의 군자(君子)파출소장이 되었다. 야나기다 역시 1911년 광량만출장소의 기수로 들어와 남시(南市), 귀성(貴城), 덕동(德洞), 해남(海南)의 각 출장소에서 근무하였다. 특히 황해도 연안군 해남염전에서 7년간 근무하다가 패전을 맞이하여 3개월 반 이상 억류되며 소금 도난과 임금 미지급 건 등으로 고충을 겪은 이야기를 사실적으로 증언하고 있다. 마지막으로 이시카와는 일본에서 약(藥)학교를 졸업하고, 1922년 주안출장소 고원(雇員)으로 조선에 들어왔다. 1928년 남동(南洞)파출소의 현장감독이 되었고, 1929년 전매본국 분석실에서 근무하다가, 1932년 광량만출장소로 이동하여 1935년 귀성염전을 조성하였다. 1939년 덕동파출소장, 1941년 남동파출소장, 1942년 군자파출소장을 잇달아 지냈고, 1944년 퇴직한 후, 전라북도 줄포(茁浦)로 가서 민간 기업인 남선화학공업(南鮮化學工業)주식회사의 염전

축조에 관여하다가 전국이 악화되자 일본으로 돌아갔다. 일본으로 돌아간 이후 염업조합중앙회에서 근무하였고, 1945년 일본 지바현 후나바시(船橋)에 5정보의 천일염 시험염전 조성에 착수하다가 패전으로 그만두게 된 특이한 이력도 가지고 있다.

특히 이시카와는 일본 귀환 당시 자신이 갖고 있는 방대한 양의 조선염업자료를 가지고 돌아갔다.[9] 현재 가쿠슈인대학에 소장되어 있는 우방문고(友邦文庫)의 염업자료가 바로 이것이다. 이시카와가 현장감독으로 근무한 주안과 광량만 등 현지에서 정리한 자료뿐 아니라 전매본국 분석실 근무 당시 타 염전에서 제출된 자료들도 모두 등사(謄寫)하여 자신의 기록으로 남겼다. 이시카와가 녹음기록 중에서 일부 소개하거나 자신이 직접 읽은 자료들은 대개 이 기록들을 참조한 것이었다. 『조선염업사료(朝鮮鹽業史料)』로 이름 붙여진 이 자료는 아래 〈표 1-2〉와 같은 7개의 파일로 구성되어 있다.

〈표 1-2〉『조선염업사료』의 내용과 문서번호

연번	문서 제목	友邦文庫 문서번호	국가기록원 관리번호
1	조선염업사료 총설편: 조선의 천일염에 관한 자료	M4-159-1	CTA0002790
2	조선총독부 전매국 염업통계자료	M4-159-2	CTA0002793
3	전매국 주안출장소 관계자료	M4-159-3	CTA0002798
4	전매국 광량만출장소 관계자료	M4-159-4	CTA0002800 CTA0002807
5	전매국 귀성출장소 관계자료	M4-159-5	CTA0002809
6	전매국 남시, 해남출장소 관계자료	M4-159-6	CTA0002816
7	민간자본에서의 천일염전 축조 관계자료	M4-159-7	CTA0002822

---

9) 『朝鮮鹽業史料』, 『朝鮮總督府 專賣局, 製鹽官署關係史料』, 『朝鮮總督府 專賣局, 天日鹽田에 관한 자료』 등 이시카와 타케요시가 수집한 방대한 양의 조선염업 자료들은 현재 가쿠슈인대학 동양문화연구소에 '石川資料'로 보존되어 있다.

2) 기억을 넘어 기록으로

2011년 동양문화연구소가 공개한 「식민지기 조선에서의 전매제도 -염업을 중심으로」라는 제목의 녹음 기록 3건에는 키쿠야마 요시오, 하시마 히사오, 야나기다 만키치, 이시카와 다케요시 등 4인의 강사 외에 호즈미 신로쿠로, 카미타기 모토이(上滝基; 전 식산국장), 키시 켄(岸謙; 전 경성전기 감리과장) 등 다수의 우방협회 관계자가 참여하고 있다. 특히 1963년 5월 23일에 열린 키쿠야마 요시오의 강연은 미야타 세쓰코, 야마베 켄타로(山辺健太郎), 카지무라 히데키(梶村秀樹), 강덕상(姜德相), 금병동(琴秉洞) 등 와세다대학과 도쿄대학 대학원생들인 젊은 역사학도들이 참여하는 '조선근대사료연구회(朝鮮近代史料硏究會)'의 제249회(추정) 연구회 모임이기도 하였다.[10)]

'식민자'들의 집단적인 '기억의 역사화' 작업으로도 평가받듯이, 우방협회의 녹음 기록 작업은 식민지 인식과 같은 조선통치 관계자들의 다양한 기억을 집단적인 '공적기억'으로 형성시키는 작업이었다.[11)] 즉, 단순한 개인의 회고담이 아니라 집단적인 질의와 토론을 통해 다양한 개인적인 기억을 공적으로 수렴화시키는 역사화 작업이었던 것이다. 특히 1967년 4월 20일에 있었던 하시마와 이시카와의 강연, 그리고 1970년 11월에 있었던 이시카와와 야나기다의 강연에서는 전술한 이시카와의 『조선염업사료』 일부 자료들이 제시되며, 참석자들이 구체적인 사실 관계를 검증하는 작업이 함께 이루어지고

---

10) 조선근대사료연구회 결성 경위에 대해서는 미야타 세쓰코(정재정 역)의 『식민통치의 허상과 실상』(혜안, 2002)을 참조.
11) 이형식, 「패전 후 조선통치관계자의 조선통치사편찬-우방협회를 중심으로」, 『동양사학연구』131, 동양사학회, 2015.

〈그림 1-1〉　　　　　　　　　　〈그림 1-2〉
우방협회의 녹음테이프　　　　『전매국 주안출장소 관계자료』

있었다. 1966년 11월, 일본 염업조합중앙회를 퇴직한 이시카와(1895
년생)는 70이 넘은 노구를 이끌고 나와 열정적으로 자신의 경험을 설
명하고, 자신이 가지고 있는 이 염업 자료들을 우방협회에 기증할 뜻
을 비춘다.

【이시카와】 네, 저 역시 지금은 퇴직하여 한가한 몸이 되었어요. 집에
　　있으면서 양지를 발호하는 것 보다는요, 뭐라고 해도 추억이 있는
　　이 천일염의 일에 종사하였기 때문에, 이와 같은 기록을 쉽사리,
　　죽을 때는 불타버릴 테니까, 아까운 것 같은 기분도 드네요. 여기
　　서 자료가 필요하다면 드리겠어요. 전부 뭐 드리겠다고 생각했어
　　요. 그런데 드리려고 해도, 한가한 몸이라서 정리해 보면 어떨까하
　　고. 이것인데요. 제가 정리한 것인데요. 이것이 제가 2년간 정리한
　　서류에요. 이것은 제법 참고가 되지 않을까하고 생각합니다.

…(중략)…

【이시카와】 지금까지, 조선을 引揚할 때에, 배낭에 넣어 온 사람은 없
　지 않을까 하고 생각해요.

【여러 명】 없었어요.

【구도】 終戰 전에 돌아오게 되었기 때문이죠.

【이시카와】 그래서 있게 되었다고 생각해요. 게다가 제가 고용된 신분
　으로 이 정도의 자료를 가지고 돌아왔으니까요. 제조과의 자료를
　말이에요. 대만의 것부터 內地의 관염까지요. 이것이 제가 분석
　실에 있어서, 분석의, 本局의 분석의 지령을 하던 것이에요. 몸이
　비교적 능숙해서요. 분석의 사이에. 그래서 엄청난 견본이 있던
　것이에요. 見本鹽이어서 자꾸 들어오고, 그것을 팔았던 것이기
　때문에. 저희 쪽에서 분석하여 팔았기 때문에. 그, 우선 그 鹽의
　견본에, 또한 각 담당자는 여러 가지 묻는 바가 있던 것 같아요.
　여러 가지. 그래서 여러 가지 것을 들었는데요. 저에게 모두 물으
　러 왔던 것입니다. 그러면 한 가지, 그러한 것을 물으면, 언제나
　쭉 이렇게 메모장에 기록하듯이, 생산비부터 이것저것 모두. 그
　자습서를 모두 주려고. 그래서 틈이 나는 대로, 저쪽도 잘 만들어
　주어야겠다고 생각했습니다. 그 정도의 것을. 저처럼 고용된 신
　분의 사람에게. 잘 공개했다고 생각해요. 이러한 서류를.

【키시】 그 정도의 자료를 저쪽에서 일단 謄寫版이든 뭐든 만든 거죠?

【이시카와】 제가 모두 도움을 받아서, 고용된 중간에.

【키시】 비밀이었습니까? 뭐였습니까?

【이시카와】 극비로.[12]

이시카와가 조선을 떠나 일본으로 돌아간 시기는 종전 직전인 1944년 10월이다. 위의 발언에서 알 수 있듯이 이시카와는 귀국 당시 자신이 전매국 분석실에서 근무할 때 수집한 조선, 대만, 관동주(關東州)의 견본염 자료 등 다양한 염업관계 자료를 가지고 갔다. 이시카와 본인이 이 자료들 모두가 극비 문서였다는 것을 밝히고 있듯이, 사실 이러한 행위는 군법으로 처벌되는 중대 범죄였다. 당시 소금은 일본 군수자원국에서 관리하는 중요 자원품의 하나였고, 따라서 단순한 소금 밀매조차 이적죄로 처벌되는 경우도 있었다.13) 그러나 이시카와는 귀국 후 곧바로 일본 염업조합중앙회에 취직하였고, 또 그 자신이 조선에서의 제염 기술을 일본 염업에서 적용시키고자 부단히 노력한 사례가 있으므로 이와 같은 행위는 묵인된 것으로 보인다. 다른 사람들의 경우, 즉 키쿠야마는 전재(戰災)로 인해 집이 불타 자료를 모두 소실하였다고 하였고, 야나기다는 종전 후 3개월 이상 억류되는 등 도저히 자료를 가지고 나올 수 있는 상황이 아니었다고 하였다. 따라서『조선염업사료』는 식민지기 조선 염업에 대한 가장 상세하고도 종합적인 자료로 남게 되었고, 이시카와는 이를 어떻게든 활자로 남기고 싶어했다. 이러한 작업은 자신들의 고생담을 역사로 남기는 일일뿐 더러, 한국 정부에도 보내주면 아시아의 민족을 위해서도 유익한 일이 될 것이라고 하였다. 또한 한국으로부터 매년 상당량의 천일염을 수입하고 있으므로 염업조합의 이익을 위해서도 좋은 일이라고 하였다. 그러나『조선염업사료』의 정리 작업은 우방협회의 실정 상, 당장 실행하기에는 어려운 일이었다. 우방협회의 이

---

12) 宮田節子 監修 앞의 글 472쪽
13) 石谷寅三, 「塩の仁川」, 『朝鮮之水産』105, 朝鮮水産會, 1934.

사인 카미타기 모토이(上滝基)는 당시 우방협회가 처한 재정 상의 어려움을 다음과 같이 말하고 있다.

【카미타기】 그리고 다만, 나머지는 상세히 이야기하지는 않겠지만요, 이것은 정부의 보조라고 하는 것은 한 푼도 없었습니다. 그래서 지금까지 17년 간, 호즈미씨가 이곳저곳 篤志家를 돌고, 기부금을 모아가지고 17년 간 계속한 것입니다. 호즈미씨도 심장이 나빠져서, 만 2년 동안 집에서 틀어박혀 있었고, 요주의 상태였습니다. 최근 건강을 되찾았어요. 그래서 君이 거들어달라고 호즈미씨가 말씀하셔서, 제가 1년 반부터 호즈미씨를 대신해서 이곳저곳 독지가를요, 구걸하듯이 부탁하고, 얼마 안 되지만요. 그래서 겨우겨우 운영하고 있습니다. …(중략)… 그래서 이와 같은 점은 양해를 하시고, 여기서 하시면 고맙겠지만, 거기에 대한, 실비의 보수를 지불하고 하는 것은 전혀 가능하지 않습니다. 그냥 당신이 자비로라도 줄까라고 하는 마음으로, 후세를 위해 정리할 수 있다면, 그 정리가 된 것을, 여기로 주라고 하면, 그것도 뭐, 다만 인쇄가 될지 안 될지. 지금까지도 인쇄하려는 원고를 받고 있는 것이 많이 있어서, 비용의 점에서 할 수 없다고 생각되네요. 그러고 싶은데도. 그러나 여기에 잡아 두었습니다. 녹음 테이프로, 영구히는 남지 않겠지만. 이러한 것은 未來永劫인 것은 아닙니다. 활자로 하면 영원히 남는 것이지요. 그래서 그것을 한데 모아서 준다면, 이것을 어느 날인가 활자로 할 것입니다. 이런 생각입니다만.14)

당시 우방협회는 『조선근대사료연구집성』, 『조선농업발달사』, 『조선토지개량사업사』 등의 자료집을 간행하고 있었는데, 그 출판비는 전적으로 호즈미 이사장이 전직 총독부 관료들이 있는 은행협회나 야와타제철 등에서 모집한 기부금에 의해 간신히 충당하고 있는 실정이었다.[15] 따라서 위의 카미타기 이사의 말에서도 알 수 있듯이 실비의 보수는커녕 원고의 인쇄도 어느 시기가 될지 장담 못하는 실정이었다. 염업조합 중앙회로부터 기부금을 받아 출판하던지, 아니면 당시 일본전매공사에서 편찬 중인 『일본염업사』에 참여하던지 하자는 의견도 개진되고 있었지만, 아래 호즈미의 발언처럼 일본이 아닌 조선의 염업사를 출판하자는 이들의 계획은 여러 가지 난관이 예상되고 있었다.

【호즈미】 일본의 모든 그게, 조선이나 어딘가의 것에 대해 상당히 냉담합니다.

【이시카와】 그렇습니다.

【호즈미】 자기의 나라가 아니라고 생각하는 것이죠.

【이시카와】 네.

【호즈미】 그래서 염업조합에서 받아도 되겠지만, 내기 위해서는 우리가 상당히 一生懸命으로 하여 염업조합을 납득시키지 않으면 안될 겁니다.[16]

---

14) 宮田節子 監修, 앞의 글, 474~475쪽.
15) 호즈미 신로쿠로 이사장은 1970년에 사망하였다.
16) 宮田節子 監修, 앞의 글, 477쪽.

결국 이시카와의 『조선염업사료』는 우방협회, 염업조합 양쪽 모두
에서도 출판되지 못했다. 그러나 이시카와는 비록 미완고 상태이기
는 하지만, 총 200매가 넘는 방대한 분량의 글인 「조선의 천일제염
에 관한 자료」를 1971년에 어느 정도 완성해 놓고 있었다.[17] 그리고
이글은 다시 42매 분량의 글로 축약되어 1983년 우방협회가 간행한
우방시리즈 제26호 『조선의 염업』의 부록편에 필사본 영인판의 형태
로 실려 겨우 세상에 알려지게 되었다.

다음으로는 세 차례에 걸친 각 강연의 요지와 그 특징에 대해서 살
펴보기로 하겠다.

3) 전매제도의 본질을 말하다

1963년 5월 23일에 열린 키쿠야마 요시오(菊山嘉男)의 강연은 '조
선총독부의 전매제도'라는 주제로 열리었다. 당시 키쿠야마는 74세
의 노인으로 총독부 시절 전매국장으로 재직했던 경험을 들려달라는
우방협회 측과 조선근대사료연구회의 요청을 흔쾌히 승낙하고 강연
에 임했다. 이 강연에서는 전매국과 미쓰이(三井)물산과의 관계, 담
배 수매 과정에서의 생산 농가와의 갈등 등 매우 흥미로운 증언들이
나왔다. 비록 제염업에 관한 내용은 소략하다고 할 수도 있지만, 식
민지기 조선의 전매제도의 실정을 전체적으로 유추해 볼 수 있는 중
요한 내용들이 많았다. 단순한 에피소드 중심의 회고담으로 흐르지
않도록 전매제도의 구조적 실태를 질문하는 조선근대사료연구회의
젊은 연구자들의 모습 또한 인상적이다. 강연의 서두에서 우선 키쿠

---

17) 『朝鮮鹽業史料 總說篇: 朝鮮の天日製鹽に關する資料』(CTA0002790)에 수록.

야마는 식민지기 전매국의 사업을 다음과 같이 소개하고 있다.

【키쿠야마】 당시, 그 조선총독부의 전매국이란 곳에서 지내면서 하였
  던 일이라는 것은 우선 담배의 제조·판매입니다. 담배의 제조·
  판매가 첫째이고, 그 다음은 鹽, 食鹽입니다. 식염의 제조·판매
  죠. 그리고서 人蔘입니다. 한 마디로 인삼이라고 말하기는 했는
  데, 여러분들이 잘 아실 테지만, 白蔘이란 놈은, 하얀 인삼은 전
  매는 아닙니다. 전매로 하는 것은 紅蔘이란 것만이 전매되었습니
  다. 그리고 또 한 가지는 아편입니다. 아편의 제조·판매도 전매
  국의 일이었습니다.[18]

  국가가 재정수입을 주목적으로 법률에 따라 특정한 물품의 제조와
판매 등을 독점 경영하는 것을 전매라고 한다. 위의 키쿠야마의 말에
서 알 수 있듯이 총독부 전매국이 관할하는 전매물품으로는 담배, 식
염, 인삼, 아편 등 4품목이 있었다. 그 중 인삼은 홍삼만으로 한정하
며, 식염 역시 관영 천일염전에서 생산하는 천일염만이 전매 품목이
었다. 민간에서 생산하는 전통 자염이나 수입염을 원료로 하여 가공
한 재제염(再製鹽) 등은 자유 판매로 허락되고 있었던 것이다.
  전매에는 통상 수익을 목적으로 하는 경우와 공익을 목적으로 하는
경우로 구분되는데, 식민지기 조선에서의 전매품들은 아편을 제외하
고는 대부분 수익적 목적이 강했다.[19] 키쿠야마는 이러한 전매 물품

---

18) 宮田節子 監修, 앞의 글, 420쪽.
19) 田中正敬, 「植民地期朝鮮における專賣制度 -鹽業を中心に-」, 『東洋文化硏究』13, 學習
  院大學 東洋文化硏究所, 2011, 398~399쪽.

으로 얻어지는 순익금이 5천 만엔에 달했다고 했는데, 그 중 3천 만 엔이 담배에서 나왔고, 그 다음은 식염, 그리고 아편과 인삼에서 생 기는 이익이 20% 정도였다고 증언하고 있다. 그러나 『조선전매사』 등에 나오는 통계에 따르면 담배의 이익은 이보다 더 커서 1920~30 년대 내내 전매국 수입의 80~90%에 달했고, 식염은 1930년대에 들 어서 10% 내외를 점했으며, 인삼과 아편은 상당히 미미한 비율을 차 지하고 있었다. 1921년 전매국 출범 이후 전체 총독부의 세입 면에서 볼 때, 이들 전매품의 수입은 총독부 재정의 약 10~20%의 비중을 차 지하고 있었다. 1925년 이후 약 25% 이상을 상회하는 철도 수입보다 는 작았지만, 1930년대 20%를 채 넘지 못하는 조세 수입과는 비등한 위치를 차지했다는 점에서 결코 무시할 수 없는 수익이었다.

그러나 키쿠야마는 이들 전매품이 수익적 목적 뿐만 아니라 공익 적 목적 또한 가지고 있었음을 강조한다. 담배의 경우 니코틴이 많고 조악한 재래 담배를 폐기하고 그다지 해독하지 않은 담배를 보급하 기 위해 노력하였고, 식염의 경우 산동과 관동주 등에서 들어오는 수 입염을 막고 조선 내의 소금 생산 증진과 안정을 목적으로 하는 소금 의 자급화에 노력했다는 것이다.

【키쿠야마】 염은, 식염은 아시다시피 조선의 풍토에서 말하자면, 염은 비교적 양질의 염이 만들어집니다. 그곳은 雨期에는 많은 비가 내리고, 건조한 때는 상당히 건조하다는 것 때문에, 바닷물의 염 분의 도가 상당히 높습니다. 따라서 이것을 그 식염으로 만드는 때에는 비율에서 먹을 수 있는 부분이 많고, 수고도 안 든다고 하 는 이익이 조선의 제염사업에서는 있는 것입니다. 그런데 성가신

일이 된 것은 그 근처에는 山東방면으로부터의 값싼 염이, 저쪽
에서 시세가 내려간 때에는 싸고 품질이 조악한 염이 많이 조선
으로 들어오는 겁니다. 그리고 그 때문에 조선의 내부에서 훌륭
한 염을 만드는 사람들의 商賣를 해칩니다. 애써서 그 염전을 일
구어 염을 착실히 만드는 사람들이 상매를 할 수 없게 되고, 그러
한 위험이 있었던 것입니다. 그래서 염의 제조는 전매로 하고, 비
록 關東州 주변의 값싼 염이 들어온다고 하여도, 그래도 그것을
막고, 그것에 관세를 걸고, 그리고 조선 내의 염의 생산을 조장하
여 안정되게 하고, 이러한 목적이 있었던 것입니다. …(중략)… 그
리고 그 후 점차 조선에서도, 제가 있던 때도 공업에서 염을 사용
하였고 공업염의 발달이 점차 현저하게 되었습니다. 거기서 그,
공업염에는 값싼 염을 쓰지 않으면 안 된다고 해서, 산동 주변의
값싼 염을 써달라고 하는 목소리도 있었지만, 오로지 가급적이면
조선에서의 염의 자급을 하려고 했습니다.[20]

위의 글에서 알 수 있듯이 키쿠야마는 조선의 자연 조건이 제염업
에 매우 유리하다는 긍정적 평가를 내리고 있다. 그러나 산동과 관동
주에서 들어오는 값싼 천일염에 의해 조선의 염업자들의 상매(商賣)
를 어렵게 만들었고, 따라서 전매제(정확히는 '제조전매제')를 통해 소
금의 생산을 증대하고 자급화를 꾀했다는 논리이다. 하지만 이러한
주장을 사실 그대로 받아들이기에는 여러 가지로 무리가 따른다. 위
와 같은 논리는 일본 염업사에서는 통할지 몰라도, 식민지 조선에 그

---

20) 宮田節子 監修, 앞의 글, 421~422쪽.

대로 적용하기에는 힘들기 때문이다.

일본 내지(內地)에서 염 전매제의 시행은 1905년에 이루어졌는데, 이는 러일전쟁 당시 군비 조달의 목적으로 창설된 것이었다. 그러나 그 내면적인 측면에서는 수입염으로부터 생산자를 보호하고 소금의 수급조정을 원활히 하기 위한 목적이 더 강했다. 일본은 염 전매제 실시 이후, 각지에 염업 시험장을 설치하여 생산 방식의 개량화에 나섰고, 수 차례의 구조조정으로 경영의 합리화도 이룩하였다.[21] 반면에 식민지 조선에서의 염 전매제는 식민지적 생산력의 발전에만 그 초점이 맞추어져 있었다. 관영(官營)의 천일제염을 통해 생산력을 증대시킴으로써 총독부의 재정수입 증대에 이바지한다는 목적을 가졌지만, 종래의 재래 염업자들에 대한 고려는 거의 없었다. 오히려 이들의 생산관계를 해체시키고 노동자로서의 종업원만을 천일제염이라는 새로운 생산관계 속으로 포섭시키려 하였다는 주장도 있다.[22] 아울러 총독부는 1942년 '조선염전매령'을 시행하기 전까지 전면적인 염 전매제로 이행할 적극적인 의지도 없었다. 민간 염업자들에 대한 대응책을 세우기에는 막대한 재정이 필요했기 때문이다.[23] 다만 1930년에 제정된 '염수이입관리령(鹽輸移入管理令)'을 통해 수입염까지 통제권을 갖는 것이 가능해지자 이른바 블록 경제의 차원에서, 즉 제국의 식민지 역내에서의 소금의 자급자족을 목표로 하는 정책으로

---

21) 일본의 제염업 발달 과정은 田中新吉의 「日本塩業を顧みて」(『日本塩学会志』4(3-4), 日本塩学会, 1950)와 村上正祥의 「わが国における製塩法の発達: 明治以降の製塩法の発展」(『日本海水学会』36-2, 1982)을 참조.
22) 이영호, 「통감부시기 조세증가정책의 실험과정과 그 성격」, 『한국문화』12, 서울대 규장각 한국학연구원, 1991, 370~371쪽.
23) 田中正敬, 앞의 글, 412쪽.

전환하였다. 1942년 '조선염전매령'을 통해 전매제도를 완성시킨 것
은 전시 상황이라는 특수한 정세의 산물에 지나지 않는다.

4) 피와 땀으로 일군 동양 최고의 천일염전

해방 전까지 조선총독부는 총 7,000여 정보가 넘는 천일염전을 조
성하고, 30만 톤 이상의 천일염을 생산하는데 성공하였다. 이는 총
1만 정보의 천일염전을 조성하여 조선에서의 소금의 완전 자급화를
이룩하겠다는 본래의 목표에는 도달하지 못한 것이지만, 당시 총독
부 당국자들은 이를 식민지 경영의 대표적인 업적으로 선전하였다.
마찬가지로 1967년 4월 20일, '조선에서의 천일염전 축조에 대해서'
라는 주제로 강연한 전매국 제염기술자 하시마 히사오(羽島久雄)와
이시카와 다케요시(石川武吉)의 인식 속에서도 이러한 점은 그대로
표출되고 있다. 우선 하시마는 조선에 천일염전이 세워진 경위와 성
과에 대해 다음과 같이 말하고 있다.

【하시마】 이때 度支部에 임시재원조사국이란 것이 만들어지고, 그리
　　고 한국의 요컨대 傭聘官吏라고 하여, 이런저런 사람을 들여놓고
　　있었지만, 천일염전이라는 것에 대해서 內地人의 경험자가 없었
　　기 때문에, 누가 좋겠냐는 것으로, 大藏省에 그 당시 勅任技師인
　　오쿠겐조(奧建藏)라는 분이 계셔서, 그 분과의 여러 차례 의논한
　　결과, 대만에서 천일염전의 경험을 가진 사람을 부르지 않겠냐고
　　하여, 야마다 나오지로(山田直次郎)와 미키 케요시로(三木毛吉郎)
　　라는 두 사람을 한국의 용빙관리로 하여 부르게 되었습니다. 그

리고, 천일염전의 適地는 어디로 할 까하는 것으로, 적지를 탐색한 바가, 부산의 鳴湖島란 곳이었습니다. 이 명호도에 적지가 있다고 하는 것으로, 여기라면 좋겠다는 것으로, 한국정부 측에 이야기를 해보려 했지만, 그곳은 너무 거리가 京城과 멀어 연락상 불편하다고 하여, 좀 더 가까운 곳으로 하고 싶다고 하는 희망이 있었네요. 거기서 이번에는 훨씬 북상하여, 목포로부터 훨씬 위에 있는 곳인, 한강의 옆인 朱安이라는 괜찮은 곳이 있었으므로, 이야기 해 본 바가, 여기는 매우 가깝기도 하고 양호하다고도 하여, 그곳에 대만식 천일염전의 염전 면적 1정보를 시험염전으로 하여 만들게 되었습니다. 그것이 명치 40년(1907)이네요. 그래서 시험의 결과, 그 만들어진 물품도 상당히 훌륭한 것이고, 또 가격도 그렇게 들지 않았습니다. 이것이 된다면 상당히 좋지 않을까라고 하여서, 이번에 드디어 확장하지 않겠냐고 하여, 제1기 공사라고 해서 대동강 하구에 있는 廣梁灣이라는 곳, 이곳이 매우 좋은 곳이라고 하여, 그곳에 1천 정보의 염전을 계획한 것이 제1기 공사인데, 거기서부터 점차 확장하여, 주안 안에도 또 여기저기 정보를 늘리고, 또 광량만 쪽에도 여기저기 증설하였습니다. 또 北鮮 쪽의, 南市 쪽에도 역시 만들었습니다. 혹은 황해도의 해안에도 만들려고 했듯이, 점차 점차 면적이 확장되었는데요, 그리고 생산고도 점점 올라갔습니다. 또한 염전 면적도 전부 약 7천 정보 가까이 되었다고 생각하는데요, 가장 마지막에요. 이와 같이 해서, 상당히 조선의 천일염전도 성적이 순조롭게 되었던 것입니다.24)

1906년 통감부 재정고문 메가타 다네타로(目賀田種太郞)의 제안으로 광범위한 염업조사가 이루어진 후, 대장성(大藏省)의 칙임기사(勅任技師)인 오쿠겐조(奧建藏)의 추천으로 대만에서 천일염전 경험이 있는 야마다 나오지로(山田直次郞), 미키 케요시로(三木毛吉郞) 두 기사가 조선으로 들어와 1907년 경기도 주안(朱安)에 최초의 천일염전이 조성되었다. 그런데 흥미로운 사실은 위의 하시마의 발언에서 알 수 있듯이, 원래 통감부가 천일염전의 적지(適地)로 지목한 곳이 주안이 아니라 낙동강 하구의 명호도(鳴湖島)란 것이다. 현재의 행정구역상 부산광역시 강서구 명지동에 속하는 명호도는 일명 명지도(鳴旨島)로도 불리며, 예로부터 수만 석의 소금을 생산한 영남의 대표적인 염벗[鹽田]이었다. 1733년(영조 9)경에는 박문수(朴文秀)에 의해 진곡(賑穀) 확보를 위한 공염장(公鹽場)이 설치되어, 1819년(순조 19)까지 유지되기도 하였다.25) 그리고 『한국염업조사보고』(1908년)에 의하면 한말의 명지면에는 총 82.86정보에 이르는 입빈식 유제염전이 있었고, 그 생산량도 37,287석에 달하였다고 한다. 염전 소유자 중에는 일본인도 있었기 때문에 전통적 제염방식만이 아니라 일본식 제염기법도 도입되었을 가능성도 있다.26) 따라서 처음 일본이 천일제염 시험장을 명호도에 설치하려던 이유는 이곳이 일본과 지리적으로 가까울 뿐만 아니라 19세기 후반부터 이미 부산과 낙동강 연안 지역에 일본산 수입염 판매망이 갖추어져 있었다는 장점을 노렸을 수도 있

---

24) 宮田節子 監修, 앞의 글, 448쪽.
25) 명지도의 공염장에 대해서는 강만길의 「조선후기 公鹽 제도고—鳴旨島 鹽場을 중심으로」(『사학지』4, 단국대학교 사학회, 1970)와 이욱의 「조선후기 염업정책 연구」(고려대학교 박사학위 논문, 2002)가 참조된다.
26) 유승훈, 『우리나라 제염업과 소금민속』, 민속원, 2008, 127쪽.

다고 추측해 본다.[27)]

　아울러 대한제국 정부가 천일제염장을 경성과 가까운 곳에 설치해 달라고 요구하여 인천 주안이 차선책으로 선택되었다는 사실도 주목할 필요가 있다. 인천은 이미 1899년 탁지부가 농공상부로 하여금 20정보 규모의 제염시험장을 설치토록 하여, 이듬해인 1900년에는 기수(技手) 변국선(卞國璿)이 처음으로 200석의 소금을 생산하기도 한 곳이다.[28)] 연료로 석탄을 사용하고 풍우계, 섭씨한난계 등 과학적 계측도구를 사용한 것으로 보아 전통적인 제염법에서 벗어난 근대적 생산 방식이었을 것으로 추정된다.[29)] 이러한 곳에 최초의 천일염 시험장이 설치되었다는 점은 대한제국 정부가 통감부 못지 않게 근대 제염업으로의 개편을 강력히 희망하였다는 사실을 증명하는 것이기도 하다.

　한편 "천일염전이란 것에 대하여 내지인(內地人)의 경험자가 없었기 때문에" 대만전매국의 두 기사를 초빙했다는 것에서 알 수 있듯이 당시 일본에서는 천일제염 기술자가 전무한 상태였다. 따라서 일본 정부는 동경수산강습소(東京水産講習所)에 천일제염에 관한 기술자 양성소를 별도로 개설하여 인재 양성에 힘썼다. 이곳 출신들은 조선으로 들어와 주안시험장에서 야마다와 미키 두 기사에게 천일제염의 실습 지도를 받고, 이후 주안 및 광량만염전의 제염사업에 종사하게

27) 19세기 말 수입염의 증가와 각국 간의 경쟁에 대해서는 이영학의 「개항기 제염업에 대한 연구」(『한국문화』12, 서울대학교 규장각 한국학연구원, 1991)를 참조
28) 「皇城新聞」 1900년 12월 19일 "仁川製場 技手 卞國璇氏가 上月度 鹽二百石을 放賣ㅎ야 銀貨二百四十元을 農部에 納ㅎ얏더라"
29) 유승훈, 「20세기 초 인천지역의 소금생산」, 『인천학연구』3, 인천대학교 인천학연구원, 2004, 325쪽.

되었다.[30] 제염기술원양성소 출신인 하시마는 1911년 4월, 경성에 도착하여 광량만염전에서 근무하라는 전매국의 사령을 받고 진남포로 떠났다. 그리고 오키나와의 타이난제당회사(台南製糖會社)의 분석실에서 근무하고 있던 이시카와는 신문에서 조선의 천일염전 개발에 관한 기사를 읽고 관심을 갖던 중, 마침 지인(知人)이 주안염전과 가까운 인천에 살고 있는 것을 알고 1922년 5월, 전매국 주안출장소에 지원하게 되었다고 한다.[31] 따라서 하시마와 이시카와는 창업기의 제염기술자의 뒤를 잇는 2세대 및 3세대 제염기술자라고 할 수 있다.

그러나 아직은 경험이 일천한 이들 소수의 제염기술자들 만으로, 1908년부터 1914년까지 총 858정보(제1기 계획: 주안염전 88정보, 광

---

30) 이시카와는 조선전매국에서 활동한 제염기술원양성소, 수산강습소 출신자 및 창업기 제염사업 종사자들을 아래와 같이 소개하였다(石川武吉, 「朝鮮の天日塩田を築いた製塩技術者達」, 『朝鮮鹽業史料 總說篇: 朝鮮の天日製鹽に關する資料』, 109~110쪽 참조).

학력	관직	성명	주요 경력
製鹽技術員養成所 졸업	技手	市川信次	주안 사업주임, 남시출장소장
〃	技手	大澤國介	광량만 사업주임
〃	技師	羽島久雄	주안 및 귀성출장소 소장
水産講習所 本校 졸업	技師	眞田吉之助	광량만출장소장
〃	技手	野口莊次	주안출장소장
학력미상	技師	山田童治丸	귀성출장소장
〃	技手	笠田雄四郎	광량만 사업주임
〃	技手	佐藤與市	남시출장소장
東大 農學部	技師	山岸睦造	本局 기술 수뇌
北大(?)	技師	大山 清	
東大 중퇴	技師	鈴木球雄	광량만출장소장
北大 水産專門部	技手	平野太郎	주안 사업주임
平塚農業學校 졸업 (우방협회 강연 증언)	技師	柳田萬吉	해남출장소장

31) 石川武吉, 「私の履歷(朱安塩田就職のいきさつ)」, 『朝鮮鹽業史料 總說篇: 朝鮮の天日製鹽に關する資料』, 22쪽.

량만염전 770정보)나 되는 천일염전을 조성할 수 있었을까 하는 의심
이 든다. 어떤 식으로든 외부의 지원이 있었을 것으로 추측되는데,
우방협회의 강연에서는 짧지만 여기에 대한 증언도 나왔다.

【하시마】 불평은 말하지 않았어요. 아무튼 어느 조선인도 천일염전을
　　축조한 경험이 없었죠. 그래서 山東의 인부가 왔던 겁니다.
【하기와라】 아! 그렇습니까? 정말로.
【하시마】 그것이 '파-토(把頭)'라고 하는 이름이 붙었죠. 그것은 지도
　　한다는 것이에요.[32]

　'파-토'는 '바터우(把頭)'라는 중국어에서 나온 말이다. 염전 감독
아래에서 염부(鹽夫)들을 조직하고 실질적으로 관리하는 숙련 노동자
들이다. 이후로는 '염부장(鹽夫長)'이라는 직책으로도 불리었다. 광량
만염전 축조 당시 중국인 노동자 문제를 다룬 이정희의 연구에 의하
면, 1909년에 808명, 1910년에 3,000명 이상의 산동성(山東省) 출신
'쿨리(苦力)'들이 참여했다고 한다.[33] 한국정부의 강력한 반발에도
불구하고, 이처럼 많은 중국인 노동자들을 고용한 이유에 대해 이정
희는 조선인의 절반밖에 되지 않는 싼 임금이 주요 원인이지만, 통감
부가 이들이 가지고 있는 천일염전의 축조 기술을 이용하려 한 측면
도 있다고 하였다. 그러나 이를 증명할 만한 실제적인 증거는 아직
나오지 않았다. 앞으로 중국 측 자료들을 더 검토해 볼 필요가 있다.

---

32) 宮田節子 監修, 앞의 글, 451쪽.
33) 李正熙, 「朝鮮開港期における中國人'勞働者問題-'大韓帝國'末期広梁灣鹽田築造工事
　　の苦力を中心に」, 『朝鮮史研究會論文集』47, 朝鮮史研究會, 2009.

하지만 창업기가 지나고 제2기 축조계획이 실행되는 1910년대 중반
이후가 되면 염부는 물론 염부장도 대부분 조선인으로 바뀌었다.

【하기와라】 염전에서는 대부분의 조선인, 소위 鹽夫라고 불리는 사람
　을 쓰고 있었죠?
【하시마】 네, 쓰고 있었습니다.
【하기와라】 얼마나 쓰고 계셨나요?
【하시마】 1정보 당, 제일 많은 때는 10명입니다.
　　　　　　　　…(중략)…
【카미타기】 內地人은 적었죠?
【하시마】 네. 내지인은 적었습니다.
【카미타기】 내지인은 鹽夫長에?
【하시마】 내지인의 염부장도. 염부장으로 되었죠.
【카미타기】 아주 적은 수였나요?
【하시마】 네. 광량만만 그랬네요. 염부장도 하고 했지만, 내지인은 미
　미했었네요. 제가 6구에 있었을 때는, 에~, 저들은 몇 명일까?
　4명쯤 있었을까요? 4~5명밖에 되지 않았네요.[34]

위의 대화를 통해 우리는 식민지기 천일염전 염부들의 인적 구성과
규모를 짐작할 수 있다. 그런데 하시마가 1정보 당 10명까지 염부를
고용했다는 말은 그의 착각인 것 같다. 아니면 녹음 기록의 문자화
작업 과정에서 잘못 기록한 것일 수도 있다. 이시카와의 『조선염업사

---

34) 宮田節子 監修, 앞의 글, 452~453쪽.

료』에 의하면 염전 10정보 당 10인 이하의 염부들이 배치되고 있었다.[35] 계절에 따라 차이는 있지만 보통 유하식(流下式) 염전에는 6~9명이, 급상식(汲上式) 염전에는 7~10명의 염부들이 작업하였다.[36]

천일염전 현장에는 각 구(區)의 염전마다 총 책임자 격인 염전감독이 있고, 그 아래 염전감독을 보좌하고 또 염부들을 직접 지휘하는 염전담당원('鹽夫長' 또는 '把頭'로도 불림)이 있었다. 염전담당원이 관할하는 염전은 보통 20여 정보였다고 한다. 염부들은 이들 염전담당원에 의해 직접 채용되기 때문에 염부의 작업조직은 염전담당원을 중심으로 한 조직이라고 말할 수 있다. 그런데 당시에는 한 감독구역 안에 반드시 1~2명 이상의 일본인 담당원을 배치시켰다고 한다. 이들은 조선인 담당원보다 넓은 면적을 관할하였고, 염전감독의 실질적인 보조 역할을 하였다. 아울러 조선인 담당원을 양성시키고 교육시키는 역할까지도 맡았다.[37] 조선인이 염전감독까지 올라가는 경우는 매우 드물지만, 염전담당원(염부장)이 되는 경우는 많았다. 식민지기를 통틀어 전매국이 조선인 제염기술자를 교육시키는 양성소를 설치한 경우는 없어서, 조선인 담당원들은 주로 일본인 담당원에게서 도제식으로 천일제염 기술을 전수받았을 것으로 추측된다. 그리고 이들이 해방 후 남한 지역에 수 많은 민간 천일염전을 건설한 주역이 되었을 것이다.

다시 이야기를 되돌려 하시마와 이시카와와 같은 2세대 및 3세대

---

35) 石川武吉, 「專賣局廣梁灣出張所資料」, 『朝鮮鹽業史料 總說篇: 朝鮮の天日製鹽に關する資料』
36) 급상식 염전에는 水車를 조작하므로 염부 1인이 더 필요했다.
37) 石川武吉, 앞의 글.

〈그림 1-3〉 1928년 제염우량염전 표창기념사진
(앞열 왼쪽 첫 번째가 남동파출소장 羽島久雄, 두 번째가 石川武吉이다.
學習院大 東洋文化硏究所 제공)

제염기술자들의 활약상을 살펴보겠다. 이들은 몇 년 간의 견습 생활
을 마치고 각 염전의 관할 구의 염전감독이 되었다. 이시카와의 경
우, 1922년부터 1924년까지 주안출장소에서 소금 분석 업무를 맡다
가, 1924년부터 1927년까지는 염전감독 견습생으로 현장에서 실무
를 익혔다고 하였다. 그리고 주안출장소에 취직한지 6년째 되는 해
인 1928년에 약 100정보가 되는 남동염전 제2구의 염전감독이 되었
다. 이들 제염기술자들이 판임관(判任官)으로, 또는 고등관(高等官)으
로 승진하기 위해서는 무엇보다 채염(採鹽) 성적이 중요했다. 이시카
와는 남동염전 제2구의 감독을 지내면서 관영염전 내 최고의 성적을
거두어 전매국으로부터 우승기와 함께 100엔(강연 당시 시세로는 약

10만 엔의 가치)이라는 상금을 받기도 하였다. 이와 같은 성과로 그는 1929년부터 3년 간, 전매본국(專賣本局)의 염삼과(鹽蔘課) 분석실에서 근무하게 되었다. 제염 현장뿐 아니라 사무계통, 즉 염의 분석이나 통계 작업, 그리고 여러 가지 팸플릿을 만드는 염업 행정 쪽의 일도 하게된 것이다. 그리고 1932년에는 다시 현장으로 돌아가 좀 더 규모가 큰 광량만염전의 제염감독이 되었다.

그런데 하시마와 이시카와가 이처럼 중견 기술자로 성장하는 동안, 조선의 천일염전은 중대한 고비를 넘기고 있었다. 바로 1923년 8월에 몰아친 태풍으로 1,800여 정보의 기존 염전은 물론, 이제 막 공사가 시작된 군자염전 등 신설염전에도 막대한 피해가 발생한 것이다. 하시마는 태풍이 몰아친 당일날인 8월 13일, 제방이 무너진 광량만염전에서 구사일생으로 목숨을 건지었다. 이시카와는 1921년부터 1925년까지 잇따른 폭풍우 피해로 다섯 번이나 제방이 무너지는 난공사를 겪으면서 완공된 군자염전의 사례를 준비한 자료를 읽어가며 증언하였다. 이 공사에서 염전 설계자인 오스미(大住弘) 기수(技手)는 과로로 숨을 거두었고, 현장주임 요시키(吉城興四郎)도 병사하였으며, 공사 청부인(請負人)인 토가와(戶川金藏)는 파산하였다. 또한 노구치(野口莊次) 소장은 불의의 피습을 당해 중상을 입는 사고까지 발생하였다. 이시카와는 이들의 이러한 희생 속에서 조선의 천일염전이 만들어진 것이라고 굳게 믿고 있었다. 아울러 이러한 재난 속에서 무참히 파괴된 염전의 복구는 기존의 방식이 아닌 새로운 기술적 진보로 이어지게 되었다.

1925년 단일 규모로는 당시 최대인 군자염전(575 정보)이 완성된 이후, 약 7~8년 간 더 이상의 신설 염전은 만들어지지 않았다. 1923

〈그림 1-4〉 1928년 주안 제2구 염전에서
鹽夫長들과 함께 한 石川武吉
(왼쪽에서 두 번째. 學習院大 東洋文化硏究所 제공)

년 관동대지진이 발생한 이후, 조선 천일염전 축조의 주 자금원인 사
업국채의 발행이 힘들어졌으니 만큼, 총독부로서도 재정적인 여력이
없었을 뿐 더러, 재해로 파괴된 기존 염전의 복구가 이보다 더 시급
했기 때문이다. 따라서 이시카와와 같은 제염 기술자들은 새로운 제
염기술의 도입으로 천일염전을 질적으로 성장시키는 방법을 찾게 되
었다. 이러한 때, 광량만염전으로 전근한 이시카와는 이곳에서 시행
되는 새로운 제염기술을 발견하였다. 이시카와가 광량만에서 본 천
일염전은 주안염전과는 사뭇 다른 것이었다.

【이시카와】 그런데 제가 생각한 것은, 주안염전에서 광량만염전으로 가서 처음 천일염전의 어려움이랄까, 그러한 여러 가지 일을 보고, 주안염전과 광량만염전이 어떻게 제염의 기술이 다른가 하는 것을 알았습니다. 실제로 놀라웠습니다. 광량만에 소화7년(1932)에 가서 3년 간 일을 했을 때, 어떻게 제가 주안염전시대, 견습하던 시대에서 배웠던 것과 광량만에서 3년 간 배웠던 것은 실제로 현격한 차이의 제염기술이 있다는 것을 안 것입니다. 그것은 또 반드시 천일제염의 기술로 하여 후세에 남기지 않으면 안 되겠다고 그 때 생각하였습니다.[38]

당시 광량만염전은 천일염전의 메카로 불리었다. 염전 규모는 물론, 정보당 생산량에 있어서도 타 염전을 압도하였다. 이때 이시카와가 파악한 광량만염전의 선진 기술은 흔히 간수로 알려진 '고즙(苦汁; 염화마그네슘)'을 이용하여 함수(鹹水)를 조절하고, 게와 갯지렁이 등 염전에서 발생하는 해충들을 석탄질소를 이용하여 구제(驅除)하며, 타일 등을 사용하여 결정지를 개량하는 방법 등이었다. 특히 '고즙'의 활용이 중요했다.

【카미타기】 어떤 방법으로 苦汁을 채취했습니까?
【이시카와】 역시 그 생산된 母液을, 모액이에요, 고즙을 상당히 함유한 것입니다. 염을 몇 번이고 채취해서요, 그렇게 해서 고즙이 함유된 液이 많아 진 것입니다. 그것이 너무 많아지면 생산이 떨어

---

38) 宮田節子 監修, 앞의 글, 455쪽.

지게 되지만, 또 그것이 없으면, 고즙이 없으면 또한 天日結晶은
저해되는 점도 있는 것이지요. 뭐 그런 천일제염이란 원래 이 고
즙인 것입니다. 고즙으로 농도를 올려 염을 結晶되게 한다는 시
스템이지요. 그래서 화학적인 제염법이라는 것입니다. 지금 이
內地에서, 일본에서 하고 있는 樹脂鹽膜에 의한, 전혀 염전을 사
용하지 않는 제염법이란 것이 있는데요. 樹脂膜製鹽. 이것은 일
본에서는 염전을 없애고요, 그러한 제염으로 바꾸고 있지만, 이
것도 화학제염의 하나가 아닌가요? 그래서 천일제염도 하나의 화
학제염으로, 원리부터 간다면 똑같은 것이지만, 아무래도 이러한
점을 생각해보지 않을 수가 없겠는데요, 내지의 제염업자들은.
이 天日의, 청명한 날 하루나 이틀로 염이 결정한다고 하는 원리
는 고즙의 덕택이지요. 고즙이 아니었다면 염은 결정하지 않을
겁니다. 희박한 함수로, 예를 들어 18도부터 20도 정도의 함수
로, 31도 정도의 고즙을 혼합하면, 25도 정도의 함수가 되는 겁니
다. 그러한 원리를 응용하여, 3일이나 4일이 걸리는 일수를 단축
할 수 있는 것이지요, 고즙에 의해. 그리고 농도의 진한 포화함수
를 만드는 것입니다. 그 원리는 말하자면 화학적으로 볼 수 있다
고 생각해요, 저는.[39]

위의 대화에서도 나타나듯이 '고즙'의 활용은 조선의 천일제염에
있어서 가장 핵심적인 기술이 되었다. '고즙'을 이용함에 따라 나트
륨의 함량을 높이고 소금 결정 기간을 단축시킬 수 있었던 것이다.

---

39) 宮田節子 監修, 앞의 글, 467쪽.

따라서 염화나트륨 함량 90% 이상의 공업염(工業鹽)의 생산도 가능하게 되었다. 공업염은 각종 사료나 비료는 물론, 피혁, 의약, 염료, 기계, 화약, 광산업 등 다양한 산업에서 원료로 사용되었다.[40] 독가스나 폭약을 만들 수도 있어 전시체제기에는 군수자원품으로 관리되기도 하였다. 조선에서의 공업염 수요는 1933년 조선질소비료(朝鮮窒素肥料)주식회사 설립으로 가성소다 및 표백분 생산이 개시됨으로써 비로소 생겨났다. 아울러 1943년 협동유지(協同油脂)와 아사히경금속(朝日輕金屬)의 전해소다 공장이 잇달아 준공되자 따라 그 수요는 더욱 늘어났다.[41] 이에 따라 1937년 총독부는 다이니폰염업(大日本鹽業)주식회사의 공업용 염전 건설을 승인하였다. 총독부가 관영(官營)을 유지하던 천일제염업에 민간자본의 진출을 승인한 이유는 식염에 대한 자급화도 이루지 못한 상황에서 공업용 염전을 따로 건설한다는 것은 재정적인 어려움이 있으며, 원료염의 생산부터 소다류의 제조를 일관되게 민간기업에게 맡기는 것이 소다공업 발전에 유리하다는 판단에 의해서였다.[42] 이시카와는 적어도 1943년부터는 청천강에 있던 다이니폰염업의 염전에서 공업염이 생산되었다며 다음과 같이 증언하고 있다.

【카미타기】 호즈미(穗積)씨, 들어보지 않았나요?

【호즈미】 무얼?

---

40) 정동효, 『소금의 과학』, 유한문화사, 2013, 53~58쪽.
41) 田中正敬, 「1930年以後の朝鮮における塩需給と塩業政策」, 『姜德相先生古希・退職記念日朝関係史論集』, 新幹社, 2003, 312쪽.
42) 田中正敬, 위의 글, 314쪽.

【카미타기】소화 18년(1943)에, 大日本鹽業이나 東拓이 염전 축조를 시작하였다고 하는 것을.

【호즈미】저는 듣지 못했습니다.

【이시카와】소화 18년(1943)에 저는 이 淸川鹽田에 갔었습니다. 그 때의 기록을 받았는데요, 18년에 염을 채취하고 있었습니다.

【카미타기】저는 들었는지도 모르지만, 기억나지 않습니다.

【키시】그것은 소화 14, 15년(1939~1940)경부터죠, 工業鹽이 필요했던. 그때부터 지금의 마그네슘이 필요했다고 하는 것인데요. 무엇이든 좋으니 그런 화학공업회사가 진출하여 염전을 만든다고 하는 것이 말해졌던 것은 기억하고 있습니다. 그래서 점점 만들게 되었던 것입니다.[43]

아래 〈표 1-3〉은 1942년까지 건설된 관영 및 민영 천일염전의 축조 현황이다. 1943년 이후로도 해남염전의 780정보가 추가로 준공되었고, 서산염전 530정보도 1944년에 공사 착수가 이루어졌다. 패전으로 공사가 중단된 서산염전을 제하고도, 해방 직전까지 존재한 관영염전은 총 5,922정보에 달한 것이다. 아울러 일본의 독점자본들이 건립한 민영염전도 있었다. 앞서 말한 다이니폰염업주식회사 외에도 1940년대에는 가네후치해수이용공업(鐘淵海水利用工業), 동양척식주식회사(東洋拓殖株式會社), 제염공업주식회사(製鹽工業株式會社), 남선화학공업주식회사(南鮮化學工業株式會社) 등이 공업염 생산에 뛰어들었다. 그러나 1945년 해방 전까지 준공된 염전은 다이니폰염업주식회사의

---

43) 宮田節子 監修, 앞의 글, 469쪽.

〈표 1-3〉 1942년 현재 관영 및 민영에 의한 염전축조 현황
(石川武吉, 『조선염업사료 총설편』)

	염전별	면적(町步)	천일염생산목표(톤)	1정보당(톤)
관영 염전	주안(朱安)출장소	1,661	149,996	90
	광량만(廣梁灣)출장소	993	90,308	91
	귀성(貴城)출장소	1,535	94,587	62
	남시(南市)출장소	483	30,482	63
	해남(海南)출장소	470	5,232	11
	계	5,142	370,402	72

	염전별	주소	면적(町步)	용도
민영 염전	[공사중] 大日本鹽業株式會社	평안북도 청천강	1,250	공업용염
	[계획중] 鐘淵海水利用工業	평안남도 용강군	600	〃
	[계획중] 東洋拓殖株式會社	황해도 옹진군	300	〃
	[계획중] 製鹽工業株式會社	경기도 부천군	관영 소래염전 549정 보의 天日鹹水에 의 한 煎熬製鹽을 행함	〃
	[계획중] 南鮮化學工業株式會社	전라북도 줄포	300	식량염

청천강(淸川江)염전 한 곳뿐이다.

1940년대 이러한 공업용 염전 건설에는 주로 20년 넘게 관영염전에서 경험을 쌓은 천일제염 기술자들이 파견되어 이끌었다. 다이니폰염업주식회사에는 전 주안출장소장인 야마기시(山岸睦造) 기사가, 가네후치에는 전 광량만출장소장인 스즈키(鈴木球雄) 기사가, 그리고 남선화학공업에는 이시카와(石川武吉)가 입사하여 염전 축조의 책임

을 맡았다.

식민지기의 제염업을 회고하는 이들 제염기술자들의 강연 속에는 젊은 날 자신들이 힘써 이룩해 놓은 성과들에 대한 무한한 긍지와 아련한 그리움이 종종 표출되고 있다.

【하시마】 꽤 생각해 보면, 재미있는 일도 있었고, 힘든 일도 있었어요. 조선의 염업도 어떻게 되었을까 생각되는데요. 그 전에, 핫토리(服部) 시계점에서 조선의 뭐더라? 무슨 그 대표자가 와 있었어요. 그러자, 조선의 金 뭐라고 하는, 아는 사람이었는데, 그 사람이 와 있었는데, 면회에 가는 모습을 물어보는 바가, 朱安도 지금까지 모든 염전이 현존하고 있다고. 현존하고 있지만, 당신들이 있던 때와 같은 생산은 올리지 못한다고. 염전은 그대로 남아있다는 말을 들으니 그립고, 기회가 있으면 한번 가보고 싶은 마음이었습니다.[44]

위의 〈표 1-3〉에서 보이듯이 식민지기 천일염전은 1정보 당 90여 톤이나 되는 생산능력을 올렸다. 그러나 해방 후 같은 염전에서는 여기에 훨씬 미치지 못하였다. 이시카와는 이러한 원인이 '고즙'을 이용하는 기술, 그리고 결정지 개량 공사와 같은 진보된 제염기술에 있었다고 자부하고 있다. 따라서 자신이 갖고 있는 『조선염업사료』를 활자화 한다면, 한국 염업 발전에도 크게 기여할 수 있을 것이라고 한 것이다. 아울러 그는 아래와 같이 조선의 천일염전을 동시대 동양

---

44) 宮田節子 監修, 앞의 글, 449쪽.

에서 가장 진보한 염전으로 평가하는 데에도 주저하지 않았다.

【이시카와】 어쨌든 결정지의 개량 공사라는 것은 대체로 어떨지 모르
  겠네요? 동양에서는 가장 진보했던 것이 아닐까 하는데요. 關東
  州나 中共 같은 곳의 염전에 비교해서, 결정지를 개량하여 상질
  의 천일염을 만들었다고 하는 일은 조선총독부이니까 그렇게 된
  것입니다. 저것은 대체로 아마 대만에서도 저처럼 훌륭히 깔린
  瓦의 결정지는 만들 수 없었을 것이라고 생각합니다. 그러한 점
  에서는 대단한 것이었다고 저는 생각합니다.[45)]

5) 조선의 천일염전에서 일본 염업의 미래를 찾다

  염업과 관련한 우방협회의 마지막 녹음 기록은 1970년 11월 24일
에 있던 야나기다 만키치(柳田万吉)와 이시카와 다케요시(石川武吉)의
강연이다. 야나기다는 가나가와현의 히라쓰카(平塚) 농업학교를 졸업
하고, 조선전매국에 입사하여 1911년 6월 처음 광량만염전으로 부임
하였다. 이후 줄곧 광량만, 덕동, 남시 등의 염전에서 일하다가, 1939
년 최후의 관영염전인 해남염전의 소장으로 임명되어 1945년 해방
직후까지 있었다. 광량만염전에서 오랫동안 근무한 만큼, 이시카와
와 함께 광량만염전의 우수성을 소개하고, 또 쓰다(菅田) 소장이나 사
토(佐藤興市) 기사 등 광량만염전의 기술적 진보를 이끈 제염기술자
들의 성과를 소개하고 있다. 아울러 강연의 중반 이후로는 현재 일본
염업의 문제점과 일본에서의 앞으로의 소금 수급책에 대한 꽤나 진지

45) 宮田節子 監修, 앞의 글, 496쪽.

한 토론이 이루어지고 있는데, 이에 대한 내용이 매우 흥미롭다.

참석자들의 질문은 이러한 천일제염과 일본의 전통적인 전오식(煎熬式) 제염법과는 어떻게 다르냐는 것에서부터 시작한다. 먼저 일본의 전오식 제염법에 대해 이시카와는 다음과 같이 설명하고 있다.

【이시카와】 일본 內地의 염전은, 그 당시는 그런데 시오하마(塩浜)라고 하면 뭐, 미타지리(三田尻)와 같은 내지의 갯벌입니다. 그 부근에 강이 있어서, 강물이 유입하고 있던 갯벌을 만든 것입니다. 그 갯벌에 제방을 만든 것이죠, 내지에서는. 그 갯벌을 평평하게 해서, 그리고 직사각형으로 만들어, 수평한 갯벌을 만든 것인데, 그곳에 모래를 뿌리는 거예요. 모래를 뿌리고, 모래가 지하를 통과하여 침투해 오고, 제방 밖의 해수가 제방의 지하를 통과해서 염전 지반에 침투해 가지고, 그리고 그것이 태양의 日光으로써 모래 안에 모세관 현상으로 물이 뿜어져 오면, 그것이 結晶하는 것입니다. 그 모래를 모아서 이번에는 해수로 용해시켜, 그것을 바짝 졸인다고 하는 짜임새입니다. 그러므로 鹹水를 만드는 경우에, 일단 진흙에 섞인 염을 얻는 것인데요, 진흙투성이의 염을 얻는 것입니다. 그 진흙을 운반하는 것 같이 1정보에 대해 천일염이 1명으로 되는 것을 10명이 필요한 것이에요, 염을 採鹽하는 데에. 진흙이 섞인 염을 채염하는 데에 10명의 인력이 필요합니다, 1정보에 대해. 그리고 염이 섞인 흙을 모아서, 그것을 이번에는 여과층에 넣어서 해수로 여과하여 15~16도로 함수를 얻는 것입니다. 그것을 석탄으로 졸입니다. 그래서 염 1톤을 만들기 위해서는 석탄 1톤이 필요하다고 합니다. 석탄이 그 당시 뭐 1톤에 12~13엔

이었다고 해요. 12~13엔부터 17엔 정도였던 거예요, 1톤이.[46]

이시카와가 바라보는 일본의 전오식 제염법은 먼저 갯벌에 염전을 조성하여 그곳에 모래를 뿌린 후, 해수(海水)를 침투시켜 태양광과 풍력에 의해 충분히 증발시키고, 이것을 다시 해수로 용해시켜 함수 (鹹水)를 만들고 나서, 그 함수를 제염가마에 넣고 석탄을 연료로 전오(煎熬)하여 소금의 결정(結晶)을 얻어내는 것이다. 이러한 복잡한 과정은 천일제염에 비해 약 10배에 달하는 인력이 필요하다. 아울러 소금 1톤을 얻기 위해 석탄 1톤이 필요할 정도로 연료비의 소모도 큰 것이었다. 이에 비해 중국으로부터 전해진 천일제염은 인력을 10분의 1로 대폭 감소시킴은 물론, 연료 또한 전혀 필요하지 않은 방식이었다.

【이시카와】 중국인이 생각한 방법은 먼저 갯벌을 꼭 닫고 나서 계단식 밭을 만든다고 하는 공사가 필요한 것입니다. 內地의 방법은 계단식 밭이 아니라 평탄하기만 하면 괜찮기 때문에 우선 축조비가 싸다는 것이고, 한쪽은 계단식 밭을 만들어, 차츰차츰 鹹水를 얻는다는 것이어서, 그 품은 조금 내지의 방법이 더 낫습니다. …(중략)… 중국인의 방법은 채취한 함수를 우선 한 차례 염을 얻은 것이에요. 채염한다고 하는 사이에, 苦汁이 된 것이죠. 이번은 그 고즙을 많이 모아 놓고, 그 母液을 이용하여 이번에는, 언젠가 말한 적이 있듯이, 그 고즙 안에 새로이 해수를 들여 놓아, '팟'하고

---

46) 宮田節子 監修, 앞의 글, 496~497쪽.

염이 되는 겁니다. 그 원리를 중국인은 생각했던 것이죠. 거기까지 도달하기까지가 중국인의 방법은 유장했었지만, 지금에서 생각해 보면 노력이 필요하지 않게 염을 만드는 방법이었던 겁니다. 일단 축조비용이 들지만, 일단 염전을 만들어 놓으면 나중에는 지속적으로 염을 얻는 구조를 중국인은 생각한 겁니다. 중국으로부터 전해진 것입니다. 일본인은 거기까지 생각하지 못했어요. 갯벌은 똑같아요, 일본에도 갯벌이 있습니다. 있는데도, 그 구조를 어떻게 해서 안 했었느냐? 그것을 따랐으면 좋았을 거라고 생각해요.[47]

위의 이시카와의 설명으로 알 수 있듯이, 중국으로부터 전해진 천일제염은 비록 축조비에 있어서는 일본의 염전보다 비용이 더 들지만, 한 번 만들어 놓고 나서는 인력이나 연료의 걱정 없이 지속적으로 소금을 얻을 수 있는 구조였다. 따라서 강연 당시의 시세로 톤 당 1만 2천엔에 달하는 일본의 식료염(食料鹽)에 비해, 한국이나 중국에서 생산한 천일염의 가격은 3천~4천 엔에 불과하였다. 식염은 어떻게 내수로 충당한다고 하지만, 문제는 공업염이었다. 고농도의 나트륨 함량이 필요한 공업염은 일본의 전오식 제염법으로는 가격 경쟁력을 갖출 수 없을 뿐더러, 그 수요량을 전혀 감당해 낼 수조차 없었다. 패전 후에는 대만, 관동주, 조선 등 주요 소금 공급지까지 잃어버려 극심한 소금 부족 사태를 겪었다.

그렇다면 일본은 왜 조선과 같은 식민지에서 얻어낸 이 천일제염

---

47) 宮田節子 監修, 앞의 글, 497쪽.

의 기술을 정작 자신들의 땅에서는 실현하지 못했을까? 이시카와는 일본 전매국이 내지(內地)의 염업자를 보호한다는 표면적인 입장만을 내세운 채, 식민지에서만 천일염전을 개발하고 그 수입에 전적으로 의존했던 잘못된 정책 때문이라고 비판하고 있다. 다우다습(多雨多濕)한 기후, 그리고 조선과 같은 갯벌이 아니라 사빈(沙濱)이 대부분인 일본의 해안 때문에 천일제염을 실행하기 어렵다는 전매국의 주장은 핑계에 불과할 뿐이라고 하였다.

【이시카와】 아직 일본에서는 전매국이 內地의 염업자를 보호한다고 하는 표면적인 입장으로만 추진하여 왔습니다. 그래서 年産 공업염 100만 톤이라는 것 보다는 防壓한다고 하는 마음가짐이 없는 것입니다. 100만 톤 필요한 것에, 이것을 외국으로부터 수입하면 괜찮다고 하여, 일본 내지에서 천일염전을 만들려고 하는 마음가짐이 없었던 것입니다. 이것은 뭔가 저, 여우에 홀린 것 같은 모양인 것입니다. 그래서 전매국은 아무리 하여도 일본의 내지염업자를 육성한다고 하는 것에만 몰두하였던 것은 아니었을까 라고 생각되는 점이 있습니다. 전혀 안 된다고, 비가 내리면 多雨多濕하고 천일염전과 같은 갯벌 땅은 일본에는 없다고. 모래땅만 있어서, 沙濱의 해안선이어서, 四海에 바다를 둘러싸고 있지만, 일본에서는 도저히 조선과 같은 갯벌 땅은 없다고. 다우다습하여 비가 많이 내리므로 전혀 천일염전은 안 된다고, 부적격이라고 하는 것으로, 된 것입니다.[48]

---

48) 宮田節子 監修, 앞의 글, 501쪽.

아울러 실제 이시카와는 자신이 1944년에 일본으로 귀국하여 이듬
해인 패전 직전까지, 일본염업조합과 함께 후나바시(船橋)에 있는 노
무라제강소 옆 공지에서 약 5정보 규모의 천일염전 시험장을 조성하
려 한 일이 있음을 밝히고 있다.

【이시카와】 저는 소화 20년(1945)에, 염업조합에 들어갔던 해에, 20년
　　7월에, 후나바시(船橋)에 5정보의 염전을, 시험염전을 천일염전
　　으로 만든다고 해서, 일하기 시작했어요. 하기 시작했는데, 설계
　　서까지 만들었고, 우선 착수했던 것이지만, 이것은 전쟁으로, 종
　　전이 되어 그만두었던 것인데, 이것이 그랬습니다.
【키시】 거기서 당신이 그곳의 토지를 매입하였던 것입니까?
【이시카와】 아니요, 그곳에 노무라(野村)제강소라는 제강소가 있었는
　　데, 그곳에 빈 땅이 있어서, 5정보의 염전을 설계했던 일이 있었
　　어요. 장래 일본은 천일염전을 만들지 않으면 안 된다고 해서, 20
　　정보의 설계안으로 하는 것을 염업조합에 내었던 것이죠. 이것이
　　천일염전입니다 하고.
【야나기다】 물론 이쪽이 북쪽이죠?
【이시카와】 예, 예. 이곳에요. 여기가 그 때 되었다면, 5만 엔을 염업
　　조합에서 내었으니까, 만들지 않았을까 해요. 그것은 제가 8만
　　엔을 만들었고, 또 4만 엔은 후나바시(船橋)가 출자한다고 해서
　　시작한 것이지만, 어쨌든 종전이 되어버렸네요. 이것이 설계서입
　　니다. 소화 20년(1945) 7월에.
【키시】 아하 아쉽습니다. 1년만 빨랐더라면.[49]

2차 세계대전 당시, 연합군의 해상 봉쇄로 인해 외국염 수입이 전면 중지되자 일본은 극심한 소금 부족 사태를 겪었다. 스페인, 이집트 등으로부터 수입되던 고순도의 원염(原鹽)들이 수입되지 못하자 일본의 화학공업은 큰 타격을 입었다. 따라서 앞에서 서술한 다이니폰염업주식회사 등 독점자본들이 1940년대에 잇달아 조선에 공업용 천일염전을 조성하는 이유가 되었다. 그리고 위의 이시카와의 증언에서도 알 수 있듯이 일본 내지(內地)에까지 천일염전을 조성하려는 시도가 있었던 것이다.

패전 직후 일본의 염업 사정은 더욱 악화되었다. 1905년부터 40여 년간 시행한 염전매제도가 사실상 중단되고, 1944년부터 1949년까지 소위 자가제염제도(自家製鹽制度)가 실시되었다. 자가제염의 실시로 원시적인 제조법이 난립하면서 소금의 품질은 더욱 조악해졌다. 그러나 새로운 일본염업의 부흥을 위해 1949년 염전매법을 개정하고, 일본전매공사를 출범시켜 전매사업을 재개하였다. 무엇보다 먼저 황폐화 된 염전을 복구하고, 전통적 입빈식(入濱式) 염전을 기계화하며, 해수직자식 제염법의 공업화를 이루기 위해 팔을 걷어 붙였다. 하지만 이는 전후 부흥에 의한 공업염 수요의 증가를 따라가기에는 역부족이어서 대부분의 공업염은 여전히 수입에 의존해야만 했다. 1960년대 이후로는 한국과 중국산 천일염이 주로 수입되었고, 녹음 기록에도 잠시 나오는데, 강연 당시에는 스미토모상사(住友商事)가 오스트레일리아와 합작하여 대규모 천일염전을 오스트레일리아에 조성하려는 계획도 세워지고 있었다. 그러나 이시카와는 이러

---

49) 宮田節子 監修, 앞의 글, 509~510쪽.

한 정책들이 모두 외국염을 방압(防壓)하기 위해 만든 전매제도의 정신과는 어긋난다고 하며, 다우다습(多雨多濕)한 일본에도 충분히 천일염전을 만들 수 있다고 다음과 같이 주장하였다.

【이시카와】 어쨌든 공업염을 만들라고. 백만 톤을 防壓하라고. 그래서 일본은 옛날, 일본의 공업염을 수입하는 방압을 위해 조선을, 시험을 위해 조선에 염전을 만들었던 게 아니었나요? 게다가 조선에서 염전이 당당히 외국염을 빼앗았잖아요? 그러한 시험의 결과가 나타났으므로, 일본에 염전을 만들라고. 왜 어리둥절하고 있는 것이죠, 네?

【키시】 여기서 友邦시리즈 만드는 데에는, 조선의 염전이 이런 식으로 이런 식으로 발달하여 와서, 外鹽은 전혀 오지 못했다고. 조선의 염은 일본 내지에도 차츰차츰 공급하였다고. 그것이 지금 이와 같은 것으로 된 것이다. 이번은 일본은 논바닥이 남아돌 방법이 없다. 그래서 해안지대를 2만 정보 쯤 전환시켜 그곳에 하면 어떨까하고. 1정보 당 50만 엔 정도 보조하고, 국가가 내서 한다는 것으로 하면 좋지 않을까라고.[50]

이처럼 이시카와는 외국염을 방압(防壓)하기 위해 조선에 천일염전을 조성하였듯이, 이제라도 일본에 천일제염을 도입하여 소금의 자급화에 힘써야 한다고 주장하였다. 그리고 쌀 생산이 과잉인 지금, 해안지대의 수전(水田)을 전용하여 약 2만 정보 규모의 천일염전을

---

50) 宮田節子 監修, 앞의 글, 504쪽.

만드는 것이 어떠냐는 주장도 나왔다. 그러나 이러한 대화 속에서 이시카와는 뜻하지 않게 다음과 같은 고백을 하고 있다. 자신이 그토록 자긍심을 느끼는 조선에서의 천일염전의 조성과 제염법 개량이 사실은 조선의 산업과 조선의 염업자를 위한 것이 아니라 일본 내지(內地)의 염업자를 보호하고 일본의 전매제도를 유지하는 데에 그 목적이 있었다는 사실을 실토하고 만 것이다.

【이시카와】 專賣하였던 이유라는 것은 내지의 염업자를 보호한다고 하는 것이 있었지 않았을까하고 저는 생각합니다. 그것은 대국적으로 그 당시의 農商務省이 계획하고 있었던 일본의 염업이라고 하는 것은, 장래 외국염의 수입을 防壓하지 않으면 안 되겠다고 하는 커다란 하나의 기둥이 있었다고 하는 것은 확실한 겁니다. 옛날에. 그것을 조선에서 실험하였고. 그래서 조선에 염전을 만든 것이라고 하는 것이 씌어있는 것이죠. 조선의 염전의 기원이라고 하는 것은 뭐냐고 하면, 조선의 그것을 보호하기 위해서가 아니라, 일본의 전매제도를 어떻게 해야 좋겠냐고 하는 것에서 출발하고 있다고 하는 것을 저는 읽고 깜짝 놀랐던 거예요. 일본의 國策은 장래 수입염을 어떻게 하여 방압하는가였고. 그것에는 우선 조선에서 해보지 않겠느냐고 하는 것으로 조선에 커다란 國帑을 소비하여 조선에 실험시킨 것을 태연하게 잊었던 것입니다.51)

---

51) 宮田節子 監修, 앞의 글, 505~506쪽.

3. 근대 제염업에 드리워진 '식민지적 근대'의 양가성

1) 근대 제염업의 두 갈래길

6세기부터 9세기 사이, 유럽 지중해 연안에서 인류의 역사를 바꾸는 위대한 제염 신기술이 발명되었다. '천일제염법(solar evaporation)'으로 불리는 이 신기술은 그 이전 로마시대에 한 개의 인공 염전에 바닷물을 가두고 1년 이상 오로지 태양열에 의해 증발되기를 기다리는 원시적인 방식이 아니었다. 베네치아의 제염업자들은 몇 개의 염전을 연이어 건설한 후, 첫 번째 염전에서 염도가 다소 높아지면 그것을 다음 염전으로 보내는 방법으로 하여, 마지막 염전에서 결정된 소금을 채취하였다. 햇볕과 바람이 충분하고 건조한 지역이라면 장비와 인력도 거의 들지 않고 생산비도 매우 저렴한 양질의 소금을 대량으로 얻을 수 있는 방식이었다.[52]

비슷한 시기인 7세기(일부의 주장은 5세기 이전부터)에, 중국에서도 이와 같은 제염법이 존재하였다. 안읍현(安邑縣)의 염호(鹽湖) 등에서 시작한 이 다단계 천일염법은 당시 '휴쇄법(畦曬法)'으로 불리었는데, 상, 중, 하 세 단계의 염지(鹽池)를 두고 단계별로 농축시킨 함수를 오직 태양열과 바람에 의해 결정(結晶)시키는 것이었다.[53] 그러나 쓰촨성이나 윈난성의 염정(鹽井)에서 천연가스나 석탄을 이용해 염수를 끓여 만들어낸 '정염(井鹽)'이나, 해안 각지에서 바닷물을 끓여 만들어내는 전오염(煎熬鹽)에 밀려 그 생산 방식이 제대로 계승되지는 못한 듯하다. 초기 조성비용이 많이 드는 점, 기후에 영향을 받는 점,

---

52) 마크 쿨란스키(이창식 역), 『소금』, 세종서적, 2003, 95쪽.
53) 새뮤얼 애드세드(박영준 역), 『소금과 문명』, 지호, 2001, 103~104쪽.

해안보다 내륙에서 소금이 많이 소비되었다는 점 등이 그 이유가 될 것이다. 이후 오랫동안 잊혀졌던 천일제염법이 15세기부터 동남아시아를 거쳐 중국 연안으로 다시 전파되더니(이때는 '탄쇄법(灘曬法)'으로 불림), 19세기 중반 경부터는 급속히 확산되어 생산량에 있어서도 비약적인 증가를 이루었다.[54] 전오염 방식이 인력이 많이 들고, 또 무엇보다 목재를 주원료로 사용해서 연료비의 상승을 감당할 수 없었기 때문이다.

이와 같은 현상은 유럽의 제염업 발전 과정과는 크게 차이가 나는 것이었다. 즉, 새뮤얼 애드세드가 "유럽에서 근대화는 천일제염법의 몰락을 의미했던 반면, 중국에서 근대화는 천일제염법의 과도한 발달을 의미했다"고 하였듯이,[55] 중국에서의 천일제염법의 재등장은 반대로 전오제염법의 몰락을 가져왔지만, 유럽에서는 산업혁명의 수혜로 전오제염업에서 새로운 기술적 혁신이 이루어졌다. 그 기술적 혁신이란 함수를 배관을 통해 이동시키고, 석탄을 연료로 이 함수를 끓여서 소금을 얻어내는 일종의 '팬(pan)' 시스템인 진공식 증발법(vacuum-pan evaporation)이었다. 또한 광공업 기술의 발전으로 좀 더 깊이, 그리고 좀 더 많은 곳에서 새로운 암염(巖鹽) 광산 개발이 이루어지기도 하였다. 천일염, 증발염, 광산염 등 다양한 방식으로 소금이 만들어지면서 판매단가는 내려가고 소금 소비는 크게 늘어났다.

이에 비해 조선과 일본에서는 19세기 말까지 천일염전 방식이 아닌 재래의 전오염 방식을 유지하며 소금을 생산하였다. 중국과 비교해 상대적으로 우기가 길고, 일조량이 많지 않다는 이유도 있었지만, 무

54) 紀麗真, 「淸代山東海盐生产技术硏究」, 『盐业史硏究』 2007年 2期.
55) 새뮤얼 애드세드(박영준 역), 앞의 책, 252쪽.

엇보다 오랜 전통을 급작스럽게 폐지하기 어려운 점, 초기 조성에 있어 대단위의 물력과 인력을 동원하기 어려운 점 등이 이유가 될 것이다. 대신에 일본은 에도(江戶)시대 초에 출현하여 세토우치(瀬戶內) 연안 등에 보급된 입빈식(入浜式) 염전의 규모를 점차 확대하고, 19세기 초에 개발된 석탄을 원료로 하는 이른바 '십주염전(十州鹽田)'의 형태를 완성시켰다.[56) 1882년에는 독일인 오스카 코르쉘트(Oskar Korschelt)로 하여금 염업 실태조사를 수행토록 하여, 그의 보고서『일본해염제조론(日本海鹽製造論)』에 따른 일본염업 개선의 방향을 설정하기도 하였다.[57) 이후 일본염업 개선의 방향은 천일제염법이 아닌 유럽식의 함수채취(鹹水採取) 공정과 전오(煎熬) 공정 두 방향에서 추진되었다.

조선은 일본에 비해 뒤늦게 개항이 된 원인도 있지만, 무엇보다 19세기 후반 산동 지역 등에서 과잉 생산된 중국 천일염이 대량 유입되면서, 일본과 같이 단계적이고 체계적인 염업 개혁의 길을 걸을 수 없게 되었다. 위기감을 느낀 대한제국 정부와 일제 통감부는 서해 연안에 천일염전을 조성함에 따라 우리나라에서도 처음으로 천일염의 역사가 시작되었다. 하지만 최근, 1907년에 처음으로 조성된 것으로 알려진 천일염전이 그 100여 년 전인 19세기 초부터 이미 이와 유사한 제염법으로 우리나라에 존재하고 있었다는 주장이 나와 눈길을 끌었다.[58) 김의환은 정조대의 유학자 성해응(成海應, 1760~1839)의

56) 落合 功, 『近世瀬戶內鹽業史の研究』, 校倉書房, 2010.
57) 村上正祥, 「わが国における製塩法の発達: 明治以降の製塩法の発展」, 『日本海水学会』 36-2, 1982.
58) 김의환, 「조선후기 소금 생산법의 변화와 曬鹽法의 대두」, 『한국사학보』59, 고려사학회, 2015.

문집에 나오는 다음과 같은 글을 근거로 19세기 일부 지역에서 초보적인 천일제염법이 이미 시행되고 있었다고 주장하였다.

> 曬鹽의 법은 땅을 파서 5개의 저수지를 만들고 차례로 서로 잇게 한다. 土人들은 이것을 '圈'이라고 부른다. 옆에는 하나의 도랑[溝]을 만들어 그 바깥을 막는다. 潮水를 기다렸다가 그곳에 들여 놓는데, 제1 저수지에는 가득 차도록 퍼놓는다. 5~6일 동안 햇볕에 쬐인 후 제2 저수지에 끌어들여 주입한다. 햇볕에 쬐이고 물을 주입하기를 번갈아 하다가 제4 저수지에 이르면, 맛은 점점 짜게 되어 滷水가 된다. 滷水의 짜고 묽음을 헤아려 날마다 고르게 햇볕에 쬐이고, 제5 저수지로 들여놓은 후 다시 쬐이면, 응고된 것이 마치 서리와 눈과 같이 되어 [소금이] 완성된다.[59]

'쇄염법(曬鹽法)'으로 불리는 이 제염법은 제방을 막고 도랑을 파서 5개의 저수지를 연결하여 소금을 생산하는 방식이었다. 오로지 햇볕과 바람에 의해 함수[滷水]를 만들고, 또 그 함수를 5개의 저수지에서 단계별로 농축시켜 결정(結晶)한다는 이 제염법은 지금과 같이 저수지, 증발지, 결정지 등으로 정확히 구획된 형태는 아니지만 분명 초기의 천일제염법임에는 분명하다. 하지만 그 정확한 실행 여부를 따져보지도 않고, 『연경재전집(研經齋全集)』에 나오는 위의 짧은 글 하나만을 가지고 19세기에 이미 우리나라에 근대적인 소금 생산법이 도입되었다는 주장은 여러 가지로 무리가 있을 수 밖에 없다.

---

59) 曬塩之法。穿地爲五池。以次相屬。土人呼之爲圈。旁爲一溝。窒其外。候潮入蓄之。汲貯第一池令滿。曬五六日。引注第二池。遞曬遞注。至第四池。則味漸鹹而爲滷。量滷之稠稀。準日以曝。乃納之第五池。復曬視。凝如霜雪則成矣。(『研經齋全集』外集 권68, 雜綴類 燕中雜錄4 雜令式 鹽)

우선 위의 글은 『연경재전집』외집(外集)편, 「연중잡록(燕中雜錄)」
에 수록되어 있는 글로써, 이 글의 성격이 중국에 다녀온 사신들이나
수행원들이 남기는 일종의 '연행록(燕行錄)'류의 글이라는 사실을 먼
저 알아야 할 것이다. 김의환은 성해응이 그 당시 어느 지역의 소금
생산법을 목격하고 쓴 글이라고 했으나, 그 '어느 지역'이 중국일 가
능성이 매우 크다고 하겠다. 아울러 위의 성해응의 글과 유사한 글이
중국의 여러 '염법지(鹽法志)'에서도 발견된다는 사실이다. 한 예로
동치년간(同治年間, 1862~1874)에 만들어진 『염법의략(鹽法議略)』에
나오는 아래의 글을 살펴보기로 하자.

바다를 마주하는 최근의 염장에서 쇄염은 타지와 비교해 보는 것이
편리하다. 혹 灘地 주위에 도랑을 파서 해수를 들어오게 하고, 그 앞
에 員池(곧 圓池) 하나를 축조하여 도랑 속의 해수를 들여보냈으니,
이름하여 馬頭라 한다. 員池의 옆은 大方池 하나를 열어 놓았고, 大池
의 곁에는 小池 4개가 늘어서 있다. 먼저 柳斗(버드나무 가지로 엮은
물통)를 써서 곧바로 員池에서 大池로 물을 대면, 1~2일이면 鹵가 만
들어진다. 이후에 小池로 물을 대면 수일 만에 염을 만들 수 있다. 혹
은 곧바로 灘 안에 우물을 파서 주위를 12丈으로 넓히고, 우물 上畔
에는 5개의 圈을 열어 놓고, 圈 밖에는 4개의 池를 열어 놓는다. 井水
를 길어 내어 頭圈에 들이고, 채워지는 대로 나아가 제5권에 이르게
되면 해수는 이미 鹵가 된 것이고, 이를 鹵台라고 한다. 그리고서 이
를 각 池에 나누어 끌어들이고, 수일간 曝曬하면 가히 염을 만들 수
있다.[60]

60) 纪丽真의 「清代山东海盐生产技术研究」(『盐业史研究』 2007年 2期)에서 재인용.

〈그림 1-5〉 溝灘法 曬鹽

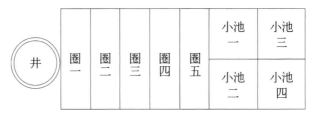

〈그림 1-6〉 井灘法 曬鹽

위의 글에서도 알 수 있듯이 19세기 중엽, 주로 산동(山東) 지역에서 행해진 위의 천일제염법은 앞에서 성해응이 소개하고 있는 쇄염법과 매우 유사하다. 5개로 저수지를 나누는 방식이나 그 저수지 이름을 '권(圈)'이라고 하고 있는 점, 아울러 두 제염법 이름이 모두 '쇄염법'이라는 점에서 같은 방식의 생산법으로 보아야 할 것이다. 다만 『염법의략』에서 소개하는 두 번째의 방식이 5개의 권(圈)과 4개의 지(池)로 나누고 있다는 점에서 성해응이 본 방식보다는 좀 더 진보된 방식으로 보인다. 이를 그림으로 나타내면 아래의 〈그림 1-5〉와 〈그림 1-6〉과 같다.

이처럼 불완전한 기록에 의지해 우리나라의 천일제염의 역사를 100여 년 전으로까지 끌어 올리려는 시도는 한국 염업사를 대하는 학계의 조급함을 여실히 드러내는 일이다. 우리 역사에 있어서 제염방

식의 변화 과정을 해수직자식(海水直煮式)→무제염전식(無堤鹽田式)
→유제염전식(有堤鹽田式)→쇄염식(曬鹽式)→천일제염식이라는 발전
론적인 시각으로만 파악하려는 경향은 여러 가지로 무리가 있다. 아
울러 근대 제염업의 시작을 단지 천일제염업에서만 찾으려는 잘못된
고정관념도 문제가 있다고 본다. 앞에서도 잠깐 언급했듯이 서구 문
명에서의 제염업의 근대화는 천일제염업의 몰락 과정이었고, 전오제
염업에서의 새로운 기술적 혁신이었다. 근대 제염업은 무엇보다도 생
산과 품질에 있어서의 획기적인 발전, 그리고 대량생산에 따른 경영
및 유통의 합리화가 선결되어야만 한다. 이러한 전제 조건이 갖춰주
기만 한다면 그것이 천일제염이든 전오제염이든 아무런 상관이 없다.
제염 방식의 선택이 근대화의 조건이 되지는 않기 때문이다.

　이러한 점에서 우리는 19세기 말부터 인천 지역에서 벌어진 제염
업의 변화에 주목해야 한다. 1899년 탁지부가 설치한 인천제염시험
장, 그리고 1907년 통감부가 설치한 주안천일제염시험장은 우리나라
근대 제염업의 시초를 알리는 사건이기 때문이다. 아울러 식민지 기
간 내에도 인천의 염전은 근대 제염업 발전을 위한 거대한 시험장이
되기도 하였다. 조선의 기후에 알맞은 천일제염을 개발하기 위해 행
해진 여러 가지 실험은 물론, 근대적 함수 채취법도 인천의 염전에서
적용해 보는 실험이 이루어졌다. 1920년대 후반에 일본의 민간 제염
업자들이 인천에서 시도한 '천일함수전오법(天日鹹水煎熬法)'이라는
개량제염의 시도가 대표적이다.[61] 그리고 전시체제로 들어가는
1930년대 후반에 들어서는 급증하는 공업염 수요에 맞추어 일본 대

---

61) 류창호, 「낙섬 일대를 염전으로 개발한 조선염업주식회사」, 『용현동·하이동 도시마을
　　생활사』, 인천광역시 남구, 2016.

자본의 투자도 이루어졌다. 이와 같이 우리나라 근대 제염업의 역사는 동아시아 3국 중 가장 짧은 역사를 지니고 있지만, 다양한 방식이 융합된 독특한 제염법의 발전으로 이루어졌다. 천일염전 역시 비록 일본이 기획하여 만들어낸 염전이기는 하지만, 현재 일본에는 없고 한국에만 있는 우리만의 제염법이다.

2) 근대 제염업과 '식민지적 근대'

앞서 2절에서 살펴본 우방협회의 녹음기록에서도 잠깐 언급되듯이 패전 후 일본 당국은 천일제염을 완전히 포기하였다. 식민지기 조선에 7천 정보가 넘는 천일염전을 건설하였고, 또 중국과 대만 등지에는 수 만 정보를 건설했음에도 불구하고, 천일제염이 원래부터 자신들의 기후와 환경에 적합하지 않은 제염법으로 판단했기 때문이다. 그러나 이러한 일본 당국의 결정은 패전 후 급작스럽게 이루어진 것만은 아니다. 이미 이들의 관념 속에는 오래 전부터 천일제염이 자신들의 문화와는 다른 '이질적'인 제염법으로 인식하고 있었다. 반면에 자신들이 지켜온 전오제염법은 "신무(神武) 이래로 3천 년의 역사를 가진 교묘하고도 독특한 제염법"으로 숭상하고 있었다. 자신들의 전통적 제염법을 근대적 '함수 채취법'과 연결시키므로써 근대적 제염법으로 발전시켰다는 자부심이 높았다.

조선 역시 천일제염이 시행되기 전까지는 일본과 마찬가지로 수천년 간 전오제염을 고집한 나라이다. 그러나 이들 일본인이 보기에 조선의 제염법은 극히 유치한 '재래식' 제염법이었다.

아! 어째서 저들은 재래식 煎熬鹽田法에 의지하고, **製鹽者**는 조선
에서의 이러한 기반이 다대한 지리적 천혜를 버리고, 굳이 迂遇하고
유치한 구식법에 의지한 채 오랫동안 식염의 부족이라는 고통에서 벗
어나지 못하고 있는 것인가? 해외에서 구하는 식염으로 貧苦의 경제
에서도 매년 수백만 엔의 正貨가 유출되고 있다. 우리들은 바보같은
上述의 사실을 見聞하고, 수수방관하며 참을 수 없어 微力이나마 보
태고자 한다. 크게는 國家奉公을 위함이요, 작게는 조선염업을 위해
감히 이와 같은 改良의 先驅의 중임을 맡고자 한다.62)

위의 글은 1920년대 후반 인천에 최초의 민간 천일제염장을 설치
하기 위해 일본 내지(內地)의 제염업자들이 총독부에 제출한 「제염개
량의견서(製鹽改良意見書)」이다. 조선의 전통적 제염법을 '우우(迂愚)
하고 유치한 구식법'이라고 폄훼하고, 이를 유지하는 것을 '바보같은
짓'이라 혹평하고 있다. 일본의 민간 제염업자들의 주장이므로 『조선
전매사』 등 관찬 사료에서 서술하는 것보다 훨씬 직설적이다. 아울러
조선에 중국식의 천일제염업을 시행하는 일에 대해서도 초기부터 상
당한 논란이 있었다. 천일염전의 건설에는 재정적 부담이 크며, 또
아직까지 성공적인 시험이 이루어지지 않아 수입염 압박에 효과적으
로 대응할 수 없다는 점, 그리고 민간 제염업자에게 막대한 피해를
입힌다는 점 등을 이유로 들어 반대하는 세력 또한 만만치 않았다.63)

전 세계 각 지역의 물맛이 다르듯이, 소금 역시 그 지역의 자연
환경과 어울리는 맛과 성분을 가지며 그에 맞는 독특한 식문화를

62) 谷口源十郎 外, 「製鹽改良意見書」, 『公有水面埋立免許竣功書』(CJA0015239), 1925.
63) 바민오, 「1900 1010년 일게이 어열정케」, 『기메문회이 민종이니』, 한신데출민부,
    2008, 138~139쪽.

창출하였고, 이는 인류 문명의 다양성을 만드는 주요 요소가 되었다. 그러나 근대의 시기로 들어서면서 인류는 이러한 다양성을 무시하고 오로지 양적 팽창만을 추구하였다. 20세기 초에는 소금의 소비량이 문화의 바로미터라는 인식도 생겼다. 소금의 소비율은 인구 증가율과 정비례할 뿐 아니라, 공업의 발전에 따라 그 쓰임도 증가하기 때문에 세계 각국은 이러한 소금의 생산량 증가를 위해 서로 경쟁하였다. 자국 내에 소금 산지가 없으면 식민지를 만들어서라도 그 수요량을 확보하였다. 이러한 상황 속에서 식민지 당국은 천일제염이냐 전오제염이냐를 엄밀히 따질 겨를이 없었다. 오로지 생산비가 적게 들고 생산량이 높은 제염방법으로 소금의 자급화에 노력해야만 하였다. 이것이 식민지 본국인 일본에 일조하는 일이었다. 아래의 〈표 1-4〉는 1930년 일본 통계국이 집계한 전 세계의 소금 생산량이다.[64] 암염(巖鹽)이나 정염(井鹽), 호염(湖鹽) 등 천혜의 자원을 누리지 못하는 일본의 급박한 상황을 이 표를 통해 확인할 수 있다.

다음의 표에서도 알 수 있듯이 1930년대 소금 생산은 미국, 영국, 독일, 소련 등 당대의 강대국들이 선두를 달렸다. 일본은 여기에 한참 못 미치지만 조선, 대만, 관동주 등의 식민지의 염전 개발을 통해 그 수요량을 채웠다. 그래도 약 25%에 달하는 30만 톤 이상의 부족분이 생겨 유럽과 아프리카 등지에서 수입해야만 하였다. 이러한 상황은 종전 후, 현재까지도 지속되고 있다. 아니 일본이나 한국의 상황은 훨씬 더 악화되어 있는 상황이다.

---

64) 石谷寅三, 「塩の仁川」, 『朝鮮之水産』105, 朝鮮水産會, 1934.

〈표 1-4〉 세계의 産鹽高 (1930년, 단위 천톤)

국명	염생산량	국명	염생산량
일본 내지(內地)	629	이탈리아	850
조선	145	폴란드	533
대만(臺灣)	161	루마니아	307
관동주(關東州)	250	캐나다	244
소계	1,185	샴(타이)	181
미합중국	7,307	체코슬로바키아	178
소비에트연방	2,604	스페인	1,037
독일	2,957	오스트리아	158
중국	2,604	이집트	155
영국	2,101	튀니즈	145
영국령 인도	1,739	기타	2,298
프랑스	1,589	합계	29,000

　현재의 세계 소금 생산량은 1930년에 비해 무려 9배 가까이 증가한 2억 5천만 톤에 달한다. 이 중, 40%가 미국과 중국에서 생산되어 전 세계의 소금 시장을 좌우하고 있다.[65] 일본은 1970년대 세계 최초로 이온교환막 제염법을 상용화시키는 등 선진적인 제염기술을 선보였지만, 2007년 현재의 시점에서 자급율은 15%에 불과하다.[66] 우리나라 역시 2008년 현재 자급율은 16.8%에 지나지 않는다. 전체 소금 수요량 330만 톤 가운데 천일염 38만 4천 톤(11.6%), 기계염 15만 9천 톤(4.8%) 등 55만 6천 톤을 자체 생산하며, 나머지 83%에 달하는 274만 톤을 수입에 의존하고 있다.[67] 계속하여 수입염이 증가하

65) http://www.saltinstitute.org/salt-101/production-industry/
66) 위키피디아, 塩, https://ja.wikipedia.org/wiki/%E5%A1%A9
67) 대한염업조합(http://www.ksalt.or.kr/) 통계 참조

는 추세지만, 아직까지는 국산 천일염이 국내 자급율에 상당 부분을 차지하고 있음을 알 수 있다. 하지만 국산 천일염이 살아 남는 과정 속에서도 여러 가지 우여곡절이 있었다.

해방 직후 남한의 천일염전 면적은 연백의 해남염전 1,267.5정보와 주안, 남동, 군자, 소래의 관영염전 1,664정보, 그리고 조선염업주식회사의 인천염전 37.5정보 등 총 2,969정보였다. 나머지 천일염전은 모두 북한지역에 있었기 때문에 부족한 소금은 미군청정에서 들여오는 수입염에 의존해야 했다. 한국전쟁 이후 해남염전이 북한측으로 넘어가자 소금 부족은 더욱 극심하여졌다. 매년 100만 달러를 소비하면서 10만 톤 이상의 수입염을 들여와야 했으며, '소금 1홉'과 '백미 1홉'이 물물교환될 정도로 소금 가격은 급증하였다.[68] 그 결과 무허가 전오식 제염과 암매가 등장하였고, 소금 생산을 위한 산림의 남벌이 극심하였다. 정부는 이들 무허가 시설을 석탄을 쓰는 개량식 전오염전으로 하거나 또는 천일염전으로 전환하도록 장려하며 전오염전을 폐전토록 하여 1961년에 완전히 소멸시켰다. 식민지기에도 일정량의 소금 생산을 담당한 전통적인 자염생산이 이때 우리 손에 의해 완전히 사라진 것이다. 대신에 천일염전은 크게 늘어 1만 정보를 넘어섰고, 1958년에는 천일염 생산이 무려 44만 톤을 넘어설 만큼 과잉 생산의 현상으로 나타났다. 따라서 1962년 염전매제도를 폐지하고 소금 산업을 민영화하는 소금관리임시조치법, 그리고 1967년에는 소금 수급의 일원화를 기하는 염업조합법 등을 잇달아 제정하여 제염업에 있어서의 구조조정을 진행하였고, 잉여 소금의 일부

68) 김준, 「소금과 국가 그리고 어민」, 『도서문화』20, 목포대학교 도서문화연구소, 2002, 134~135쪽.

는 일본에 수출하기도 했다. 하지만 1970년대 화학공업의 발전으로 소금 수요가 급증하고 국토 개발에 따른 염전 면적의 감소가 진행되자 국내 소금 수급의 불안정이 또 다시 일어났다. 화학공업에 필요한 공업염이 대부분 수입염에 의존하게 되었고, 1997년 GATT의 결정으로 수입자율화가 실시됨에 따라 국내 소금 산업은 붕괴 위험에까지 몰렸다. 현재는 국내 소금 산업의 규모를 수입염과 경쟁이 가능한 '최소안정규모'의 생산을 목표로 하고 있을 뿐이다.[69]

이처럼 국산 천일염은 해방 후 현대사에 있어서도 그 성쇠를 거듭하였다. 그러나 식민지기와 마찬가지로 주로 양적 팽창에만 힘을 기울여 주목할 만한 제염법의 발전은 이루지 못했다. 여기에는 식민지기 천일제염법이 해방 후 한국으로 온전히 전해지지 못했던 이유도 있다. 일본의 염업이 식민지 안에서의 천일염전 실험으로 전오염→천일염→기계염(정제염)으로 진화하는 과정을 겪었다면, 한국의 염업은 천일염에서 기계염으로 발전하는 단계에서 단절을 겪었다. 해방후 소래 등지에 남아있던 기계제염 설비를 활용하지 못하고 천일제염에 안주하였고, 1970년대 후반에 들어서야 일본의 기술을 수입하여 이온교환막법에 의한 정제염 생산에 성공하였다.

현재 우리 정부와 염업조합은 천일제염을 보존·발전시켜 21세기 글로벌시대의 명품 소금으로 재탄생시키고자 노력하고 있다. 우리의 천일제염이 창설 이래 계속된 변화와 개량에 의해 우리나라 자연환경에 알맞게 변형된 것처럼, 또 다른 혁신과 개발에 뒤처지면 안 될 것이다. 천일제염은 아직까지는 미완성이다.

---

69) 곽민선, 「우리나라 소금산업의 특성과 발전방안에 관한 연구」, 고려대학교 식품자원경제학과 석사학위논문, 2005, 10~11쪽.

제2장

인천지역 관영
천일염전의 성립과 확장

1. 주안에서 최초의 천일제염이 시작된 이유

1907년 9월 23일 총리대신 이완용, 농상대신 송병준, 내부대신 임선준, 탁지대신 고영희 등 소위 4대신들이 한일(韓日)실업가와 신문기자들을 대동하고 임시열차 편으로 인천의 주안(朱安)을 방문하였다.[1] 동년 4월부터 축조에 들어간 천일제염시험장이 9월에 완공되어 채염작업에 들어갔기 때문에 그 실지를 시찰한 것이었다. 시험장 시설과 채염작업을 살펴본 이들 대신들은 크게 만족하고 그 제염의 표본을 황제에게 봉정(奉呈)하였다.[2]

위의 이야기는 지금으로부터 110년 전, 우리나라에 처음으로 천일제염이 시행된 사실을 알리는 기록이다. 수 천년 간을 이어온 전통 자염(煮鹽) 방식의 제염법이 아닌 중국식(대만식)의 천일제염법을 처

---

1) 「스대신시찰」, 《대한매일신보》 1907년 9월 22일자.
2) 目賀田男爵傳記編纂會, 『男爵目賀田種太郎』, 1938, 505~507쪽.

음으로 대한제국 정부에서 시행한 것이다. 이 당시의 천일제염 시행
계기나 전통 자염의 쇠퇴 과정 등에 대해서는 이미 선학들의 연구 결
과가 있어서 그 전모가 대체적으로 밝혀져 있다.[3] 그것은 조선후기
이후 상품화폐경제의 발전과 인구의 증가, 그리고 개항기 대외무역
의 성장에 자극받은 조선의 제염업이 자본제적 경영을 모색할 만큼
생산력과 수요량이 크게 늘어났지만, 19세기 후반 이후 중국(주로 산
동반도)으로부터 대량 유입된 수입염으로 인해 그 성장 동력을 상실
하게 되었다는 것이다. 아울러 이렇게 좌절되고만 제염업의 개혁은
식민지 경영에 있어서의 재원 확보를 노리는 통감부에 의해 관영천
일염전 건설로 이어졌는데, 여기서는 민간염업자의 보호나 육성책이
없었기 때문에 전통적 자염 생산자는 결국 몰락하고 말았다고도 하
였다.[4]

이와 같은 연구 결과는 조선후기 염업개혁에 대한 내재적인 발전

---

3) 19세기 말부터 20세기 초 까지의 염업 정책에 관한 연구는 이영학의 「개항기 제염업에
관한 연구: 자본제적 경영을 중심으로」(『한국문화』12, 서울대 규장각 한국학연구원,
1991)와 田中正敬의 「統監府の塩業政策について」(『一橋論叢』115-2, 一橋大學 一橋學
會, 1996), 이영호의 「통감부시기 조세증가정책의 실현과정과 그 성격」(『한국문화』18,
서울대 규장각 한국학연구원, 1996), 유승훈의 「20세기 초 일제의 소금정책과 생산체
제의 재편」(『국학연구』6, 한국국학진흥원, 2005), 박민웅의 「1905~1910년 일제의 염
업정책」(서굉일교수 정년기념논총 간행위원회편, 『지배문화와 민중의식』, 한신대학
교 출판부, 2008) 등이 참조된다.
4) 통감부 시기 염업 정책의 성격에 대해서는 한국과 일본의 연구자 사이에 기본적인 시각
차이가 드러난다. 한국측 연구자들은 통감부의 염세개정과 관영염전 건설에는 기본적
으로 일본에 의한 자의적이고 강압적인 성격을 띠기 때문에 전통 자염을 생산하는 민
간염업자들의 몰락의 원인이 되고 말았다는 시각을 가진 반면, 일본인 연구자인 田中
正敬은 이러한 부분보다는 통감부의 염업개혁 이면에 존재하는 시대적 상황과 역사적
배경을 더욱 강조하고 있다. 즉, 19세기 후반부터 시작된 중국염의 대량 유입(특히
밀수입)이라는 상황, 그리고 그 유입이 1930년대 이전까지도 완전히 저지될 수 없었다
는 시대적 상황이 관영천일염전 축조의 배경이 되었다는 것이다.

가능성과 일본 제국주의의 침략성을 드러내 주었다는 소기의 성과를 얻었다. 그러나 반대로 천일제염업에 있어서의 역사적 '식민성'을 더욱 노골화시키고 말았다는 한계성도 노출하고 있다. 즉, 조선정부에 의한 염업개혁은 실패하였고, 이를 일제 통감부 및 총독부가 부분적이나마 관영천일제염업으로 극복하였다는 논리가 성립하기 때문이다. 그렇다면 과연 우리나라 제염업의 근대화는 이처럼 역사적 불연속성을 가지며 성장해 온 것이었을까? 필자는 이 문제를 해결하기 위해 우선 왜 하필 최초의 천일염전이 인천, 그것도 주안에 설치하였느냐는 문제부터 검토해 보겠다. 후술하겠지만 사실 주안은 교통의 편의성을 제외하고는 그 기후와 토질 등 입지적인 측면에서 다른 천일염전에 비해 상대적으로 취약한 환경을 지니고 있었다. 따라서 주안에 최초의 천일제염시험장을 설치한 이면에는 또 다른 정치적 고려가 있었을 가능성이 크다.

앞서 제1장에서 살펴 보았듯이 식민지기 일본인 제염기술자들의 기억으로는 처음 천일제염의 적지(適地)로 지목된 곳이 주안이 아니라 낙동강 하구에 위치한 명호도(鳴湖島)였다. 그러나 천일제염 시행에 있어 가장 큰 영향력을 행사했던 통감부 재정고문 메가타 다네타로(目賀田種太郎)의 전기에는 또 다른 제3의 장소가 고려되고 있었다. 그곳은 바로 우리나라 최대의 제염 생산지인 전라남도의 목포(木浦)였다.

원래 韓人은 소금의 수용이 많지만 자국의 생산은 소액이어서 대체로 그것을 수입에 의존하고 있었기 때문에 자급자족을 위해서는 크게 염의 산출을 장려하지 않을 수 없었다. 선생(메가타=인용자주)은 일찍부터 여기에 착안하여 광무 9년(1905) 11월 이래로, 한국 남부 연안에서의 제염사업을 조사하였고, 광무 10년(1906) 관영제염 시험장을 설치하기 위하여 일본식 전오법과 대만식 천일제염의 適否 여하를 연구하셨다. 본래 한국은 降雨가 적고 또 증발량이 많으며 연안에서는 도처에 干瀉地가 있기 때문에, 천일제염사업에 적합하다는 것은 識者들도 인정하는 바였다. 조사의 결과는 雨量, 氣溫, 晴天日數, 蒸發量 등에서 목포보다 인천 쪽이 우량하다고 하였는데, 처음에 목포에 주목하였던 것을 선생은 천일제염 시험장을 인천에서 가까운 朱安灣의 한 지점으로 변경시킨 것이다.[5]

위의 메가타의 전기에서 보이듯이 통감부는 1905년 11월 이후 남부지방의 연안에서 제염업 조사를 실시하였다. 관영제염 시험장으로 목포를 먼저 주목했지만 강우량, 기온, 증발량 등에서 목포보다 인천이 우량하다고 하여 메가타가 이를 변경했다고 하였다. 하지만 목포에 천일염전을 설치하려는 계획은 다음의 기록으로 볼 때 이미 1년 전부터 진행되고 있었음을 알 수 있다.

이와 같은 天然上의 커다란 이익과 편리를 가진 땅이 地價 역시 저렴하고, 또 염전을 축성할 수 있는 遺地도 많음에도 불구하고, 淸國鹽의 밀수입을 근절하지 못하는 까닭은 海關의 용이주도하지 못함과 염업이 유치하여 비교적 커다란 製造費를 소요한다는 데에 있음이 명료합니다. 이러한 사정에서 생각해 볼 때 한국의 염업은 당 지방[전라남도=인용자주]에서 가장 주목할 만한 사업이라고 할 것입니다. 그리고 한국에서 지출하는 우리나라[일본=인용자주] 國費의 여러 부분을 한

---

5) 目賀田男爵傳記編纂會, 앞의 책, 505~506쪽.

국에서 회수할 필요가 있다는 것은 혹은 방법에 의해, 혹은 정도에 있어서 한국의 염업을 우리의 官業으로 할 것이 講究할 가치가 있는 문제로 남아있습니다. 上述한 바와 같이 당 지방에서의 이 業[염업=인용자주]은 자못 유망함에도 불구하고 현재 遺棄되고 있는 地所에서 염전에 적당한 곳이 자못 많이 있습니다. 전라남도의 큰 곶(串) 및 도서연안 전부에서 염전을 개척할 수 있는 地所는 수 만 정보, 즉 우리나라 현재 염전 면적의 수 배에 달합니다. 단지 當港[목포항=인용자주], 즉 花源半島와 達里島 사이의 좁은 해역 안에서만도 대만을 제외한 우리나라에 있는 염전과 동일한 대면적의 地所를 얻는 것도 결코 곤란하지 않다고 봅니다. 그러나 일본인의 現今 염업에 종사하는 것이 거의 절무하다고 하는 것은 말할 필요도 없습니다. 한인들이 염전을 개척하고 있는 것 또한 그 작은 부분에 지나지 않습니다.[6)]

위의 기록은 1904년 7월 목포영사인 와카마쓰 우사부로(若松兎三郎)가 일본 외무대신인 고무라 주타로(小村壽太郎)에게 보내는 기밀문서(機密受 제8991호)이다. 와카마쓰 영사는 전라남도 지역에서 제염업을 관업(官業)으로 일으켜 조선에서 지출하는 비용을 회수하자고 주장하고 있다. 아울러 다수의 큰 곶(串)과 도서들이 나열하고 드넓은 갯벌[干瀉地]을 지닌 목포지역이 제염업의 최적지임을 강조하고 있다. 목포항이 있는 화원반도(花源半島)와 달리도(達里島) 사이의 해역 안에서만도 일본 내지(內地) 전체의 염전과 동일한 면적의 염전을 조성할 수 있다고도 하였다. 그리고 이러한 와카마쓰 영사의 제염

---

6) 「韓國鹽業ヲ我官業トナス義二付調査方上申ノ件」(1904년 7월 7일), 『韓國近代史資料集成』 7권(韓日經濟關係 2, 韓國鹽業關係雜纂), 국사편찬위원회 한국사데이터베이스 (http://db.history.go.kr/).

업 계획은 다음의 기밀문서에서 더욱 구체화된다.

　　한국 염업에 관한 조사의 요점은 천일제법이 성공하느냐 아니냐에
있는 것이어서 다음과 같은 실험의 필요가 있습니다. 다행히 당 거류
지로부터 1리[조선 리수로 10리=인용자주] 이내의 땅에 새롭고 용이
한 염전 20여 정보를 만들 수 있는 적당한 토지가 있습니다. 이곳에
서 시험을 하기에는 자못 안성맞춤입니다. 그리고 이 장소는 1리 이
내에 속하기 때문에 원소유주가 있어도 그로부터 매수한다면 소유권
취득상에 하등의 문제가 없습니다. 더불어 아직 어떤 사람의 사유에
속한다고 할지라도 한국정부에게 개간권 부여를 청구하는 일은 지당
할 것으로 생각됩니다. 염의 관업문제에 관해 아직 考案이 나오지 않
았더라도 本邦人의 출원에 의해 當港[목포항=인용자주]의 監理를 거
쳐 중앙정부로 개간 허가를 요구하는 일은 선례가 되는 이유로써 승
낙을 받을 수 있습니다. 다만 뒤집어서 생각할 때, 한국인에 의해 이
장소를 개간하는 일은 관례상 성공했기 때문에 한국인의 명의로써 개
척하고, 그 성공 후에 해당 한인으로부터 정식으로 매수한다면 소유
권 취득에 관해서는 별단의 곤란이 없을 것으로 생각합니다.[7]

　같은 해 8월 31일에 작성된 위의 기록 역시 와카마쓰 영사가 고무
라 대신에게 보내는 기밀문서(機密 제35호)이다. 여기서는 목포지역
에서 일으키려는 제염업이 천일제염법임을 분명히 밝히고 있다. 즉,
천일제염시험장을 조성하기 위한 적당한 장소가 목포개항장(일본인
거류지)으로부터 10리(약 4km) 안에 위치하고 있음을 보고하고 있는
것이다. 개항장으로부터 10리 이내 구역은 소위 '잡거지(雜居地)'라고

---

7) 「製鹽業試驗場ニ關スル件」(1904년 8월 31일), 위의 책.

하여 외국인의 거주와 토지매매가 허락된 곳이다.[8] 따라서 와카마쓰
영사는 이곳에 원소유주가 있어도 토지를 매수하는 일은 소유권 취
득상 아무런 문제가 없으며 한국정부로부터 개간권 부여를 청구하는
일도 가능하다고 보고 있었다. 관례상 한국인의 명의로 개간하고 후
에 정식으로 매수하는 방법도 있다고 친절하게 안내하고 있다. 아울
러 와카마쓰 영사는 1905년 5월 한국 도로의 정황을 시찰하기 위해
목포와 부산으로 파견된 토목기사 나카하라 데이사부로(中原貞三郎)
와 난자이 고키치(南齊孝吉) 일행을 재소환하여 제염시험장 후보지를
측량해 줄 것을 요청하였다.[9] 그리고 이러한 제염사업을 위해 쿠리
쯔카 세이고(栗塚省吾), 마쓰모토(松本五郎右衛門), 오카베(岡部) 등의
일본인 자본가를 끌어들여 간사지(干瀉地) 사용 허가를 내줄 것을 무
안감리(務安監理)인 한영원(韓永源)에게 요청하기도 하였다.[10]

그러나 와카마쓰 영사의 예상과는 달리 이러한 간사지(干瀉地) 사
용 허가의 출원은 한국정부로부터 거부되고 말았다. 한국정부의 기
본 입장은 토지 사용과 같은 중요한 권리를 중앙정부의 훈령을 거치
지 않고 개항장 감리가 독단으로 처리할 수 없으며, 또 출원인이 요
구하는 토지 역시 개항장 10리 밖에 위치하고 있어서 승낙할 수 없다
는 것이었다.[11] 와카마쓰 영사가 천일제염시험장으로 개발하려는 곳
이 정확히 어디인지는 파악되지는 않지만 아마도 목포항 인근의 도

---

8) 조계와 잡거지 등 개항장의 공간 문제는 박준형의 「'租界'에서 '府'로: 1914년, 한반도
  공간의 식민지적 재편」(『사회와 역사』110, 한국사회사학회, 2016)을 참조.
9) 「全羅南道沿岸干瀉地及榮山江水路情況調査ノ爲メ技師派遣方上申ノ件」(1905년 5월 8
  일), 『韓國近代史資料集成』 7권, 국사편찬위원회 한국사데이터베이스(http://db.
  history.go.kr/).
10) 「木浦港一里以內干瀉地使用ニ關スル件」(1905년 5월 17일), 위의 책.
11) 위와 같음.

서지역으로 보인다. 이는 개항장 10리 이내의 규정이 해수면을 포함
하느냐 아니냐는 논란으로 이어지기 때문이다. 즉, 한국정부는 목포
항으로부터 해수면을 포함하여 10리 밖에 위치한다고 파악하고 있었
고, 여기에 대해 와카마쓰 영사는 개항장 10리 이내라는 규정은 해수
면을 제외하여야 한다고 주장하며 대립하였기 때문이다.12) 이러한
갈등에 대해 일단 일본 외무성은 와카마쓰 영사의 해석이 여러 가지
무리가 있음을 인정하고 한발 물러서는 입장을 보였다. 아울러 와카
마쓰 영사가 일본 외무성과 주한 일본공사와의 상의 없이 부정확한
정보로 사사로이 민간인을 끌어들인 데에 대해서도 경고하였다.

　표면적으로 개항장 밖 10리 규정을 들어 반대했지만 한국정부로서
는 자염 생산에 종사하는 제염업자가 가장 많은 목포 지역에 천일염
전이 건설되는 것을 그대로 보고만 있을 수는 없었을 것이다. 식민통
치를 위한 재원 마련에 골몰하는 통감부로서도 천일제염업은 자신들
의 통제 하에 있기를 원했다. 대만이나 관동주처럼 일본의 민간자본
을 끌어들여 이들에게 제염사업을 맡길 수는 없었던 것이다. 따라서
천일제염업으로의 개혁은 자연스럽게 국가적 전매사업으로 해야 할
것인가에 대한 논의로 이어졌다.

　천일제염의 증진은 염업계의 일대 혁명으로서 日本 內地에서도 이
것으로 인해 鹽專賣를 速進하게 되는 한 원인이 되었다. 따라서 朝鮮
鹽務行政의 방침을 수립하기 위해서 먼저 조선에서의 천일제염을 성
립하느냐 아니냐를 시험하지 않으면 안 되었다. 왜냐하면 조선에서
종래의 전오제염업은 그 조직이 극히 유치한데다, 연료의 부족으로

---

12) 「干潟地使用之件」(1905년 6월 16일), 위의 책.

高價이고, 운반의 불편함은 현저하여 생산비가 높기 때문에 鹽價는 支那 및 臺灣 등에서 수입하는 천일제염에 비해 2배 또는 그 이상으로 높았다. 그러나 외국 천일제염의 수입은 매년 현저히 증가하였기 때문에 이러한 추세로 나간다면 머지않아 조선의 염업은 자연히 쇠퇴하기에 이르는 것은 분명하였다. 따라서 現狀의 이유로 억지로 조선의 염업을 保持시켜 나간다면 추세는 일본 내지에서 현재 시행하고 있는 인위적인 정책인 專賣制를 하지 않을 수 없을 것이다. 만약 조선에서 천일제염을 이룬다면 스스로 그 생산비를 저렴하게 되도록 억지로 인위적인 정책인 전매제를 집행할 필요가 없기 때문에 조선에서 천일제염을 이루느냐 아니냐를 결정하지 않는다면 조선의 염무행정의 방침을 수립할 수 없을 것이다.[13]

위의 『조선전매사』의 기록에서 알 수 있듯이 통감부는 염업 개혁에 있어서 기존 전오제염(煎熬製鹽)을 유지하며 일본과 같이 전면적인 전매제를 시행하느냐, 아니면 상당한 비용이 소요되는 전매제를 거치지 않고 중국과 같은 천일제염(天日製鹽)을 일으켜 수입염에 대항하느냐 하는 선택의 기로에 놓이게 되었다. 이에 대한 결론은 주지하듯이 천일제염을 관영(官營)으로 하여 염전의 축조와 천일염의 생산 및 판매를 모두 국가가 전담하는 소위 '제조 전매제'를 시행하는 것이었다. 그리고 이러한 천일제염의 가능성을 시험하는 곳으로 인천이 새롭게 주목되었다.

인천에는 이미 1899년부터 농상공부(農商工部)가 관할하는 제염시험장이 설치되어 있었다. 탁지부에서 발송한 청의서(請議書)에 "철부

---

13) 朝鮮總督府 專賣局, 『朝鮮專賣史』 제3권, 1936, 296~297쪽.

(鐵釜)와 기계를 도입하고 외국의 좋은 방법에 의하여 소금을 생산하면 이익이 많을 것"[14]이라고 하였듯이, 재래식 제염법을 다양한 기계의 사용과 새로운 기술의 도입을 통해 개량하려는 목적으로 설립한 곳이다. 구체적으로는 20정(町) 규모의 염전을 세우고, 연료로는 석탄을 사용하여 생산비를 낮추려 노력하였다. 아울러 염부(鹽釜) 외에 풍우계(風雨計), 섭씨한난계(攝氏寒暖計), 지중한난계(地中寒暖計), 풍력전기반(風力電氣盤) 등 과학적 계측도구를 이용하여 생산기술력을 높이려고도 하였다.[15] 이러한 한국정부의 노력으로 1900년 8월부터는 인천제염장의 전오염이 생산되었다.[16] 《황성신문(皇城新聞)》에 의하면 인천제염장의 담당자는 변국선(卞國璿) 기수(技手)였고, 제염장에서 생산한 염을 직접 방매하여 그 금액을 농상공부로 상납하고 있었다.[17] 그러나 1901년 8월 31일자를 마지막으로 더 이상 인천제염장에 대한 기사는 나오지 않는다.[18]

현재까지 인천제염시험장의 정확한 위치는 확인되지 않는다. 그러나 필자는 이곳이 주안염전에 위치하였을 가능성이 매우 높다고 생각한다. 부산의 명호도(鳴湖島)나 목포와 마찬가지로 주안 역시 조선시대 이래로 계속 제염작업이 이루어진 오래된 자염 생산지이다. 『한국염업조사보고서(韓國鹽業調査報告書)』에 의하면 1907년까지도 주안면에는 20개의 염정(鹽井)과 10개의 부옥(釜屋), 그리고 2.5정보

---

14) 「農商工部所管製鹽場試驗費豫算外支出請議書」 제35호, 『各部請議書存案』, 光武 3년 (1899) 3월 1일(奎17715).

15) 유승훈, 「20세기 초 인천지역의 소금생산」, 『인천학연구』 3, 인천학연구원, 2004, 325쪽.

16) 「送費製鹽」, 《皇城新聞》 1900년 8월 27일자.

17) 「製鹽納價」, 《皇城新聞》 1900년 10월 29일자 및 「製鹽納額」 《皇城新聞》 1900년 12월 19일자.

18) 「製鹽石數」, 《皇城新聞》 1901년 8월 31일자.

의 염전이 있어서 연간 생산고는 347,700근에 달했다고 한다.[19] 무엇보다도 1899년에 완공된 경인철도가 지나가는 곳에 위치하고 있어 생산염의 운반과 중앙정부의 관리가 용이한 곳이다. 따라서 인천 제염장의 영업이 설령 1901년 이후에 중단되었다고 하더라도 이곳의 시설과 부지는 자연스럽게 통감부에게 이관되었을 것이다. 그리고 이와 같은 사실이 맞다면 주안에 천일제염시험장이 설치된 것에는 메가타 재정고문의 결정 이전에 대한제국 정부의 강력한 의지가 있었기에 실현된 것으로 보아도 무방할 것이다.

2. 주안천일제염시험장의 설치와 성과

『조선전매사』에 의하면 통감부는 천일제염의 시험을 위해 1906년 대장성(大藏省) 기사인 오쿠겐조(奧建藏)를 초빙하여 실지를 조사하고, 오쿠 기사의 의견을 따라 이듬해 인천부 주안에 1정보의 천일제염시험장과 동래부 용호리(龍湖里)에 2.3정보의 일본식 전오제염 시험장을 각각 설치하였다고 하였다.[20] 그러나 이시카와 다케요시(石川武吉)의 기록에 따르면 천일제염의 적지(適地)를 조사하고 직접 주안의 천일제염시험장을 축조한 사람은 대만 전매국에서 파견된 야마다 나오지로(山田直次郎), 미키 케요시로(三木毛吉郎) 두 기수(技手)였다.

---

19) 度支部 臨時財源調査局, 「韓國鹽業報告書」第一編, 『財務週報』第55號 附錄, 1908.
20) 朝鮮總督府 專賣局, 『朝鮮專賣史』제3권, 1936, 297쪽.

한국정부는 광무 10년(1906) 염업 개발을 위해 일본정부에 대해 제염기술자의 파견을 요구하고, 천일제염의 適地를 조사하였다. 그러나 당시 일본에서는 천일제염에 관한 기술자는 전무한 상황이었다. 그것을 위해 정부는 臺灣에서 천일제염에 종사하였던 山田直次郎 및 三木毛吉郎, 두 사람을 조선의 관리로 하여 초빙, 조선 내의 천일제염에 적합한 干潟地를 조사시켰다. 그 결과, 조선의 서해안 인천항 연안의 朱安 干潟地 및 진남포항 연안의 광량만 연안이 유망한 適地로 발견하였다고 말해지고 있다. 그래서 두 사람은 명치 40년(1907) 9월, 대만식의 천일염전 1정보를 축조, 완성하여 제염시험에 착수하였다.[21]

실제로 이시카와는 1920년대 미키 기수와 함께 주안염전에서 근무하였다. 따라서 야마다와 미키 두 기수가 천일염전 후보지를 조사하고, 직접 주안염전을 축조하였다는 위의 기록은 분명한 사실이다. 다만 두 기수들은 하급 관리였으므로 천일제염의 실무자들이었고, 대장성의 기사인 오쿠겐조가 천일염전 건설의 총책임자였던 것이다.

1907년 9월에 준공한 주안천일제염시험장은 1정보(3,000평)의 증발지(蒸發池) 및 결정지(結晶池), 그리고 같은 1정보의 저수지(貯水池)를 포함하는 총 2정보(6,000평)의 규모로 축조되었다. 대만에서 온 기술자들이 만든 만큼 그 형태는 대만과 같은 급상식(汲上式)이었다. 즉, 증발지가 결정지 지면보다 높아 수차(水車)를 이용하여 해수를 끌어 올려야 했다. 아울러 저수지 역시 증발지보다 높은 곳에 위치하였다. 증발지는 사면이 높이 7촌(寸), 너비 2척(尺) 내외의 작은 휴반

---

21) 石川武吉, 「朝鮮の天日製鹽に關する資料總說編」(1973), 『朝鮮の鹽業』, 友邦協會, 1983, 79쪽.

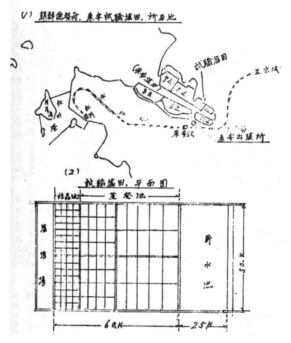

〈그림 2-1〉 주안천일제염시험장의 위치와 평면도(友邦協會,『朝鮮の鹽業』)

(畦畔)으로 둘러싸인 수십 개의 방형(方形)으로 이루어진 9단(段)의 계단으로 만들어졌다. 지면 바닥은 매우 평탄하게 고르기를 행한 후, 다시 석제 로울러로 다지었다. 이밖에 소금을 결정(結晶)시키는 결정지를 만들었고, 함수류(鹹水溜), 수로(水路) 및 배수구 등의 부속시설을 갖추었다.22) 각 염전 면적의 비율과 평면도는 〈표 2-1〉, 〈그림 2-1〉과 같다.

---

22) 專賣局 朱安出張所,「昭和3年八月, 朱安鹽田槪要」,『專賣局朱安出張所關係資料』(CTA0002798), 1쪽.

〈표 2-1〉 주안천일제염시험장의 면적 비율

구역명	면적(坪)	구역명	면적(坪)
蒸發池	2,388	貯水池	1,350
結晶池	320	堤防敷地	1,650
鹹水溜	100		
畦畔·水路	192		
計	3,000	計	3,000

주안천일제염시험장은 준공 직후 곧바로 채염작업에 돌입하였다. 『조선전매사』에 의하면 시험의 결과는 "좋은 성적을 거두어 (천일제염이) 조선에서도 확실히 성립할 수 있다"는 사실을 확인시켰다고 하였다. 그 품질은 일본 내지염(內地鹽)의 1~2등염에 상당하는 품질을 거두었고, 색깔 등에 있어서도 청국염이나 대만염에 비해 손색이 없다고 하였다. 그리고 1908년 시험염전에서 채염한 천일염 수량을 다음의 〈표 2-2〉와 같이 기록하였다.[23]

〈표 2-2〉 1908년 주안시험염전 1정보로부터 채염한 천일염의 수량

월별	채염량(斤)	채염일수	1일당 평균 채염량(斤)	1일당 평균 최고량(斤)	1일당 평균 최저량(斤)
4월	25,352	22	1,150	2,128	40
5월	25,850	15	1,720	2,408	643
6월	25,141	14	1,800	2,862	264
7월	15,634	11	1,420	2,018	617
8월	11,417	11	1,040	1,800	337
9월	14,883	17	870	1,799	198
10월	12,941	18	720	1,822	213
計	131,218 (78,731kg)	108	1,215		

---

23) 朝鮮總督府 專賣局, 『朝鮮專賣史』 제3권, 1936, 297~299쪽.

1909년의 「염업시험장관제(鹽業試驗場官制)」에 의하면 주안천일제염시험장은 농상공부대신(農商工部大臣)의 관리에 속하였으며, 소관 업무는 '염업의 개량·발전에 관련되는 조사와 시험의 사무'였다. 직원으로는 장장(場長) 외에 기사(技師) 3명, 기수(技手) 15명, 서기(書記) 10명을 두었다.[24] 초대 장장은 농상공부 기사인 츠카모토 미치토(塚本道遠)였다.[25] 천일제염시험장은 1909년 2월까지 1년 간 활동을 끝으로 폐지되었고, 이후 주안염전의 제1구 염전이 되었다.

한편 용호리의 일본식 전오제염 시험장의 성적 역시 나쁘지 않은 것이었다. 특히 생산비에 있어서는 종전보다 무려 1석(石)당 1엔을 감소시켜 중국산 천일염에도 대항할 수 있을 것이라는 전망까지 나왔다. 1석당 생산비가 주안 천일염이 1엔 10전인 것에 비해 용호리 전오염은 1엔 50전으로 크게 차이가 나지 않았던 것이다.[26] 그러나 『조선전매사』가 전하는 통감부 당국의 견해는 "전오염은 생산비의 절약이 곤란하여 도저히 천일염에 대항할 수 없을 것"이라는 입장이었다.[27] 이것은 앞에서 살펴본 바와 같이 제염업의 개혁에 임하는 통감부의 두 가지 길, 즉 전오제염의 개량이냐 천일제염의 도입이냐 하는 갈림길에서 후자의 길을 선택한 주요 논리가 되었다.

앞에서 살펴본 바와 같이 일본이 조선에서 천일제염사업을 처음으로 계획한 시기는 1904년이었다. 와카마쓰 영사가 목포에서 천일제염시험장 설치를 요청하였고, 그 방식은 관업(官業)으로 하는 것이

24) 「鹽業試驗場官制」(勅令 제11호, 융희 3년 2월 18일)
25) 『승정원일기』 141책, 순종 2년(1908) 2월 19일 을해조.
26) 田中正敬, 「統監府の塩業政策について」, 『一橋論叢』 115-2, 一橋大學 一橋學會, 1996, 482~483쪽.
27) 朝鮮總督府 專賣局, 앞의 책, 297쪽.

〈그림 2-2〉 주안천일제염시험장 전경(독립기념관 제공)

조심스럽게 논의되었다. 통감부 출범 이후로는 재원의 확보를 위해 제염업의 경제적·재정적 유리함이 다시 주목받으면서 국가사업에 의한 천일제염 시행이 재논의되었고, 이러한 상황 속에서 1907년 10월에 나온 '민간인 및 외국인에 의한 천일염전 개설 금지'의 훈령은 천일제염을 관업으로 운영할 것임을 선언하는 일이기도 하였다. 그리고 1908년 주안천일제염시험장에서의 성공적인 결과에 고무받은 통감부는 이듬해인 1909년부터 관영 천일염전의 건설을 개시하였다. 천일염전을 정부 스스로 건설하고 경영하는 제조전매제인 '관업제염 (官業製鹽)'의 방침이 수립된 것이다. 이에 따라 식민지기 천일염을 '관염(官鹽)'으로 부르며, 전통 자염을 생산하는 민간제염, 그리고 중국으로부터의 수입염과 구분하였다. 이러한 정책은 1942년 '조선염 전매령(朝鮮鹽專賣令)'이 선포되어 민간제염업에서도 그 생산과 배급을 통제하는 시기까지 지속되었다.

3. 관영 천일염전의 확장과 인천의 염전

주안천일제염시험장 시대를 마감하고 1909년부터 시작된 관영 천
일염전의 축조는 1945년까지 총 5,925정보의 완성을 보았다. 그러나
가장 많은 사업비가 소요되는 염전축조비는 전매국의 예산이 아니라
주로 일본에서의 사업공채(事業公債)를 통해 얻어지는 것이라서, 각
염전의 축조에는 약간의 시간적인 공백이 존재하였다. 『조선전매사』
는 총독부의 확장공사 계획에 따라 이를 총 4기로 구분하였고, 이시
카와 다케요시(石川武吉)는 1940년대 전시체제기에 확장된 염전을
따로 구분하여 총 5기로 구분하였다. 인천지역의 염전, 즉 전매국 주
안출장소 관할의 천일염전은 1919년에 완성된 주안염전(제1기 및 제2
기)을 시작으로, 1922년과 1925년에 남동염전, 군자염전(제3기)이 각
각 완성되었고, 1938년에는 소래염전(제4기)의 준공을 끝으로 모두
종료되었다. 본고에서는 이를 다시 관영염전의 창업기와 성장기, 그
리고 도약기로 3구분하여 정리해 보도록 하겠다.

1) 창업기: 제1기(1909~1914년) 및 제2기(1918~1920) 공사

제1기 공사로 완공된 천일염전은 주안염전 88정보(1구~5구)와 평
안남도 용강군(龍岡郡)에 위치한 광량만(廣梁灣)염전 770정보(1~8구)
로 총 858정보에 달하였다. 주안염전은 〈그림 2-3〉과 같이 주안천
일제염시험장인 1구 염전을 중심으로 동쪽에 2구 및 3구염전, 남동
쪽에 4구 염전, 그리고 서쪽에 5구 염전을 건설하였다. 아래 지도에
서 보이는 것처럼 주안은 내륙으로 깊숙이 만입하고 있다는 지리적
이점이 있지만 간석지가 넓지 않아 대규모 염전의 건설은 불가능하

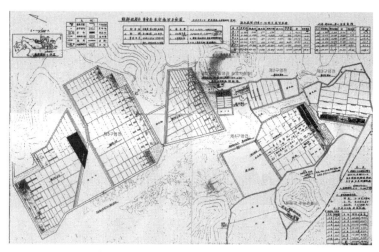

〈그림 2-3〉 제1기 공사로 완공된 주안염전의 평면도

였다.28) 따라서 제1기 공사는 주안염전의 9배나 되는 규모의 광량만 염전에 집중되어 있었다.

남쪽으로 대동강 하구를 접하고 있는 광량만은 1907년 현지 조사 결과 지리, 자연, 기후에 있어 조선 내에서 가장 탁월한 천일염전 후보지로 평가받은 곳이다. 조위차(潮位差)가 최고 6.3m에 이를만큼 광활한 간석지를 가지고 있을뿐 아니라 전국에서 가장 비가 적게 오는 곳 중의 하나이기도 하였다. 따라서 1909년 1월에 확정된 광량만 염전의 축조 계획은 3년 간 약 1,000정보를 축조하는 대규모 프로젝트로 이루어졌고, 그 소요 예산만 하여도 1909년도 한국 총세입 예산(공채·차입금 제외)의 7.6%에 달하는 116만 엔이 계상되었다. 그러나 그 건설 과정에 있어서 흔히 '쿨리(苦力)'로 불리는 중국인 노동자

---

28) 주안염전의 조성과 변화 과정에 대해서는 함은수이 「주안염전의 축조 배경과 과정」(『남동구 20년사』, 인천광역시 남동구, 2010)이 참조된다.

들의 분규사태가 발생하여 완성까지에는 더 많은 시간이 필요하게 되었다.[29]

1918년부터 시작된 제2기 공사로 이듬해인 1919년 3월, 총 8구로 구성된 주안염전이 완성되었다. 제1기 공사로 축조된 5구 염전에 이어 주안만(朱安灣)의 북변에 7구 염전을 조성하고, 그 남변에 6구와 8구 염전을 조성하였다. 사람들은 새로 조성된 6, 7, 8구 염전을 신염전이라고 불러 제1기 공사 때 완성된 구염전과 구분하였다. 그러나 신염전은 제1기 때에 조성된 구염전에 비해 여러 가지 구조적인 결함을 안고 있었다. 사질분(砂質分)이 강한 토질(土質)에다가 저수지가 증발지는 물론 결정지와도 접하고 있어서 지하를 통해 흘러드는 해수가 염전을 침윤(浸潤)시키고 있었다. 아울러 제염작업에 유리한 남서풍을 맞도록 증발지는 남북으로 긴 단원형(短圓形)으로 되어있어야 좋은데, 신염전의 증발지는 장방형(長方形) 또는 방형(方形)으로 이루어져 있어 북쪽에서 강한 바람이 불어올 경우 창수(漲水)의 피해에 그대로 노출되고 있었다.[30]

광량만염전에서의 중국인 노동자들의 분규나 주안염전 설계의 오류와 같은 천일염전 창립기에 일어난 일련의 사태들은 향후 제염사업 일정에 커다란 지장을 주었음은 물론, 제염성적도 목표에 크게 미

---

29) 광량만염전의 건설은 1910년에만 약 3,000여 명의 중국인 쿨리(苦力)들이 사역되는 등 당대 최대의 토목공사였다. 또한 同 공사 중에는 이들 쿨리들에 대한 임금 및 처우 문제로 파업과 도주 사태가 연속하여 발생하였고, 이로 인해 통감부와 중국 영사관 사이에 격렬한 논쟁이 벌어지는 등 외교적 문제로 비화되기도 하였다. 李正熙, 「朝鮮開港期における中國人勞働者問題-'大韓帝國'末期広梁灣鹽田築造工事の苦力を中心に」, 『朝鮮史研究會論文集』47, 朝鮮史研究會, 2009.

30) 石川武吉, 「大正十五年, 本年(自六區至八區)鹽田鹽減收ニ就テ本局ヨリノ推問書ニ答ヘテ」, 『專賣局朱安出張所關係資料』(CTA0002798)

달하여 천일제염사업이 한때 '전매국의 암'으로 지탄을 받는 지경에
까지 이르게 되었다.[31] 하지만 전매국은 천일제염사업을 여기서 멈
출 생각이 없었다. 1920년대에 들어서자마자 기존 염전의 두 배 이
상을 증설하는 제3기 천일염전 축조 계획안을 발표한 것이다.

〈표 2-3〉 제1기 및 제2기 공사로 완공된 천일염전

염전구분		면적(町步)	공사준공 년월	염전구분		면적(町步)	공사준공 년월
주안 염전 제1기	제1구	1.1	1907년 8월	광량만 염전 제1기	제1구	46.0	1912년 3월
	제2구	6.6	1909년 5월		제2구	173.0	1913년 3월
	제3구	9.0	1909년 6월		제3구	142.0	1912년 9월
	제4구	14.5	1910년 5월		제4구	93.0	1914년 3월
	제5구	57.3	1911년 7월		제5구	52.0	1910년 5월
					제6구	160.0	1912년 3월
					제7구	36.0	1909년 11월
					제8구	68.0	1914년 3월
소계		88.5		소계		770.0	
주안 염전 제2기	제6구	32.4	1919년 3월	덕동 염전 제2기	제1구	105.0	1919년 3월
	제7구	46.9	1919년 3월		제2구	78.0	1920년 12월
	제8구	44.6	1919년 3월		제3구	40.0	1920년 12월
소계		123.9		소계		223.0	
합계		212.4		합계		993.0	

2) 성장기: 제3기(1920~1926년) 공사

1920년 덕동염전의 준공으로 총 1,205정보의 천일염전을 완성한

---

31) 田中政敬, 「植民地期朝鮮の専売制度と鹽業」, 『東洋文化研究』13, 學習院大學 東洋文
化研究所, 2011, 406쪽.

전매국은 곧바로 제3기 천일염전 축조공사에 돌입하였다. 제3기 계획은 7개년 사업으로 무려 2,600정보의 염전을 축조하는 것이었다. 여기에 대해 『조선전매사』는 다음과 같이 서술하고 있다.

> 前記 兩期(제1기 및 제2기=인용자주)에서의 축조 염전이 전부 熟田으로 되는 새벽녘에 있어서 그 1개년의 생산액은 1억 여근(6만 톤)이 되었다. 한편 재래 전오제염의 1개년 생산 예상량은 약 7천 5백만 근(4만 5천 톤)이 되기 때문에 양자를 합하면 조선에서의 염의 생산량은 1억 7천 5백만 근(10만 5천 톤)이 되었다. 그러나 이후에 있어서의 예상 수요수량은 약 4억 근(24만 톤)이 넘었기 때문에 생산 수량은 소비 수량에 대비하여 약 2억 3천만 근(13만 8천 톤)이 부족하였다. …(중략)… 그리고 사업이 유망함을 종래의 실험에 비추어 분명해지자 제3기의 천일제염전 축조계획을 수립하고, 대정 9년(1920) 이후 7개년 계속사업으로써 천일염전 2천 6백 정보를 축조하는 것으로 하였다. 이 계획이 완성되는 날에는 기성의 분을 합쳐 천일염전 총면적은 4천 정보가 되고, 그 생산량도 재래전오염의 생산 수량과 합하면 대략 조선에서의 식량염의 수요를 충당할 수 있으리라 예상된다.[32]

1920년 아직도 조선에서의 염 수요량의 57%를 수입염에 의지해야 하는 상황 속에서 관염 생산을 획기적으로 늘리고자 계획한 전매국의 제3기 천일염전 축조계획은 기존염전 면적의 약 2.16배를 증설하는 것이었다. 주안출장소는 주안만에서 더 이상의 염전 증설이 어려우므로 인천 남부 연안을 매립하는 것으로 하였는데, 부천군 남동면에 남동(南洞)염전을, 그리고 시흥군 군자면에 군자(君子)염전을 각각

---

32) 朝鮮總督府 專賣局, 『朝鮮專賣史』 제3권, 303~304쪽.

조성하기로 하였다.[33] 광량만출장소는 광량만염전의 북쪽 대안인 용강군 귀성면에 귀성(貴城)염전을 조성하는 것으로 하였고, 압록강 하구인 평안북도 용천군에는 남시(南市)염전을 조성하여 새로 설치되는 남시출장소(南市出張所)의 관할로 하였다. 그러나 제3기 천일염전 조성계획은 1923년 여름에 일어난 두 가지의 사태로 그 계획을 긴급히 축소해야만 하였다. 그것은 8월 13일 조선 서해안에 몰아 닥친 대폭우와 9월 1일 일본 간토지방에서 일어난 관동대지진(關東大地震) 사태였다. 대폭우로 신설 공사 중인 염전은 물론, 기설 염전에까지도 막대한 피해를 입었다. 아울러 일본에서 일어난 대지진은 천일염전 조성비의 대부분을 차지하는 공채사업의 중단을 가져오고 말았다. 따라서 1925년 이후의 염전 축조는 사실상 중단되고 말았고, 제3기 공사로 준공된 천일염전은 아래 〈표 2-4〉와 같은 1,241정보에 그치고 말았다.

제3기 공사에서 가장 주목되는 염전은 1921년 11월에 착공하여 3년 5개월만인 1925년 3월에서야 준공된 군자염전이다. 단일 염전으로서는 최대규모인 946정보(염전 실면적 575정보)의 면적에 공사비는 140만 8천 엔, 연 인원 60만 명이 소요되었다. 인천항으로부터 8마일 해상에 떨어져 있는 옥구도(玉鉤島)와 오이도(烏耳島)를 삼각형으로 연결하여 20리(8㎞)나 되는 끝없이 긴 제방을 쌓았다. 그것도 변변한 장비없이 지게로만 이용하여 쌓았다.[34] 이렇게 난공사 속에 진

---

33) 남동염전과 군자염전에 대해서는 추교찬의 「소금생산과 남동·소래염전」(『남동구 20년 사』, 인천광역시 남동구, 2010)과 주강현의 「군자와 소래염전의 천일염」(『시흥시사』6, 경기도 시흥시, 2007)이 참조된다.

34) 宮田節子 監修, 「未公開資料 朝鮮總督府關係者 錄音記錄(12)-植民地期朝鮮における 專賣制度-鹽業を中心に-」, 『東洋文化研究』13, 學習院大學 東洋文化研究所, 2011,

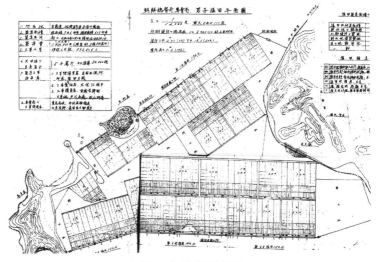

〈그림 2-4〉 군자염전 평면도

행된 군자염전 축조공사가 1922년과 1923년에 걸친 세 차례의 폭풍
우 및 해일로 인해 중단의 위기에 빠지고 말았다. 특히 마지막인
1923년 8월 13일에 몰아 닥친 해일이 가장 심각하였는데, 이 해일은
군자염전뿐 아니라 광량만, 귀성염전 등 북한지역의 신설 및 기설 염
전들에게 큰 피해를 입혔다. 이후 전매국은 이날을 '제방기념일'로
지정하여 염전 시설의 안전을 점검하는 날로 삼았을 정도였다.

이처럼 폭풍우와 해일로 매번 제방이 결궤(決潰)하는 사태를 번복
하면서 군자염전 축조의 청부인(請負人)인 토가와(戸川金藏)는 파산하
였고, 염전 설계자인 오스미(大住弘)와 현장주임 요시키(吉城興四郎)
는 과로사하고 말았다. 결국 청부인을 야키야마(秋山研亮)로 바꾸고

461쪽.

전매국장을 비롯한 전매국의 기사까지 총 동원되어 인부들을 독려한 결과, 마무리 공사를 마치고 1925년 3월에 준공 할 수 있었다.

〈표 2-4〉 제3기 공사로 완공된 천일염전

염전구분		면적(町步)	공사준공 년월	염전구분		면적(町步)	공사준공 년월
남동 염전	제1구	105.0	1921년 5월	귀성 염전	제2구	149.0	1921년
	제2구	105.0	1921년 5월				
	제3구	90.0	1921년 5월				
소계		300.0		소계		149.0	
군자 염전	제1구	180.0	1925년 3월	남시 염전	제1구	217.0	1924년
	제2구	95.0	1925년 3월				
	제3구	300.0	1925년 3월				
소계		575.0		소계		217.0	

3) 도약기: 제4기(1933~1940년) 공사

1926년 이래 중단되었던 염전 확장 공사는 1930년대 초까지 여전히 이루어지지 못하고 있었다. 이것은 1923년 대폭우와 해일로 인한 염전 피해나 관동대지진 이후 공채사업 중단에 따른 재원 조달의 어려움 등이 1차적인 원인이 되었지만, 무엇보다도 관영 천일제염에 대한 근본적인 문제점이 드러났기 때문이다. 즉, 산동반도나 요동반도, 대만 등에 비해 상대적으로 열악한 기후조건을 가진 조선의 상황에서는 무리한 천일염전 면적의 확장이 반드시 생산성의 증대와 비례하지 않는다는 사실을 깨달은 것이다.[35] 생산성을 높이기 위해서는

---

35) 田中正敬, 「植民地期朝鮮の塩需給と民間塩業－1930年代までを中心に」, 『朝鮮史研究会論文集』 第35集, 1997, 155쪽.

주기적인 염전의 점검·보수 작업 외에도 증발지·결정지 등의 개량
이 우선적으로 필요하였다.

　그러나 여전히 수요량의 절반 이상을 수이입염에 의존해야 하는
조선 염업의 고질적인 문제를 해결하기 위해서는 천일염전의 확장밖
에 길이 없었다. 1931년 전매국은 5개년에 걸쳐 천일염전 2,200정보
를 축조하여 식염의 완전한 자급자족을 달성하겠다는 계획안을 발표
했는데, 『조선전매사』에서 전하는 그 내용은 아래와 같았다.

　　　조선에서의 염의 예상수요 수량은 소화 3년(1928) 25만 80여 톤이
　　　되고, 그 후도 점차 증가할 것으로 예상된다. 그러나 그 공급은 政府
　　　既成鹽田 2,446정보가 전부 熟田이 되었다고 할 때의 생산고 12만
　　　톤, 재래전오염 2만 4천 톤이어서, 장래 거액의 부족을 초래하게 된
　　　다. 결국 이 대량의 염은 불안정한 外鹽의 수입에 의존하지 않을 수
　　　없는 사정에 봉착하였다. 국민생활상의 필수품인 염은 사정이 허락하
　　　는 한 自作自給의 방책을 강구해야 함은 물론이다. 특히 조선에서의
　　　천일제염의 생산비는 한 때는 생산비가 비교적 저렴한 關東州에 비해
　　　싸지 않았지만 최근에 이르러서는 도리어 조선 쪽이 저렴하게 되어
　　　이것을 능가하기에 이르렀다. …(중략)… 따라서 증산계획으로서는 기
　　　설염전의 結晶池의 개량(甕 파편, 기타 敷瓦)에 의해 16,200톤의 증
　　　산을 도모하고, 기성염전의 내부정리(염전 60정보 축조)에 의해
　　　3,300톤을 생산하며, 아울러 소화 7년(1932) 이후 소화 11년도(1936)
　　　까지 5개년 간에 염전 2,200정보를 축조하여 수량 12만 5천 톤을 증
　　　산하므로써 自作自給을 도모한다는 계획을 수립하였다.[36]

---

36) 朝鮮總督府 專賣局, 『朝鮮專賣史』 제3권. 305~306쪽.

제3기 계획 때까지와는 다르게 제4기 계획은 신설 염전 축조 외에
도 기설염전의 결정지 개량사업이나 염전 공지(空地)를 이용한 소규
모 증설 계획까지 포함하여 이루어졌다. 아울러 신설염전 축조와 기
설염전 개량공사에는 직간접적으로 막대한 노은(勞銀)이 살포되는만
큼 이를 궁민구제책(窮民救濟策)으로 삼아 실업구제에 노력하겠다는
뜻도 보였다.

1932년부터 개시하여 1934년에 준공을 목표로 한 천일염전 2,200
정보 축조계획은 평안남도 귀성염전 1,000정보와 경기도의 소래(蘇
萊)염전, 송산(松山)염전을 각각 600정보씩 증설하는 것이었다.[37]
이와 같은 염전 축조와 기설염전의 정리 및 결정지 개량 공사에는 총
4,575,412엔이 소요될 것으로 예측하였다.[38] 하지만 제4기 계획은
1933년에 이르러서야 공사가 시작되었고, 그것도 예산 감축으로 귀
성염전 1,000정보만 되고 소래와 송산염전 1,200정보는 중단되었다.
그러나 1935년 다시 예산의 부활이 인정되어 아래 〈표 2-5〉와 같은
2,201정보의 염전 축조가 이루어졌다.[39] 다만 송산염전의 축조는 이
후에도 재개되지 않았고, 대신 남시 제2구 염전이 축조되었다.

37) 田中正敬에 따르면 원래 총독부는 1929년에 3,000정보의 천일염전 축조계획을 수립
하고 있었다. 이는 제3기 공사에서 남겨진 귀성, 남시염전과 소래염전을 모두 포괄하
고 있는 것이었다. 그러나 1930년대에 들어서 이 계획은 2,200정보로 축소되는데,
아마도 예산 삭감에 따른 결과로 보인다.(田中正敬, 「1930年以後の朝鮮における塩需
給と塩業政策」, 『姜德相先生古希・退職記念 日朝関係史論集』, 新幹社, 2003, 306~
307쪽)
38) 石川武吉, 『朝鮮鹽業史料 總說篇: 朝鮮の天日製塩に関する資料』, 1971(CTA0002790),
76~77쪽.
39) 石川武吉, 위의 논문, 103~104쪽.

〈표 2-5〉 제4기 공사로 완공된 천일염전

염전구분		면적(町步)	공사준공 년월	염전구분		면적(町步)	공사준공 년월
소래 염전	제1구	140.0	1935년 12월	귀성 염전	제1구	347.0	1940년
	제2구	216.0	1936년 12월		제3구	507.0	1935년 11월
	제3구	193.0	1937년 6월		제4구	532.0	1937년 12월
소계		549.0		소계		1,386.0	
				남시 염전	제2구	266	1937년
				소계		266.0	

제4기 공사로 축조된 염전은 1920년대 축조된 염전과는 그 구조에서 커다란 차이가 있었다. 그것은 제3기까지의 염전이 저수지의 수면보다 낮은 저지식(低地式) 염전인 것에 비해 제4기 이후의 염전은 저수지 수면보다 높은 고지식(高地式) 염전으로 건설되었다는 것이다. 저지식 염전은 수문(水門)의 개폐를 통해 해수를 도입하지만, 고지식 염전은 펌프로 해수를 끌어 올려야 했다. 이것은 저지식 염전에서 외곽제방 구축에 많은 경비가 들고, 또 건설 후에도 태풍 등에 의해 자주 무너지고 마는 결점이 있었기 때문이다.[40] 인천지역의 최후의 염전인 소래염전 역시 고지식 염전으로 건설되어 이전에 세워진 주안, 남동, 군자염전과는 그 구조를 달리하고 있다.

---

40) 石橋雅威 編, 『朝鮮の鹽業』, 財團法人友邦協會, 1983, 21쪽.

〈그림 2-5〉 소래염전의 결정지(2016년 11월 필자 촬영)

4. 천일제염법의 개량과 변화

제3기 공사로 주안출장소 관할의 천일염전 면적은 전체 천일염전 면적의 약 44%를 차지하게 되었다. 평안남도의 광량만염전과 함께 조선을 대표하는 천일염전으로 성장하게 된 것이다. 아래의 〈표 2-6〉 은 1930년 현재, 천일염전의 면적과 생산량을 나타낸 것이다.

위의 표와 같이 주안출장소 관할 천일염전의 면적은 총 1,087정보 로 광량만출장소의 1,142정보와 크게 차이 나지 않았다. 염전 축조 시기도 제1기부터 제3기까지 거의 비슷한 시기에 이루어졌다. 그러 나 그 생산량에 있어서는 주안출장소의 염전이 광량만출장소의 생산 량에 70%밖에 미치지 못하였다. 광량만출장소에서의 생산고 7만 8 천톤에 비해 주안출장소에서의 생산고는 5만 5천톤에 머물고 있었던 것이다. 군자염전이 가장 늦게 축조되어 아직 숙전(熟田) 되지 않은 탓도 있지만, 가장 먼저 세워진 주안염전의 1정보당 생산량이 52톤 에 머물고 있다는 사실은 문제가 될 수밖에 없었다. 이는 앞 절에서 도 잠깐 언급한 바와 같이 인천지역의 기상의 불리함과 염전 설계상 의 잘못, 그리고 오랫동안 염전 수리 및 보수작업을 게을리 하였던

〈표 2-6〉 1930년 천일염 생산현황

所名	소재지	염전면적(정보)	생산고(천톤)	1정보당(톤)	염전축조연대
주안출장소	경기도 부천군 주안면	212	11	52	1907~1919
남동파출소	경기도 부천군 남동면	300	19	63	1920~1921
군자파출소	경기도 시흥군 군자면	575	25	43	1921~1925
계		1,087	55	50	
광량만출장소	평안남도 용강군 금곡면	770	52	68	1910~1914
덕동파출소	평안남도 용강군 대대면	223	16	71	1919~1920
귀성파출소	평안남도 용강군 귀성면	149	10	65	1920~1921
계		1,142	78	68	
남시출장소	평안북도 용천군	217	12	56	1921~1924
합계		2,446	145	59	

일에 기인한 것이었다.

먼저 기상조건을 따져보면 인천은 천일제염에 그렇게 좋은 조건을 갖춘 곳은 아니었다. 〈표 2-7〉은 1930년대 광량만출장소에서 조사한 기상관측표인데, 주안염전은 광량만에 비해 증발량, 강수량, 쾌청일수 등에서 모두 불리한 위치에 있었다.[41] 염전 설계에 있어서도 저수지, 증발지, 결정지 등의 위치가 부적절하게 구획되어 있었으며, 이는 특히 제2기 공사로 완공된 6, 7, 8구의 신염전에서 더 그랬다.

---

41) 「專賣局廣梁灣出張所資料」, 『朝鮮の天日製塩に関する資料』(CTA0002790)

〈표 2-7〉 동아시아 주요 제염지의 기상관측표

지명	증발량(mm)	강수량(mm)	강수일수(日)	쾌청일수(日)	평균습도(%)	평균풍속(m)	적요
히로시마	1,215	1,528	136	39	74	1.9	38년간 평균
臺灣	1,666	1,699	108	57	80	3.1	39년간 평균
인천	1,328	1,011	104	79	72	4.0	24년간 평균
평양	1,333	913	103	87	72	2.5	17년간 평균
大連	1,524	612	77	113	66	4.7	24년간 평균
靑島	1,490	624	78	90	72	3.1	13년간 평균

『전매국 주안출장소 관계자료』(국가기록원 CTA0002798)에는 주안염전의 염전감독인 이시카와 다케요시(石川武吉)가 1926년부터 1928년까지의 시기에 작성한 「천일염전에서의 제염작업 관계자료」가 수록되어 있다. 이 자료는 1926년 전매국이 광량만염전에 비해 제염성적이 불량한 이유를 묻는 추문서(推問書)에 답신하는 보고서이다. 앞에서도 서술하였듯이 전매국이 1925년 군자염전 준공을 끝으로 7~8년 간 신설염전의 건설에 나서지 못하자 기설염전의 내실화를 다지고 또 향후 조선에서의 천일제염의 가능성을 처음부터 다시 재검토하는 상황 속에서 내려진 조처였다. 아울러 이는 식민지기 내내 주안출장소가 광량만출장소와 라이벌 관계를 가지게 되는 원인이 되기도 하였다.

〈표 2-8〉 주안염전 신·구 염전의 8년간 實收高 비교표(단위: 斤)

제5구염전					제6구부터 8구까지의 염전				摘要
축조후	년도별	면적(정보)	實收高	1정보당	년도별	면적(정보)	實收高	1정보당	
1년차	1911	57.3	83,698	1,461	1918	44.0	4,730	107	1911년
2년차	1912	〃	1,915,003	33,316	1919	123.9	2,023,872	16,334	5구염전
3년차	1913	〃	3,375,145	58,903	1920	〃	5,026,969	40,573	준공
4년차	1914	〃	3,994,819	69,717	1921	〃	3,981,849	32,137	1918년 6,7구 염전
5년차	1915	〃	3,108,838	54,255	1922	〃	4,438,490	35,826	준공
6년차	1916	〃	1,755,475	30,636	1923	〃	4,208,800	33,969	1919년
7년차	1917	〃	5,794,787	101,130	1924	〃	6,005,620	48,471	8구 염전
8년차	1918	〃	4,678,011	81,640	1925	〃	4,997,980	40,339	준공

이시카와는 우선 제2기 공사로 축조된 6, 7, 8구 신염전의 문제에
주목하였다. 천일염전은 보통 완공 후, 5년 이상의 숙전화(熟田化) 과
정을 거치면 정상적인 생산에 돌입하게 되는데, 준공된지 8년이나
지난 신염전은 전혀 그런 모습이 나오지 않았다. 보통 숙전이 된 염
전에서 1정보당 10만 근(60톤)의 생산을 올리는 일은 어려운 일이 아
니었다. 〈표 2-8〉과 같이 구염전인 제5구 염전은 7년차에 10만 근을
돌파했지만, 신염전에서는 8년 동안 매년 3~4만 근을 오르내리며 5
만 근을 초과하는 일은 한 번도 없었다. 이시카와는 그 이유가 제2기
공사의 불완전성, 그리고 신염전 완공 후 한 번도 변변한 수리 및 보
수 공사가 이루어지지 않았던 점에 있다고 하였다.

5구 염전은 당시 우리가 조선천일제염의 창업시대였을 때 여기저기
서 여러 연구와 풍족한 염전축조 투자에 의해 염업의 발달에 전념하였
던 경향이 있었다. 그러나 본 염전(신염전=인용자주)의 준공 당초에
는 염전 내부 공사에 미진하여 불완전한 장소가 있어 그 후 2~3년

간에는 제염이라고 말할 수 없는 염전 축조의 보수공사가 그 이상의 세월을 소비하였다. 이후 대정 9년(1920) 남동염전의 축조공사가 시작되어 동 11년(1922) 동 염전의 준공을 고했고, 아울러 군자염전의 확장 기운으로 향하여 당 출장소는 전력을 이 방면에 경주하였는데, 당연히 해야 하는 본 염전의 수리 시대를 생각하면 여한이 남는다.[42]

위의 이시카와의 발언에서 알 수 있듯이 제3기까지의 천일염전 축조공사는 염전면적의 확장에만 주력하는 모습을 보여 수시로 손봐야 하는 염전의 수리 및 보수 작업을 소홀히 하고 있었다. 따라서 신염전이 더 좋은 시설로 건설되었음에도 불구하고 적절한 인원 배치와 보수공사의 결여로 생산력은 더 떨어지고 말았던 것이다. 즉, 신염전은 강우(降雨)에 대비하는 염전으로는 최상의 시설을 갖추고 있었다. 5구 염전이 유하식(流下式)인데 비해 신염전은 증발지 10단부터 수차(水車)를 사용하는 급상식(汲上式) 염전으로 결정지가 가장 높은 곳에 위치하였다. 증발지의 단수도 5구 염전이 9단인 반면 신염전은 13단으로 함수를 작게 분할하여 농축된 양함수를 분별하여 저장하였다. 결정지는 강우시 작업에 가장 좋다는 옹파편반(甕破片盤)이 74%나 되었다. 하지만 이시카와는 이러한 시설들이 너무 극단으로 설계되어져서 수리와 보수 공사가 없으면 더 이상의 증산이 불가능할 것으로 판단하였다. 문제의 핵심은 저수지로부터 증발지를 거쳐 결정지까지 도달하는 함수(鹹水)를 어떻게 손실없이 최대한으로 가져오느냐 하는 함수 조작에 있었다.

---

42) 石川武吉 「大正十五年 本年(自六區至八區)鹽田鹽減收ニ就テ本局ヨリ御問書ニ答ヘテ」, 『專賣局朱安出張所關係資料』(CTA0002798)

〈그림 2-6〉 1923년경, 주안 제3구 염전에서의 채염작업(學習院大 東洋文化硏究所 제공)

 염전개량 공사에서 가장 다액이 소비되는 옹편(甕片) 결정지는 기온이 낮을 때나 강우시 작업에 탁월한 효과를 거둘 수 있었다. 그러나 신염전은 지반 공사를 제대로 하지 않은 상태에서 옹편을 깔아 요철(凹凸)과 경사가 매우 심해 시급히 교체되어야 했다. 이러한 결정지의 보수도 시급하지만 이시카와는 오히려 문제는 증발지에 더 있다고 보았다. 소위 '수축[絞り]'이라고 불리는 증발지의 비율이 적절하지 못해 상단의 농후하지 못한 창수(漲水)가 직통으로 하단으로 내려 오고 이는 제염작업에 커다란 악영향을 미치고 있다고 판단한 것이다. 따라서 휴반(畦畔)을 새로 깔아 증발지 비율을 재조정하고 배수구를 매립하는 것만으로도 큰 이득을 얻을 수 있다고 하였다.
 앞서 제1장에서 살펴보았던 우방협회의 녹음기록에서 이시카와가 광량만염전을 보고 큰 충격을 받았다는 것은 이러한 함수 조작 기술에 있어서의 탁월한 능력을 본 것이었다. 그리고 이러한 문제점들은 제4기 공사와 함께 진행된 기설염전 개량공사에서 광량만출장소와 주안출장소 상호간의 기술적 협력을 통해 어느 정도 해결할 수 있었다. 식민지기 제염기술자들이 동양 최고의 천일염전을 건설했다는 자부심은 아마도 이러한 부분에서 나온 것 같다.

제3장

관영 천일염전의
공간 구조와 염부들의 일상

1. 전매국 주안출장소의 업무 및 관리 조직

1) 전매국의 염무행정과 주안출장소의 조직 구성

　대한제국기 탁지부(度支部)가 관할하던 염무행정(鹽務行政)은 1910년 병합과 더불어 새로 신설된 전매국(專賣局)으로 이관되었다. 총독부의 직속기관인 전매국은 제염 관련 업무뿐 아니라 연초와 홍삼에 관한 모든 행정을 관장하였다. 신설 초기 조직 구성은 서무과(庶務課), 삼정과(蔘政課), 염무과(鹽務課)의 3과와 주안출장소, 광량만출장소, 개성출장소 등 3개의 출장소로 이루어졌다. 주안과 광량만출장소와 달리 개성출장소는 홍삼의 제조와 판매를 담당하는 곳이었다. 하지만 전매국은 1912년 3월 31일, 행정기구 간소화를 위한 관제 개정으로 신설된지 2년 만에 폐지되어 다시 탁지부 사세국(司稅局)으로 이관된다. 1915년에는 사세국을 폐지하고 새롭게 탁지부 내에 전

〈표 3-1〉 1932년경 전매국 염삼과의 조직 및 업무

局長 靑木戒三				
鹽蔘課 山澤和三郎	製鹽係	염전축조계획	技師	山岸睦造
		관내 염전의 제염작업 및 제염시험계획	技師	大山淸
		천일염의 생산비 조사	技手	眞田吉之助
		제염에 관한 조사	雇員	石川武吉
	鹽務係	官鹽의 수송, 鹽價의 결정, 판매	屬	櫻木醇平
		輸移入鹽의 허가 및 판매	屬	井上貞正
		在來煎熬鹽, 再製鹽의 조사	雇員	數名

매과를 설치하였으나, 1919년에 탁지부 자체가 폐지됨에 따라 재무국(財務局) 전매과로 업무가 이관되었다. 그리고 1921년 연초전매제의 시행과 동시에 전매국이 다시 부활되었다.[1]

이러한 복잡한 과정을 통해 재탄생한 전매국에서 천일염전의 축조계획, 제염사업의 운영, 관염의 판매, 수이입염의 허가 및 판매 등 염무행정을 담당하는 곳은 제조과(製造課)였다. 그러나 1930년 9월부터는 제조과의 연초 업무와 분리하여 새로 염삼과(鹽蔘課)가 신설되어 염무행정을 담당하게 되었다. 1929년 1월부터 1932년 3월까지 약 3년 간 전매본국의 분석실에서 근무한 이시카와 다케요시(石川武吉)가 기억하는 염삼과의 조직과 업무는 위의 〈표 3-1〉과 같다.[2]

아울러 전매국이 축조한 천일염전은 각 지역의 출장소 및 파출소의 관리 아래에 두었다. 제4기 천일염전 축조공사 이후로도 황해도

1) 田中政敬, 「植民地期朝鮮の專賣制度と鹽業」, 『東洋文化硏究』13, 學習院大學 東洋文化硏究所, 2011, 402~403쪽.
2) 石川武吉, 「朝鮮鹽業史料 總說篇」(1071년), 『朝鮮の天日製塩に関する資料』(CTA0002790), 57쪽.

〈표 3-2〉 1940년대 전매국 관내 천일염전의 조직과 면적

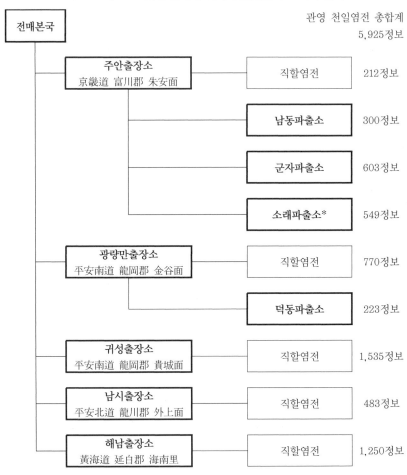

		관영 천일염전 총합계 5,925정보
전매본국		
주안출장소 京畿道 富川郡 朱安面	직할염전	212정보
	남동파출소	300정보
	군자파출소	603정보
	소래파출소*	549정보
광량만출장소 平安南道 龍岡郡 金谷面	직할염전	770정보
	덕동파출소	223정보
귀성출장소 平安南道 龍岡郡 貴城面	직할염전	1,535정보
남시출장소 平安北道 龍川郡 外上面	직할염전	483정보
해남출장소 黃海道 延白郡 海南里	직할염전	1,250정보

【비고】 소래염전 549정보는 1943년 조선제염공업(朝鮮製鹽工業)주식회사에게 대여됨.

연백군의 해남염전 1,250정보와 귀성 1구 염전 347정보가 준공이 되어 1945년까지 관영 천일염전은 총 5,925정보에 달했는데, 이를 〈표 3-2〉와 같이 5개의 출장소와 4개의 파출소 관할로 두었던 것이다.[3]

각 출장소의 업무는 크게 서무계(庶務係), 사업계(事業係), 토목계(土木係)로 나눠진다. 일부 출장소나 파출소에서는 의무계(醫務係)를 별도로 설치하여 의사를 파견하기도 하였다. 서무계는 제염사업비의 회계업무 외에 관사·청사·염전운송물 등의 관유재산의 보관, 제염 자재의 구입, 생산염의 수송 및 보관, 그리고 종업원의 의료·교육 등 복지에 관한 사무를 담당하였다. 사업계는 염부(鹽夫)들의 고용, 제염 작업의 지휘 및 감독, 생산염 및 제염기구의 보관, 그리고 염전 내부의 수리 등을 담당하였다. 마지막으로 토목계는 염전축조 계획과 염전예정지의 측량 및 설계를 담당하였다. 아울러 제방(堤防)·수문(水門)·복통(伏樋)·염고(鹽庫)·관사(官舍)·염부사(鹽夫舍) 등의 수리를 행하기도 하였다.[4]

아래의 〈표 3-3〉은 1930년대 초의 주안출장소 직원 배치 현황이다.[5] 광량만출장소와는 달리 토목계가 별도 조직으로 되지 않고 사업계 안에 있다. 염부들을 제외한 직원 수는 총 112명이었다. 그리고 전매국이 부활한 1921년부터 1945년까지의 역대 소장은 〈표 3-4〉와 같다.

---

3) 1941년 귀성 1구 염전의 완성으로 귀성염전이 1,250정보에까지 이르자 종래 광량만출장소에 속했던 귀성파출소가 따로 독립하여 귀성출장소가 되었다. 반면에 1938년 소래염전의 완공으로 설치된 주안출장소 소속의 소래파출소는 1943년 제염공업주식회사에게 同 염전이 대여됨에 따라 해체되었다.

4) 「專賣局廣梁灣出張所資料」, 『朝鮮の天日製塩に関する資料』(CTA0002790)

5) 仁川敎育會, 『仁川鄕土誌』, 1932, 137~138쪽.

〈표 3-3〉 1930년대 초 전매국 주안출장소의 부서별 직원 배치 현황

소장(1명)	출장소장	1명		
서무계 (11명)	서무주임	1명	巡視	1명
	회계계	1명	급사	1명
	물품계	2명	소사	1명
	영선계	1명		
	염회송계	2명		
	문서계	1명		
사업계 (28명)	사업주임	1명	염전담당원	12명
	토목계	1명	여공	3명
	기상계	1명		
	분석시험계	1명		
	기장계	1명		
	조사계	1명		
	염전감독	2명		
	眞空工場係	5명		
남동파출소 (31명)	파출소장	1명	염전담당원	23명
	염전감독	3명	순시	1명
	사무원	1명	소사	2명
군자파출소 (41명)	파출소장	1명	염전담당원	31명
	염전감독	4명	순시	1명
	사무원	2명	소사	2명

계: 112명

〈표 3-4〉 역대 주안출장소장

年代	기간	직위	성명
1921~1924	4년	屬	宮田才藏
1925~1927	3년	技師	野口莊次
1928~1931	4년	技師	大山清
1932~1935	4년	技師	山岸睦造
1936~1938	3년	技師	佐藤與市
1939~1945	7년	技師	羽島久雄

〈표 3-5〉 1925년 주안출장소 관내 염전담당원(염부장) 배치표

염전구분	면적(町步)	성명	염전구분	면적(町步)	성명
주안1, 2구	7.7	成昌成	군자1-1구	20.0	具貴祖
주안3, 4구	23.5	井上金勝	군자1-2구	20.0	綾部金藏
주안5-1구	13.2	松本義七郎	군자1-3구	20.0	金永相
주안5-2구	25.2	山下兼	군자1-4, 5구	40.0	鄭景門
주안5-3구	18.9	韓士益	군자1-6구	20.0	
주안6-1구	12.5	山田義一	군자1-7, 8구	30.0	松田政之助
주안6-2구	19.9	伊應俊	군자1-9구	15.0	金哲洙
주안7-1구	22.8	成有京	군자1-10구	15.0	崔鳳奎
주안7-2구	24.1	山口平一郎	군자2-1, 2구	35.0	古島勇喜
주안8-1구	32.5	常岡庄三郎	군자2-3구	20.0	池田七郎
주안8-2구	12.1	岩尾惟命	군자2-4구	20.0	呂貞錫
소계	212.4		군자2-5구	20.0	井坂彌太郎
남동1-1구	30.0	洪度順	군자3-1구	25.0	千昌烈, 金義觀
남동1-2구	10.0	中條八二	군자3-2구	25.0	高橋久太郎
남동1-3구	15.0		군자3-3구	25.0	安鎭權
남동1-4구	25.0	李元益	군자3-4구	25.0	渡邊靜吾
남동1-5구	25.0	田中利正	군자3-5구	25.0	
남동2-1구	15.0	島中貞次郎	군자3-6구	25.0	郭熙喆
남동2-2구	30.0	原田捹之助	군자3-7, 8구	30.0	前田篤
남동2-3구	25.0	李德勳	군자3-9구	20.0	李成貴
남동2-4구	10.0	柘植定一	군자3-10구	25.0	向江武夫
남동2-5구	25.0	佐藤富喜	군자3-11, 12구	45.0	山本反二郎
남동3-1구	25.0	李聖善	군자3-13, 14구	30.0	金改德
남동3-2구	20.0	西田內藏男	소계	575.0	
남동3-3구	20.0	山本甚作			
남동3-4구	25.0	李鳳魯			
소계	300.0		총계	1,087.4	

2) 제염 현장의 조직과 노동 형태

〈표 3-3〉에 나타난 주안출장소의 부서별 직원 중에 염전 현장의 제염작업에 직접 참여하는 사람들은 염전감독과 염전담당원이다. 이들은 천일염전의 중간관리자로서 염부들을 모집하고 관리·감독하는 임무를 맡았다. 염전감독은 보통 각 구(區)마다 1명씩을 두는 것이 원칙이나 각 구의 면적이 차이가 많기 때문에 때로는 구역을 분할하거나 때로는 겸임하였다. 〈표 3-3〉에 따르면 주안, 남동, 군자의 염전 감독은 각각 2명, 3명, 4명으로 나타난다. 대략 100~200정보의 구역을 담당하는 것으로 보면 된다.[6] 흔히 염부장(鹽夫長)으로 불려지는 염전담당원은 염전감독을 보좌하며 20여 정보의 구역을 맡았다. 하지만 이,또한 지역마다 차이가 커서 10정보 미만부터 최대 60정보까지 담당하는 사람들이 있었다. 아래의 〈표3-5〉는 이시카와(石川武吉)가 기록한 1925년 당시의 주안출장소 관내 염전담당원의 배치표이다.[7]

〈표 3-5〉에 따르면 1925년경 주안출장소의 염전담당원은 주안염전에 11명, 남동염전에 13명, 군자염전에 22명, 총 46명이 있었다. 민족별로는 일본인이 25명(54%), 조선인이 21명(46%)이다. 시기는 비록 다르지만 1933년 광량만출장소의 염전담당원 66명 중 일본인이 19명(29%), 조선인이 47명(71%)인 것에 비하면 확실히 조선인이 적은 숫자였다.[8] 제1장에서 살펴본 우방협회의 녹음기록처럼 북한

---

6) 염전감독은 전매국의 判任官, 또는 雇員이 임명되었다. 학력은 대개 전문학교 정도였다. 하지만 일부에서는 감독 見習生이 맡는 경우도 있었다. 이들은 判任官인 염전감독을 보좌하며 관할구역 중 일부(보통 40~50정보)를 따로 맡아 관리하기도 하였다.

7) 「昭和十七年現在 朱安出張所管內の職員配置」, 『專賣局朱安出張所關係資料』(CTA0002798)

지역 염전에 조선인 담당원이 많았다는 증언은 위의 기록으로 확인된다고 하겠다.

한편 『전매국 주안출장소 관계자료』(국가기록원 CTA0002798) 안에는 1922년 전매국이 간행한 「염전현업원필휴(鹽田現業員必携)」라는 제목의 작은 수첩이 수록되어 있다. 여기에는 '염전현업원 복무사항[服務心得]'이라는 항목이 있는데, 염전감독과 염전담당원이 지켜야 할 책임과 임무가 자세히 서술되어 있다. 이 중 일부를 발췌해 보면 다음과 같다.

[鹽田監督]

16. 염전감독은 매일 반드시 1회 이상 담당 염전을 시찰하고, 염전담당원 이하에 대해 작업상의 지휘·감독을 행하는 외에 다음의 각호에 유의 할 것.
 a. 각자 위생에 주의하고, 만약 질병에 걸렸을 때는 곧바로 의사에게 치료를 받도록 할 것.
 b. 평소 품위의 陶冶에 노력하며 근검·저축의 미풍을 양성시킬 것.
 c. 근무성적의 良否를 감찰할 것.
 d. 始業, 終業 시간을 엄수할 것.
 e. 염전 및 이에 附隨하는 제방을 愛護하고 항상 손 볼 것.
 f. 염의 생산, 품질의 개량을 태만히 하지 않을 것.
19. 염전감독은 다음의 장부를 준비하여 매일 조정의 사항을 기입하지 않으면 안 된다.
 鹽受拂簿, 鹽夫使役數 및 鹽夫給豫算差引簿, 備品消耗品受拂簿, 鹽田監督日誌.

8) 「專賣局廣梁灣出張所資料」, 『朝鮮の天日製塩に関する資料』(CTA0002790)

21. 염전감독은 鹽夫給, 鹽夫製鹽加給金의 受領, 分配에 관해 그 책임을 지지 않으면 안 된다.

[鹽田擔當員]

22. 염전담당원은 鹽夫를 지휘하여 始業 전에는 작업준비, 終業 후에는 기구류를 조사, 격납할 것.

23. 염전담당원은 매일 오전 10시에 증발지 및 결정지의 함수 비중 및 수심을 조사할 것.

24. 염전담당원은 鹽田日記에 매일 소정의 사항을 기재하여 작업 종료 후나 또는 翌日 염전감독의 査閱을 받을 것.

26. 염전담당원은 제염기구의 보관에 주의하며 망실·훼손되었을 경우 감독원에게 보고할 것.

27. 담당원이 病氣, 기타 사고에 의해 결근하고자 하는 때에는 始業 前에 監督을 경유, 所長에게 신고하지 않으면 안 된다.[9]

염전감독은 담당 염전 중앙에 세워진 견장소(見張所)를 사무소로 사용하였다. 이곳에는 역소(役所)와의 전화가 가설되어 있고, 옥외(屋外)에는 야간작업용의 경종(警鐘) 및 날씨예보 신호기가 설치되어 있었다. 또한 보조원인 전속 사무원 1명이 배치되어, 보고 문서 또는 야경(夜警) 등의 임무를 수행하였다. 염전담당원은 염전 안에서 거주하며 염전감독의 보조 역할을 하였다. 일본인 담당원은 조선인 담당원에 비해 넓은 면적을 담당하였으며, 염전 구내(構內)의 제방(堤防), 수문(水門), 복통(伏樋) 또는 염고(鹽庫) 안의 생산염의 보관 및 관리에 힘썼다. 아울러 조선인 담당원을 양성하고 교육하는 역할도 맡았

---

9) 「鹽田現業員必携」, 『專賣局朱安出張所關係資料』(CTA0002798)

다. 조선인 담당원은 주로 일본인 담당원 곁에서 염부로 일하다가 채용되는 경우가 많았다. 이들은 일반 염부를 직접 채용하는 권한을 가졌고, 또 상대적으로 높은 급료와 일종의 보너스인 가급금(加給金)를 받아 경제적으로 안정적인 생활을 할 수 있었다.[10]

이에 비해 염부들의 고용은 일급제였고, 여기에 또 상용직(常傭職)과 임시직(臨時職)의 구분이 있었다. 상용직은 제염기간 중 일정한 정원이 보장됐지만 임시직은 작업 상황에 따라 증감이 있었다. 아래 〈표 3-6〉은 1942년도 주안출장소의 각 월별 염전 10정보당 염부 배치수이다. 이 표에서 알 수 있듯이 상용직 염부들은 1년 내내 정원의 증감이 없었지만, 임시직 염부는 7월 하순부터 감축에 들어가기 시작하여 10월부터 이듬해 2월까지는 아예 고용을 하지 않았다. 아울러 주안출장소 각 염전들의 염부 연인원(延人員)과 임금을 살펴보면 〈표 3-7〉와 같다.[11]

〈표 3-6〉 1942년경 주안출장소 염전 10정보당 1일 鹽夫 配置數(단위: 名)

종별	구분	4월	5월	6월	7월 상순	7월 하순	8월	9월	10월	11월	12월	1월	2월	3월
常傭鹽夫	流下式	6	6	6	6	6	6	6	6	6	6	6	6	6
	汲上式	7	7	7	7	7	7	7	7	7	7	7	7	7
臨時鹽夫	流下式	3	3	3	3	2	2	1	－	－	－	－	－	3
	汲上式													
計	流下式	9	9	9	9	8	8	7	6	6	6	6	6	9
	汲上式	10	10	10	10	9	9	8	7	7	7	7	7	10

【비고】 流下式 염전 1,365정보, 汲上式 염전 299정보. 汲上式 염전에는 水車를 작동하는 염부 1인이 더 필요함.

---

10) 「專賣局廣梁灣出張所資料」, 『朝鮮の天日製塩に関する資料』(CTA0002790)

11) 「昭和十六年度製鹽竝附帶作業計畫書」, 『專賣局朱安出張所關係資料』(CTA0002798)

〈표 3-7〉 1942년경 주안출장소의 鹽夫 延人員 및 鹽夫給

염전별	면적(정보)	염부종류	연인원(名)	단가(円)	금액(円)
주안염전	212	常備	29,532	0.995	29,384.34
		臨時	9,816	0.900	8,834.40
남동염전	300	常備	40,232	0.995	40,030.84
		臨時	13,110	0.900	11,799.00
소래염전	549	常備	68,266	0.995	67,924.67
		臨時	23,951	0.900	21,555.90
군자염전	603	常備	78,324	0.995	77,932.38
		臨時	26,351	0.900	23,715.90
小計	1,664	常備	216,354		215,272.23
		臨時	73,228		65,905.20
合計	1,664		289,582		281,177.43

2. 관영 천일염전의 공간 구조: 주안염전을 중심으로

천일염전에는 저수지, 증발지, 결정지, 외곽제방 등 각 생산시설 외에도 청사(廳舍) 및 관사(官舍), 염부사(鹽夫舍), 염고(鹽庫), 공장 등 제염작업을 지원하는 각종 부대시설이 존재한다. 천일염전의 공간들은 행정기관과 작업공간, 그리고 주거공간 등을 모두 함께 포괄하고 있어 매우 폐쇄적인 모습을 띄고 있다.

지금까지 천일염전 공간에 대한 연구는 주로 천일제염의 생산시설에 대한 연구로만 국한되어 이루어졌다.[12] 하지만 천일염전 공간에는 생산시설 못지 않게 관리자들과 염부들이 노동하고 휴식하는 일

---

12) 대표적으로 문흥일의 「천일염 생산시설의 변화」(『도서문화』 46, 목포대 도서문화연구원, 2015)가 있다. 문흥일은 주로 해방 이후에 건립된 전라남도 지역 천일염전의 염전 구조와 부속시설, 생산 장비의 변화를 고찰하였다.

〈그림 3-1〉 1928년 11월, 남동파출소 염전감독 및 염전담당원 14명의 기념 사진
(學習院大 東洋文化硏究所 제공. 첫번째열 왼쪽부터 두 번째가 石川武吉 2구염전감
독, 세 번째가 羽島久雄 남동파출소장, 네 번째가 大山淸 주안출장소장이다. 한껏 멋을
내고 있는 일본인 담당원 사이에서 공손히 두 손을 모으고 있는 조선인 담당원의 모습이
인상적이다.)

상적 공간에 대한 연구도 필요하다고 본다. 이것은 지역사 연구에 있
어서 지역의 사라져간 역사적 공간을 발굴해 낸다는 의미도 있을 것
이다. 따라서 본고에서는 두 가지의 자료를 토대로 식민지기 천일염
전의 공간 구조를 재구성해 보려고 한다. 하나는 국가기록원에 소장
되어 있는 인천경성지방전매국의 『국유재산대장』이다.[13] 인천지역
관영염전에서 각 출장소와 파출소가 소유하고 있는 동산 및 부동산

---

13) 인천경성지방전매국의 『國有財産臺帳』은 총 4개의 서류철로 구성되어 있다. 국가기록
  원 관리번호 CJA0020288은 주안출장소, CJA0020289는 소래파출소, CJA0020290
  은 남동파출소, CJA0020267은 군자파출소의 대장이다.

의 연혁과 규모, 감정가격이 신축·신설 연도부터 해방 후까지 자세하게 나와 있다. 그리고 다른 하나는 역시 국가기록원에 소장되어 있는 '조선총독부 전매국 주안출장소 도면'이다. 현재 국가기록원에 소장되어 있는 주안출장소 관련 도면은 총 43매(주안염전 38매, 남동염전 5매)가 남아 있는데, 주로 청사 및 관사, 제염공장, 염고, 염부사 등에 관련된 것이다.[14] 따라서 위의 『국유재산대장』과 주안출장소 도면을 연결시키면 적어도 식민지기 인천지역 천일염전의 공간 구조와 변화 과정을 유추해 내는 것이 가능할 것이다.[15] 또한 『전매국 주안출장소 관계자료』 안에는 이시카와(石川武吉)가 주안출장소 근무 당시에 촬영한 사진 수 점들이 수록되어 있다. 마찬가지로 이 사진을 위의 자료와 함께 비교하여 더욱 생생한 모습을 그려내도록 하겠다.

1) 청사 부지

주안출장소의 청사(廳舍) 부지는 주안정(朱安町) 30번지와 31번지에 위치하였다. 지금은 그 흔적도 찾아볼 수가 없지만, 주안역 바로 동북쪽으로는 야트막한 작은 구릉이 있었다. 바로 이곳이 전매국 주안출장소의 청사 부지이다. 〈그림 3-2〉의 「청사 부지 및 도로신설 계획도」는 주안역 북쪽으로 주안4구 염전과 비스듬이 연결되는 도로 중간에 새로 길을 내어 청사 부지와 연결하겠다는 설계도인데, 이러한 주안출장소 설립 초기의 모습을 잘 나타내고 있다. 이 그림에서

---

14) 주안출장소 도면 자료에 대한 해설은 국가기록원 홈페이지의 「일제시기 건축도면 컬렉션」 (http://theme.archives.go.kr/next/place/monopolyOffice.do?flag=9)을 참조.

15) 도면 자료가 대부분 주안염전과 관련한 것이어서 본고는 주안염전으로만 한정하였다. 『국유재산대장』을 활용한 기존의 연구로는 추교찬의 「소금생산과 남동·소래염전」(『남동구 20년사』, 인천광역시 남동구, 2010)이 있다.

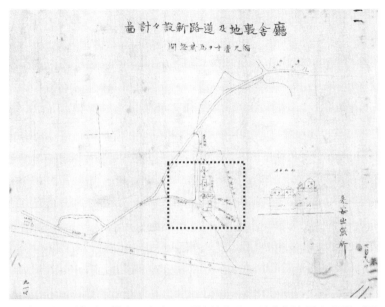

〈그림 3-2〉 주안출장소 청사 부지 및 도로신설 설계도(1910년대 추정, 국가기록원 제공)

청사 부지만을 확대해서 나타낸 것이 〈그림 3-3〉이다. 이를 통해 볼 때 청사 부지는 남북으로 놓인 2개의 대지로 구분되고 있다. 북쪽 대지는 창고와 공장이 있고, 한단 더 높은 곳에 위치한 남쪽 대지에는 사무실과 청사가 배치되어 있다.

그런데 특이한 점은 남쪽 대지에 위치한 4동의 건물 중 2동이 '용호(龍湖)'에서 이전하였다고 적혀 있다는 것이다. 위쪽의 사무실 옆 건물을 '용호에서 이전한 부속사(付屬舍)'라고 하고 있고, 'ㄱ'자 형태의 청사 건물 한 동도 '용호 청사 이전'이라고 쓰여 있는 것이다. 이는 1907년 탁지부가 주안천일제염시험장을 설치한 것과 함께 부산 용호리에 설치한 일본식 전오염 시험장의 청사를 옮겨온 것으로 해

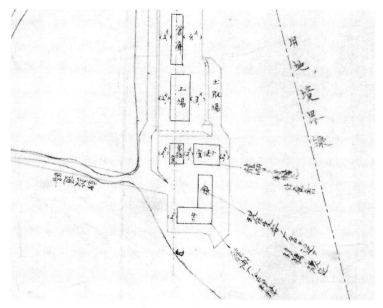

〈그림 3-3〉 주안출장소 청사부지

석할 수 있을 것이다.16) 아울러 나머지 청사 건물 한 동에도 '현재 주안청사를 추가하여 이전 예정'이라고 쓰여 있는데, 이는 기존의 주안 청사를 확장하여 이곳으로 옮기겠다는 뜻으로 보인다. 아무튼 이렇게 해서 증축된 주안출장소 청사가 〈그림 3-4〉와 같은 모습이다. 기존 건물과 연결되어 있는 증축 청사는 일자형 건물로, 뒤쪽 변소와도 외부 복도로 연결되어 있다. 이 모습을 사진으로 보면 〈그림 3-5〉와 같다.

한편 『국유재산대장』에 따르면 주안출장소의 청사는 21평 규모로 1911년에 신축되었다고 기록되어 있다. 1936년에는 107평 규모의 신

16) 실제 건물을 이전했다는 것인지, 기관이 옮겨왔다는 것인지는 확인하지 못했다.

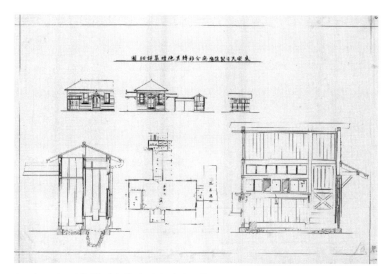

〈그림 3-4〉 주안천일염장 청사 이전 기타 증축 상세서(1910년대 추정, 국가기록원 제공)

〈그림 3-5〉 전매국 주안출장소 청사 전경(1923년 촬영. 學習院大 東洋文化硏究所 제공)

청사를 따로 건립하였다. 하지만 1911년에 신축한 청사가 〈그림 3-4〉
의 증축 청사인지 아니면 기존 청사 건물인지는 알 수 없다. 왜냐하
면 『국유재산대장』은 〈표 3-8〉에서 보이듯이 건물번호가 연결되지
않는다. 1945년 이전에 건립된 것으로 보이는 건물이 14동이지만 실
제 장부의 건물번호는 19번까지 나간다. 아마도 멸실된 건물은 카드
에서 빼버린 것 같은데, 그렇다면 적어도 5동 이상의 건물이 사라진
것이다.

〈표 3-8〉 전매국 주안출장소 청사부지의 주요 건축물

건물번호	종목	건조양식	건물호칭	건평	연혁
1	사무소	木造平家	廳舍	21.0	1911년 신축
6	창고	木造平家	倉庫	33.0	1911년 신축
7	사무소	木造平家	硏究室	36.0	1941년 개축
8	창고	木造平家	鹽庫	25.0	1910년 신축
9	사무소	木造平家	養成所	52.0	1941년 신축
11	창고	木造平家	倉庫	45.0	1921년 신축
12	창고	木造平家	倉庫	45.0	1921년 신축
13	창고	木造平家	簡易倉庫	150.0	1934년 신축, 1936년 증축
14	사무소	木造平家	廳舍	107.0	1936년 신축
15	창고	木造平家	自動車庫	10.5	1936년 신축
16	雜屋	木造平家	유독물취급실	1.5	1939년 신축
17	雜屋	木造平家	木工場	16.0	1940년 신축
18	창고	木造平家	雜品倉庫	50.0	1941년 신축
19	창고	木造平家	倉庫	42.0	1941년 신축

『국유재산대장』에서 빠진 것으로 추정되는 건물 중 대표적인 것이
제염공장이다. 앞의 〈그림 3-3〉에 보이는 것처럼 청사 부지 안에는
공장이 설립되어 있었다. 주안염전에는 1910년에 설립한 분쇄염 공

〈그림 3-6〉 주안염전의 분쇄염 공장
(1924년 촬영. 學習院大 東洋文化硏究所 제공)

장과 1922년에 설립한 식탁염 공장이 있었다. 따라서 〈그림 3-3〉에
보이는 공장은 분쇄염 공장이 분명하다.

천일염은 전오염에 비해 결정(結晶) 입자가 크다는 결점을 가지고
있었다. 따라서 일반 가정용이나 어업용염 사용에 있어서는 기피의
대상이 되었다. 이를 해결하고자 1910년 로울러식 분쇄기 2대(1일 분
쇄력 약 3만 근)를 도입하여 분쇄공장을 열었다.[17] 또한 1922년부터
제조를 개시한 식탁염 공장은 ST식 전오부(煎熬釜)를 사용한 일종의
재제염(再製鹽) 공장이었다. 이러한 시설을 구식으로 본 오야마(大山
淸) 소장이 1928년에 이를 폐지하고, 새로이 정제염(精製鹽)을 생산

---

17) 專賣局 朱安出張所, 「昭和三年, 朱安鹽田槪要」, 『專賣局朱安出張所關係資料』(CTA00
02798)

〈그림 3-7〉 주안염전의 식탁염 공장
(1924년 촬영. 學習院大 東洋文化硏究所 제공)

하는 진공식(眞空式) 제염공장으로 바꾸었다. 직경 3인치의 진공부
(眞空缶)를 사용한 이 공장의 제염능력은 연산(年産) 900톤에 달했다
고 한다.[18] 『국유재산대장』에서 이 두 공장이 보이지 않는다는 것은
해방 후 이 시설들을 다른 곳으로 이전했거나, 아니면 전쟁 등으로
멸실되었다고 추정할 수밖에 없을 것 같다.

2) 관사 및 염부사 부지

주안출장소의 관사(官舍) 부지는 주안정 2, 20, 21, 산11, 산13번지
이다. 이곳은 주안역 북쪽에 있는 또 하나의 작은 구릉 남쪽에 위치

---

18) 진공식 제염에 대해서는 제5장에 자세히 후술하였다.

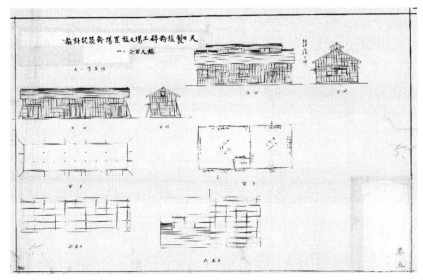

〈그림 3-8〉 천일제염 분쇄공장 및 염치장 신축 설계도(1910년대 추정, 국가기록원 제공)

하고 있었다. 청사 부지의 구릉과는 달리 이곳 구릉은 완전 삭토되지 않고 현재까지 약간의 옛 모습을 남기고 있는데, 바로 용화선원이 위치하고 있는 주안5동 일대가 그곳이다. 『국유재산대장』에 의하면 이곳에는 1945년까지 모두 25개의 건물이 존재했는데, 이를 정리한 것이 〈표 3-9〉이다.

관사 부지의 주요 건물들은 관사(官舍)와 숙사(宿舍), 합숙소(合宿所), 그리고 각 건물에 부속하는 헛간[物置], 욕실 등이다. 청사 부지와 마찬가지로 건물번호에 일부 결번이 있어 멸실된 건물들이 있는 것으로 보인다. 1915년에 신축한 6호 건물이 가장 큰 규모(52.9평)의 관사여서 이곳이 주안출장소장의 관사일 것으로 추정된다. 이곳 관사 부지에는 소장을 비롯한 주임급 관리, 염전감독, 그리고 일본인

〈표 3-9〉 전매국 주안출장소 관사부지의 주요 건축물

건물번호	종목	건조양식	건물호칭	건평	연혁
1	주택	木造平家	官舍	15.4	1909년 신축
2	주택	木造平家	官舍	15.4	1909년 신축
3	잡옥	木造平家	物置	1.0	1909년 신축
4	잡옥	木造平家	物置	1.0	1909년 신축
6	주택	木造平家	官舍	52.9	1915년 신축, 1931년 증축
7	잡옥	木造平家	物置	1.5	1915년 신축
8	주택	木造平家	官舍	23.4	1918년 신축
9	잡옥	木造平家	物置	1.5	1918년 신축
10	주택	木造平家	宿舍	16.5	1918년 신축
11	잡옥	木造平家	浴室	2.0	1918년 신축
12	주택	木造平家	官舍	23.4	1918년 신축
13	잡옥	木造平家	物置	1.5	1918년 신축
14	주택	木造平家	宿舍	16.5	1918년 신축
16	주택	木造平家	宿舍	16.5	1918년 신축
18	주택	木造平家	合宿所	59.5	1922년 신축
19	잡옥	木造平家	物置	3.0	1922년 신축
20	주택	木造平家	宿舍	11.2	1922년 신축
21	주택	木造平家	宿舍	19.0	1922년 신축
22	주택	木造平家	官舍	21.0	1933년 신축
23	잡옥	木造平家	物置	1.5	1933년 신축
24	주택	木造平家	宿舍	16.7	1934년 신축
25	주택	木造平家	宿舍	28.0	1934년 신축
27	주택		現業員 宿舍	27.0	1936년 신축
28	주택	木造平家	合宿所	35.4	1942년 신축
29	잡옥	木造平家	物置	3.0	1942년 신축

염전담당원들이 생활하였다.

반면에 조선인 담당원이나 염부들은 각 구 염전에 따로 마련된 염부사(鹽夫舍)에서 생활하였다. 제염작업에는 그 날의 일기에 따라 작

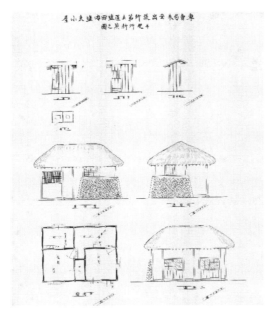

〈그림 3-9〉 전매국 주안출장소 제5구 염전 내 염부 소옥 및 변소
신축지도(1910~12년 추정, 국가기록원 제공)

업의 긴급성을 필요로 하는 경우가 많아 염부들은 염부사에서 합숙
생활을 하여야 했다. 주로 채염작업이 시작되는 3월 중순부터 작업
이 종료되는 10월 중순까지이다. 합숙에 필요한 식료와 연료 등은 자
기부담이어서 각자가 비용을 각출하여 공동으로 취사하였다. 다만
음료수는 역소(役所)로부터 제공받았다.

　〈그림 3-9〉의 도면은 이러한 염부들의 일상적 주거 생활을 보여
주는 중요한 자료이다. 특히 주안5구 염전에 세워진 이 염부소옥(鹽
夫小屋)은 다른 일본식 목조 건물들과는 차이를 보이고 있다. 외양은
전통 초가의 모습이지만, 그 내부는 한일 절충식으로 꾸며져 있다.
즉 내부의 방 2개 중 하나는 온돌이고, 다른 하나는 다다미로 꾸며져

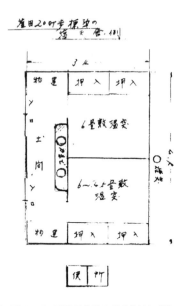

〈그림 3-10〉 광량만출장소의 염부사 실측도
(『專賣局 廣梁灣出張所資料』)

있다. 출입구도 각각 따로 설치되어 있는데, 온돌방 앞의 토간(土間)
은 취사장으로, 또 다다미방 앞의 토간은 휴게소로 사용되게 하였
다.[19] 이에 비해 이시카와(石川武吉)가 묘사하고 있는 광량만출장소
의 염부사는 조금은 다른 모습이다. 광량만염전의 염부사 역시 12평
내외의 규모로 함석지붕에 외벽을 황토 또는 판장벽으로 마감한 변
변치 않은 건물이었다. 내부는 〈그림 3-10〉과 같이 각각 2칸 정도로
벽장과 방한설비를 마련한 온돌방이 2개가 있고, 4평 정도의 취사장
및 헛간인 토방이 마련되었다.

---

19) 국가기록원, 「일제시기 건축도면 컬렉션」(http://theme.archives.go.kr/next/place
/monopolyOffice.do?flag=9)

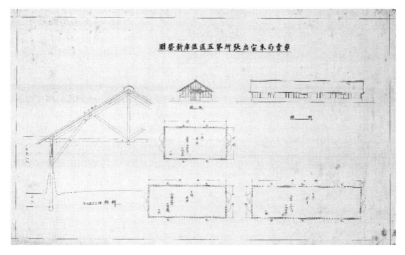

〈그림 3-11〉 전매국 주안출장소 제5구 염고 신축도(1910~12년 추정, 국가기록원 제공)

3) 창고 부지 및 기타 시설

주안출장소의 창고 부지는 주안역 서북쪽인 주안정 1, 24-2, 28번
지에 위치하였다. 주안역과 가까워 경인선을 통해 천일염을 운송하
는데 편리하였다. 『국유재산대장』에 따르면 이곳에는 100평 규모의
대형 염고(鹽庫)가 3동이 위치하고 있었는데, 모두 1951년 이후에 신
축된 것으로 나온다. 따라서 1945년 이전에도 이곳이 창고 부지로 이
용되었는지는 현재로서는 분명치 않다. 다만 국가기록원 도면에는
〈그림 3-11〉과 같은 주안5구 염전에 세워진 염고의 신축도면이 남아
있다. 트러스를 사용한 일자형 건물로 흙바닥 마감을 하였으며, 출입
구는 정면과 배면 양 끝에만 두었다.

〈표 3-8〉 전매국 주안출장소 청사부지의 주요 건축물

건물번호	종목	건조양식	건물호칭	건평	연혁
1	창고	木造平家	鹽庫	100.0	1951년 신축
2	창고	木造平家	鹽庫	100.0	1951년 신축
3	창고	木造平家	鹽庫	100.0	1953년 신축

이밖에도 주안염전에는 각종 교량 및 우물, 철책·목책의 담장 등이 있었고, 또 길이 16척, 폭 6척에 달하는 일본식 운반선(運搬船) 1척도 보유하고 있었다. 이 운반선은 1932년에 건조된 것으로 나온다. 또한『국유재산대장』에는 나오지 않지만 주안출장소에는 테니스장도 마련되어 있었다. 이곳에서는 전매국 직원들의 테니스 게임은 물론, 염부위안회(鹽夫慰安會)나 운동회, 영화 상영회와 같은 각종 행사가 열리기도 하였다. 이에 대해서는 다음 3절에서 후술하겠다.

역시『국유재산대장』에는 나오지는 않지만 주안염전에는 주목할 만한 또 하나의 시설이 있다. 이는 앞의 1절에서도 잠깐 설명한 염전 감독의 사무실인 견장소(見張所)이다. 국가기록원의 도면 중에는 1910년대에 제작한 것으로 보이는 〈그림 3-12〉의「주안염전 및 부근 약도」가 있다. 청사 부지와 관사 부지가 명확하게 표시되어 있는 이 지도에는 관사 부지 북쪽 구릉 위에 '감시소(監視所)'의 건설 예정지가 표시되어 있다. '미하리(見張)'라는 말 자체가 '지켜보다', '감시하다'라는 뜻을 지니고 있으므로 이곳의 감시소는 견장소로 보는 것이 맞을 것으로 보인다. 다만 '감시'라는 말에서도 느껴지듯이 감시소는 흡사 미셸 푸코의『감시와 처벌』에 나오는 '판옵티콘(Panopticon)'을 연상케 한다.[20] 염전에서 가장 높은 곳에 망루를 설치하고 염부들의 제염작업을 지켜보는 자의 모습은 푸코가 말하는 "모든 것

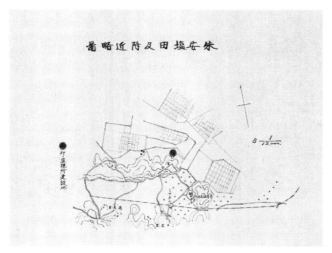

〈그림 3-12〉 주안염전 및 부근 약도(1910년대 추정, 국가기록원 제공)

을 볼 수 있지만 결코 보이지는 않는 자"의 모습은 아닐까?

한편 오랫동안 주안 등지에서 염전감독을 지낸 이시카와(石川武吉)에 따르면, 견장소에서는 염부장들과의 회의 및 작업지시 등도 이루어지지만 가끔은 염부들의 노고를 위로하는 주연(酒宴)도 열렸다고 한다. 아울러 전매국장 등 귀빈들의 방문시, 제염상황을 시찰하는 장소로도 사용되었다. 필자는 〈그림 3-12〉에 표시된 감시소가 주안염전의 가장 대표적인 견장소인 '관람정(觀覽亭)'일 것으로 추정한다. 사이토 마코토(齋藤實) 총독이 주안염전을 방문하고 '관람정'이란 이름을 내렸다는 이곳의 위치는 6구 염전 저수지 앞에 있었다고 전해진다.[21] 따라서 위의 약도와 정확히 일치하고 있다. 〈그림 3-13〉은

---

20) 미셸 푸코(오생근 역), 『감시와 처벌』, 나남출판, 309~313쪽.
21) 사이토 총독은 1920년 9월 12일 내무국장, 재무국장, 그리고 재무국 산하 전매과 직원

〈그림 3-13〉 靑木 전매국장의 주안염전 시찰 기념사진
(촬영장소 觀覽亭, 1923년 촬영. 앉아있는 사람 중 오른 쪽 첫 번째가 靑木戒三 국장,
그 옆이 宮田才藏 주안출장소장이다. 그리고 서 있는 사람 중 오른 쪽에서 두 번째가
石川武吉, 네 번째가 주안염전을 설계하고 건립한 三木毛吉郎 토목주임이다. 學習院
大 東洋文化硏究所 제공)

1923년 전매국 아오키(靑木戒三) 국장이 주안염전을 방문하고 관람
정에서 연회를 여는 모습을 촬영한 것이다. 이 사진에서는 우리나라
에 처음으로 천일염전을 축조하여 천일제염법을 전파한 미키 케요시
로(三木毛吉郎)의 얼굴을 볼 수가 있다.

들을 대동하고 주안염전을 시찰하였다(「總督朱安鹽田視察」, 《동아일보》 1920년 9월
14일자 2면).

3. 염부들의 노동과 일상

1) 염부들의 노동과 규율

염부들의 제염작업은 상노동이다. 지금도 '염전노예'라는 말이 간간이 들려오는데, 식민지기의 상황은 이루 말할 수 없었을 것이다. 4월부터 시작하여 10월에 끝나는 제염기간 동안 염부들은 오전 7시부터 오후 6시까지 11시간을 끝도 없이 일해야만 했다. 휴일이라고는 단오절 등 이틀 정도밖에 없었고, 일요일이나 공휴일은 주어지지 않았다. 다만 비오는 날이나 월급날에는 평소보다 일찍 퇴근할 수 있었다.

식민지기 이러한 염부들의 노동과 일상을 상세히 보여 주는 자료가 『조선염업사료』 안에 수록되어 있다. 바로 1928년 『전매주보(轉賣週報)』에 3회에 걸쳐 연재한 「염부사(鹽夫舍)의 창(窓)에서」라는 글이다.[22] 투고자가 '광량만(廣梁灣) 염부(鹽夫)'라고만 되어 있는 이 글의 저자를 이시카와는 광량만의 염전감독 다나카(田中龜治) 기수(技手)라고 밝히고 있다. 여기서는 이 글을 따라가며 식민지기 염부들의 작업 형태와 일상을 살펴보도록 하겠다.

「염부사의 창에서」는 다음과 같은 글로 시작한다.

> 우리들의 別宅을 鹽夫舍로 부른다. 광막한 염전의 한 가운데에 세워져 있고, 지붕은 판자지붕 또는 함석지붕으로, 새로운 때는 白壁도 보이고 있었지만 지금은 벽도 떨어져서 낡은 함석판 또는 나무판자로 둘러져 있다. 외관은 초가집이고 지붕은 낮은 土壁塗인 우리들의 本宅보다는 당당한 것이었다. 이 당당한 별택 鹽夫舍의 대다수는 온돌

---

22) 「塩夫舍の窓から」, 『專賣局 廣梁灣出張所 關係資料2』(CTA0002807)

에서 10명으로 한 곳에 새우잠을 자며 빈대나 이에 물리면서 하루 58
錢 5厘를 받고 아침 7시부터 저녁 6시까지 땀과 기름투성이가 되어
살아가고 있는 鹽夫들이다.

앞에서 살펴본 바와 같이 염부들은 작업 특성상 염부사라는 공간
에서 합숙생활을 하여야만 했다. 한 방에서 10여 명이 자며 하루 58
전 5리의 일당을 받는다고 했는데, 이는 기상상황 또는 그 해의 예산
에 따라 변화가 있었다. 기록에 따르면 1930년대 초 광량만염전의
기본 일당은 55전이었다.[23]

[제염준비 작업] 3월 11일, 晴

오늘부터 鹽夫로서 광량만 제1구 1호 염전(면적 10정보)에 채용되
었다. 근무시간은 오전 8시부터 오후 5시이다. 鹽夫 定員은 6명. 結
晶池에 겨울기간 동안 漲水시킨 海水를 제2증발지로 水車揚水하는
작업을 하였다. 종일 수차를 밟아 발이 아프다. 제1증발지, 제2증발
지의 땅굳히는 로울러 끌기는 請負에게 맡겼다.

천일제염에서의 채염(採鹽) 기간은 4월부터 10월 중순까지 약 190
일 내외이다. 그러나 본격적인 채염작업에 앞서 3월 한 달간은 그 준
비 작업에 들어가야 한다. 증발지의 해초나 이끼들을 제거해야 하고,
겨울철 물러진 지반(地盤)을 로울러로 단단히 굳히는 작업을 한다.
아울러 휴반(畦畔)과 수로(水路) 등의 수리도 하였다. 결정지 이끼 제
거 작업이나 로울러 작업은 보통 능률을 높이기 위해 청부(請負) 작

업으로 하였고, 채함(採鹹)이나 휴반·수로의 수리 작업 등은 상비염
부(常備鹽夫)들이 맡았다.

[결정괘(結晶掛け)] 4월 5일, 晴

드디어 기후도 정해지고 결정지의 지반도 완성되자, 鹽夫長은 돌연
히 結晶掛을 명령하였다. 그리고 비중계를 차고 이쪽 저쪽을 바쁘게
돌아다녔다. 우리들은 7명씩 짝지어 小把질을 개시하였다. 結晶掛나
採鹽은 바쁘고도 또 무척이나 힘든 것이었는데, 염전을 육성한다는
것은 이런 結晶掛나 採鹽 과정에서 썩 유쾌한 일이 아니었다. 1분을
다투는 일이었기 때문에 결국 점심먹는 휴식도 없이 오후 1시까지 간
신히 結晶掛를 마치었다. 오늘은 3월달 급료 지불일이었기 때문이다.
鹽夫長은 오후에 見張所에서 급료 수급을 행하였다. 그리고 그 자리
는 항상 기분이 좋았는데, 염부 일동에 대해 조선 소주와 맥주병 4병
과 지짐이, 떡 등을 대접하여 평소의 노고를 위로하였다.

4월이 되면 광량만의 기온도 10도 내외가 되고 제2증발지 하단에
는 보메 비중 23도 내외의 함수(鹹水)가 다량으로 수장된다. 염부장
은 결정지 지반이 양호한 염전을 선정하여 예정 결정지로 두고 창수
(漲水)되어 있던 함수를 상단으로 옮겨 둔다. 그리고 결정지를 로울
러로 지반 굳히기를 하면 점차 태양열에 의해 온열(溫熱)을 띠는 상
태가 된다. 이때 상단의 수구(水口)를 열어 함수를 빼서 결정지에 주
입하는데, 함수가 보메 비중 25도로 포화점에 달하면 소금이 석출하
는 결정작용(結晶作用)이 시작된다. 결정작용이 시작되면 염부들은
정신없이 소파(小把)를 끌며 채염작업에 돌입해야 한다.

[夜間作業] 4월 8일, 雨

확실히 오전 5시경이면 염부들이 아직 꿈 속을 헤맬 시간인데, 돌연 직감이 높은 염부장의 기상 소리에 잠을 깨었다. 염부장을 보니 일찍이 코쿠라(小倉)의 제복에 감색 각반의 몸차림을 하고 있다. 이것은 보통일이 아니다. 이것은 天候惡變 때문에 採鹽하라고 하는 명령이다. 생각해 보면 그저께 쯤부터 풍향이 나빴고, 특히 어젯밤은 으스름 달밤[朧月夜]이어서, 혹시 날씨가 급변하지 않을까 걱정되었었다. …(중략)… 밤을 샌 아침은 지금도 비가 내리고 있다. 여기에 寒氣가 더해지면서 염부들은 다급히 엉겁결에 미친 듯 奇聲을 발하면서 최고 한도의 馬力으로 大把를 끌며 채염에 종사한다. 한편 염부장과 把頭들은 제2증발지의 鹹水 및 豫備注加鹹水의 收藏에 바삐 일하고 있다. …(중략)… 비는 차제에 강하지 않았지만 최초에 收藏하였던 鹹水는 비중 24度 5分에서 최후에는 20도 내외로 희석되었다. 그리고 오전 8시 경에는 결정지의 殘鹽도 대부분 용해되었다. 그쯤 우리들은 모두 물에 빠진 생쥐 모습이 되어 鹽夫舍로 돌아갔다. 춥고도 피로하여 누구도 말이 없었다. …(중략)… 염전 그것을 생명으로 하여 살아가고 있는 염부장은 쓰라린 고생의 결정인 귀중한 염이 이 비에 순식간에 녹아버리는 형국을 보는 것은 마치 자신이 사라져 없어지는 것 같아 안면이 창백해지었다. 생각하니 우리들의 염부장은 貧農에서 태어났지만 어린 시절부터 풍요로운 환경에서 자랐다는데, 마침 14~15세 경에 광량만염전이 개설되어 다행히도 염전의 밥짓는 사람으로 鹽夫로 채용되었다. 이후로 20년 남짓한 시간동안 쓰라린 고생 끝에 염전 일절에 금일의 지위를 얻은 사람이다. 그 인품은 누구보다도 염전을 사랑하며, 그야말로 염전을 자신의 생명의 분신으로 여기며 일하고 있다.

강우(降雨)는 천일염 생산에 가장 악영향을 미치는 존재이다. 따라서 염부들은 언제나 날씨에 민감하다. 위와 같이 지반의 잔염(殘鹽)이 용해되는 정도의 작은 비의 경우라면 채염작업은 계속할 수 있지만 큰 비의 경우에는 즉시 채염작업을 중지하고 함수의 수장(收藏)에 전력해야만 한다. 그리고 지반의 모든 염분이 제거된 경우에는 지반을 건조시키고, 20도 정도의 함수를 주입하여 염분을 흡수시킨 후, 로울러로 다시 지반을 굳히는 결정괘(結晶掛)의 작업을 반복해야 한다.

[採鹽作業] 5월 21일, 晴

여느 때처럼 아침 4시 20분경, 鹽夫長의 고함소리에 일어났다. 세어보니 4월 8일의 첫 結晶掛부터 벌써 1개월 반이 경과하였다. 염전은 확실히 鹽最盛期의 5월 중반에 들어섰다. 매년 하는 일이지만 鹽最盛期의 근무시간은 아침 4시 반부터 저녁 8시경까지이다. 그 때문에 튼튼한 우리들의 몸도 피곤해져서 가끔 작업 중에 졸기도 한다. 오늘 아침의 일은 염부 전원에게 結晶池의 세척작업이다. 본 작업의 착수에 앞서 먼저 결정지에 물붓기[差水]를 행하여 鹹水의 양을 증가시키고 이후에 작업을 개시하였다.

천일제염의 최성기(最盛期)는 4~6월 간이다. 이 석 달간이 연간 채염량의 60% 이상을 차지한다. 7~8월 간의 우기(雨期)의 채염량은 10%에 지나지 않는다. 따라서 위의 글에서 보이듯이 최성기에 들어선 5월에는 새벽 4시 반부터 저녁 8시까지 살인적인 노동을 해야 했다. 결정지 세척을 하는 이유는 위의 염전이 토상(土床) 결정지이기 때문이다. 즉, 토상 결정지의 지반은 연일 채염작업이 이루어질 경우, 그 토질이 연화되어 바닥의 진흙이 결정염(結晶鹽)과 혼합되는

흑색의 소금을 산출하게 된다. 이 때문에 매일 아침마다 결정지 바닥의 부유토를 제거하는 세척 작업이 행해졌다. 전매국은 염 품질검사 규정을 마련하여 불량염 생산자에 대해서는 가급금(加給金) 지급 때 1할 이내의 감액을 하도록 명하고 있었다.

이상의 「염부사의 창에서」는 5월 말까지의 채염량을 전하는 6월 1일의 일기를 끝으로 하고 있다. 염부들의 노고, 특히 염부장들의 노고를 칭찬하는 데에서는 글의 저자가 그 상관인 염전감독이라는 사실을 알았을 때 약간 민망하기는 하지만, 필자가 보기에 식민지기 천일제염 작업에 대해 이처럼 상세한 묘사를 하고 있는 글은 지금까지 보지 못했다.

2) 염전제와 염부위안회

염부들의 고된 제염작업은 10월 중순이 되면 그 끝을 맺는다. 이후 이듬해 봄이 되기까지 염전 보수 공사에 들어가는 일부 상비염부들을 제외하고, 대부분의 염부들은 실직 상태가 되어 가마니 짜기 등의 부업으로 연명해야 한다. 그러나 매년 10월 초, 한 해의 제염사업이 마무리 되는 시기가 되면 전매국은 '염부위안회(鹽夫慰安會)'라는 특별한 행사를 열어 우수 염업자에 대한 시상과 염부들을 위로하는 시간을 가졌다. 특이한 점은 이러한 행사가 아마테라스 오미카미(天照大神)와 염조대신(鹽竈大神)에게 제례하는 소위 '염전제(鹽田祭)'와 함께 한다는 사실이다. 1920년대 이후 주안출장소 관내의 모든 관영염전에서는 이들 일본 신을 모시는 신사(神社)가 마련되었다. 그리고 염부위안회의 사전 행사 성격을 띄는 염전제는 각 출장소와 파출소를 순회하며 열리었다.

아직까지 학계에서 염전제나 염부위안회에 대해 고찰한 연구 결과
는 보이지 않는다. 하지만 일본인들이 이러한 행사를 통해 어떻게 천
일제염을 자신들의 문화 속에 내재화시키고, 또 어떻게 피식민지인
들을 자신들의 식민통치에 맞게끔 내면화시켰는가에 대해 알아 보는
일은 중요하다고 생각한다. 따라서 여기서는 『조선염업사료』의 기록
과 여러 신문기사들을 토대로 인천지역 관영염전에서 벌어진 염전제
와 염부위안회의 과정을 살펴보도록 하겠다. 다행히 『전매국 주안출
장소 관계자료』 안에는 1924년 주안출장소의 서무주임인 곤토(近藤
壽太郎)가 쓴 「염전제와 염부위안회」라는 글이 스크랩되어 있어 그
당시 주안출장소 관할 염전에서 벌어진 염전제와 염부위안회의 진행
과정을 소상히 알 수 있었다.[24]

곤토 주임에 따르면 주안신사(朱安神社)는 사이토(齋藤) 총독의 편
액을 하사받은 "관람정(觀覽亭) 남쪽 3정위(丁位)의 작은 언덕에 진좌
(鎭座)"되어 있었다. 지금의 주안5동 용화선원(龍華仙院)이 바로 그
자리이다.[25] 1920년에 세워진 것으로 보이는 주안신사는 10월 5일
을 제일(祭日)로 정하고 매년 당일에 인천신사(仁川神社)의 신관(神官)
들을 초청하여 제사를 지냈다.

하지만 염전제는 그 전날 저녁에 치르는 전야제부터 시작하였다.
오후 7시 반, 주안신사에 모인 관리들과 염부들은 하오리(羽織)를 입

24) 近藤壽太郎,「鹽田祭並鹽夫慰安會」,『專賣局朱安出張所關係資料』(CTA0002798).
    이 글의 전거는 나와있지 않지만 편집 형태나 인쇄 상태로 보아「염부사의 창에서」와
    같은 『전매주보(轉賣週報)』의 투고 글로 보인다.
25) 용화선원의 홈페이지(www.yonghwasunwon.or.k) 연혁에노 1950년 기린산 남산 주
    안신사 터에 龍海寺(용화사 개칭 전의 이름)를 세웠다고 나온다.

고 손에는 홀(笏)을 잡은 신주(神主) 모습의 주안출장소장을 선두로 가장행렬을 벌렸다. 가면을 쓰고 몸에는 여러 가지 치장을 한 사람들이 때로는 사무라이의 모습으로 때로는 중국인의 모습으로 나타났다. 신전(神殿)에서 예배를 드린 대열이 관사 부지를 지나 남쪽 마을로 향하면, 십정리(十井里)에서 온 조선인 농악대가 합류하여 경인가도를 함께 걸었다. 이러한 축제는 오후 9시 반까지 계속되었다.

이튿날 아침부터 시작하는 제례는 인천신사의 신관이 수발하는 의례로 봉주(奉奏)되었다. 그리고 제사를 모두 끝마치게 되면 오전 11시부터는 주안출장소 경내의 테니스 코트에서 열리는 운동회가 시작된다. 도보경쟁(徒步競爭), 나화경쟁(裸火競爭) 등 각종 경기들이 열렸고, 이 운동회가 끝나고 나면 오후 1시부터는 연회가 시작되었다. 벤또(辨當)권, 과자(菓子)권, 에다마메(枝豆)권 등 가지각색의 상품권이 나오고, 연이어 게이샤들이 들어오면 음주가무가 시작되었다. 취기가 오른 염부들은 게이샤들의 손춤에 맞추어 춤을 추었다. 이러한 연회는 오후 늦게까지 이어졌다.

주안염전의 위안회가 끝난 다음날인 10월 6일에는 남동염전이 이를 이어 받았다. 이곳의 염부위안회 역시 테니스 코트에서 개최되었다. 남동소학교 학생들과 함께 하는 운동회는 마라톤 대회까지 열리기도 하였다. 오후 1시까지 모든 경기를 마치면, 내빈과 직원, 염부들은 함께 만세삼창을 하고 운동장을 말끔하게 치우고 난 후, 가설 천막을 치고 주연(酒宴)을 열었다. 주안염전과는 달리 남동염전의 직원과 염부들은 모든 일에 있어서 일사불란하게 움직였는데, 이를 본 곤토 주임은 "하지마(羽島) 소장이 날마다 훈련시킨 당연한 결과"라며 감탄하고 있다.

마지막에 개최되는 군자염전의 염전제와 위안회는 10월 8일에 열렸다. 남동염전은 준공 당시 신사를 조영하지 못했지만, 군자염전은 준공식과 함께 신사의 진좌제(鎭坐祭)를 거행하였다. 당시 군자염전은 주안으로부터 60리나 떨어져 있고, 또 자동차 도로가 완비되지 못해 배를 타고 가야만 했다. 이 뱃길도 물 때가 있어서 당일에 왕복하지 못하는 경우도 있었다고 한다. 주안, 남동과 마찬가지로 이 곳 염부들도 연 1회의 염전제와 위안회가 유일한 오락거리였다.

이상이 1924년 주안출장소의 곤토 주임이 바라본 염전제와 염부위안회의 모습이다. 염전제와 염부위안회는 해방 전까지 계속되어진 것 같다. 1938년 11월에는 3천여 엔의 공사비를 들여 주안신사를 증축하였다.[26] 또한 늦어도 1940년대 전에는 남동과 소래염전에서도 신사가 마련되어진 것 같다. 신문기사를 통해 이들 염전에서도 염전제를 거행하였다는 사실이 확인된다. 다만 그 제일(祭日)에는 일부 변동이 있었다. 1941년에는 10월 22일 주안염전을 시작으로 23일 군자, 24일 소래, 25일 남동염전에서 염전제가 거행되었다.[27] 이는 소금 증산을 위해 제염기간을 더 늘렸기 때문이었을 것으로 보인다. 아울러 1930년대 후반부터는 염전제에 뒤이어 영화 상영회가 이루어지기도 하였다.[28] 전시체제기에는 우수염부에 대한 포상으로 경성 조선신궁(朝鮮神宮) 참배가 주어지기도 하였다.

---

26) 「朱安神社 增築 祝賀會를 擧行」, 《매일신보》 1938년 11월 20일자 4면.
27) 「鹽田祭」, 《매일신보》 1941년 10월 24일자 3면.
28) 「朱安專賣局映畵會」, 《매일신보》 1938년 10월 7일자 3면.

제4장

조선염업주식회사 설립과 '인천염전'의 운영 실태

1. 잊혀진 공간: 낙섬, 약수터, 그리고 염전

　인천광역시 남구 용현동(龍現洞)의 옛지명은 '비랭이말[飛浪里]'이다. '비랭이 고개 밑에 있는 마을'이라고 해서 '비랭이', '비랑이', '비룡이' 등으로 불렸으며, "장마 때 앞바다에서 용이 승천하였다"는 전설이 내려오고 있다.[1] 그리고 비랭이말 서쪽 끝에는 '약물터말'이란 곳도 있었는데, 샘물에서 나오는 물의 효능이 좋아 여러 가지 병을 고칠 수 있었다고 전한다. 이곳은 식민지기 이전부터 인천부내(仁川府內) 조선인들의 유일한 피서지이기도 했다.[2] 아울러 해안에서 1㎞ 쯤 떨어진 곳에는 '낙섬'이란 조그마한 무인도가 위치하고 있었다. '원도(猿島)', 또는 '납도(納島)'라고도 불린 이곳은 조선시대 국왕의 안위와 백성의 안녕을 위해 매년 봄, 가을마다 수령이 직접 서해신

---

　1) 인천광역시 남구, 『도시마을 생활사: 용현동·학익동』, 2016, 62쪽.
　2) 「仁川藥水場 今後運命如何」, 《중외일보》 1926년 12월 30일자 4면.

(西海神)에게 제사를 지내던 곳으로 '원도신단(猿島神壇)'이라는 제단
이 있었다고 전해진다.[3] 병자호란 때에는 이윤생(李允生)이란 인물
이 의병을 일으켜 청군(淸軍)과 싸우다가 장렬한 최후를 맞이한 전적
지이기도 했다. 하지만 오늘날 이러한 약수터, 제사터, 전적지는 그
흔적도 없이 사라져 버렸다. 도시의 발전 과정 속에서 낙섬은 물론,
주변의 바다와 갯벌이 모두 매립되고 말았기 때문이다.

이곳의 매립의 기원은 1920년대 후반으로까지 거슬러 올라간다.
용현2동 및 용현5동, 그리고 숭의2동 일원의 약 17만 평이 염전지대
로 조성된 것이다. 이 염전지대는 1927년에 설립된 조선염업(朝鮮鹽
業)주식회사의 인천제염소(인천염전)였다. 1929년에 준공된 이 염전
은 해방 후, 주안염전 관할의 '인천시험염전'이 되었다가, 1966년 주
안염전과 함께 폐전되었다. '소금의 도시'이기도 한 인천에서 다른
관영염전(주안, 남동, 소래)과 함께 약 40여 년이나 존재한 염전이었
지만, 지금까지 조선염업주식회사의 인천염전에 대해서는 그 실체가
제대로 규명되지 못하였다. 주로 『인천부사(仁川府史)』에 나오는 단
편적인 서술에 의지하여 간략하게 소개될 뿐이었다. 그 내용을 살펴
보면 다음과 같다.

朝鮮 古來의 煎熟法과 官營의 天日法의 두 採鹽 방법을 사용하고,
조선의 기후 및 토질의 자연적 조건에 순응하여 그 채염 능률을 최대
한도로 증대시키며, 식염의 제조 및 그 부산물인 苦汁의 이용공업을
목적으로 할 수 있도록, 소화2년(1927) 3월 朝鮮鹽業株式會社가 자
본금 50만원으로 오사카(大阪)에서 창립되었다. 동회사는 동년 4월

---

3) 『新增東國輿地勝覽』 권9, 인천도호부 산천조.

에 인천부를 건너 3町여의 長意里에 있는 공장지역 내에서 기공식을
거행하고, 제1기 공사로서 그 干瀉地에 築堤하여 면적 168,824평의
염전을 준공했다. …(중략)… 그 개량제염의 공정은 염전 내에 해수를
끌어들여 天日式 증발 방법에 의해 60퍼센트 농도의 鹹水로 만들고,
그 후 개량 카나와式 가마를 사용하여 전숙법에 의해 결정을 만드는
방법인데, 천일법에 비해 소면적에서 훨씬 다량의 제염을 얻을 수 있
고, 증발일수를 단축하기 위해 강우에 수반하는 공정의 逆行을 피할
수 있으며, 또한 前半이 천일식이므로 원가가 현저하게 저렴하여 생
산비를 경감시킬 수 있다고 한다.[4]

　매우 간략하고 축약된 글이지만, 이 글을 통해 두 가지의 매우 중
요한 정보를 얻을 수 있다.

　첫째, 조선염업주식회사가 일본 내지(內地)의 민간자본에 의해 설
립된 회사라는 것이다. 일본자본이라는 점보다 민간자본이라는 사
실이 더 중요하다. 즉, 일제는 1907년 주안에 천일염업시험장을 세
운 이후로 식민지기 전 시기를 거쳐 천일염에 대해서는 소위 '관염
(官鹽)'으로 보호하였다. 총독부 산하 전매국(專賣局)이 천일염전의
건설부터 생산 및 유통 전반을 관리하고 통제하였으며, 민간자본의
천일염전 경영을 금지하고 있었던 것이다. 그러나 조선염업주식회
사는 비록 혼합된 양식이기는 하나, 천일염전을 갖고 있었다. 1930
년대 후반 공업용염의 생산을 위해 다이니폰(大日本)염업주식회사
등 일본의 대자본들이 조선에 천일염전을 건설한 것과는 분명 상황
이 다르다.

---

4) 仁川府廳, 『仁川府史』, 1933, 1118쪽.

둘째, 천일법(天日法)과 전숙법(煎熟法)을 혼합한 새로운 방식으로 소금을 생산했다는 점이다. 『인천부사』는 염업의 주체와 생산방식에 따라 인천의 염업을 민간 재제염(再製鹽), 관염(官鹽), 개량제염(改良製鹽)으로 나누고 있는데,[5] 조선염업주식회사는 전오염(煎熬鹽) 방식의 재제염(再製鹽)과 천일염 방식의 관염을 혼합한 개량제염(改良製鹽)의 대표적인 업체로 소개되고 있는 것이다. 따라서 개량제염이 정확히 어떠한 제염방식이고, 또 어떻게 유래되었는지도 알아 볼 필요가 있다.

제4장에서는 1925~1937년 사이 조선총독부 내무국 토목과에서 생산한 『공유수면매립허가준공서』(국가기록원 CJA0015239, 이하 『준공서』로 약칭)와 일본 가쿠슈인대학(學習院大學) 동양문화연구소(東洋文化硏究所) 소장의 『민간자본에 의한 천일염전축조 관계자료』(국가기록원 CTA0002822) 등을 중심으로 일제강점기 조선염업주식회사의 설립과정과 그 운영 상황 등을 살펴보도록 하겠다. 특히 『준공서』에는 총독부 내무국, 전매국, 경기도청 등과 조선염업회사가 주고받은 각종 인허가 관련 문서들이 들어있어 사업의 구체적인 진전 상황 등을 파악할 수 있었다. 『준공서』 서류철을 시기별로 구별하여 보면, 아래 〈표 4-1〉과 같다.

아울러 『민간자본에 의한 천일염전축조 관계자료』에는 전매국에서 실시한 조선염업주식회사 조사보고서가 수록되어 있어, 1940년대 초까지의 생산·영업 및 운영 상황 등을 대략적으로나마 파악할 수 있다. 이밖에도 경성지방 검사국과 경기도 경찰국의 회사동향 보

---

5) 『仁川府史』에서 우리나라 전통의 자염(煮鹽) 생산 방식은 전혀 고려 대상이 아니다.

〈표 4-1〉『공유수면매립면허준공서(인천염업주식회사)』 서류철 목록

문건명	문서번호	발송일	발신인	수신인
공유수면 매립의 건	土第282號	1925.06.26.	총독부 내무국, 전매국	谷口源十郎 외 2명
인천염전 제1구 축조공사 설계서 및 사양서		1925.	谷口源十郎, 山口重道	조선총독
인천염전 제2구 축조공사 설계서 및 사양서		1925.	谷口源十郎, 山口重道	조선총독
제염개량 의견서		1925.	谷口源十郎	
공유수면 매립 실시설계의 건	土第2506號	1925.11.17.	총독부 내무국	경기도지사
공유수면 매립 피면허인 가입의 건	土第673號	1925.12.21.	총독부 내무국, 전매국	山口重道 외 3명
공유수면 매립권 양도의 건	土第341號	1927.08.12.	총독부 내무국, 전매국	조선염업(주)
공유수면 매립공사 일부 준공의 건	土第453號	1927.12.01.	총독부 내무국	조선염업(주)
공유수면 매립공사 준공기간 연장의 건	土第1582號	1928.07.05	총독부 내무국	조선염업(주)
공유수면 매립공사 설계 변경의 건		1928.09.21.	총독부 내무국	조선염업(주)
공유수면 매립공사 설계 변경의 건	土第55號	1929.02.27.	총독부 내무국	조선염업(주)
공유수면 매립공사 일부 준공인가 신청서		1929.05.06.	조선염업(주)	조선총독
공유수면 매립 제1구 공사 준공의 건	土第343號	1929.09.10.	총독부 내무국	경기도지사
공유수면 매립 제1구 공사 준공의 건	土第303號	1929.11.18.	총독부 내무국	경기도지사
공유수면 매립 제1구 공사 준공의 건	土第447號	1930.04.11.	경기도지사	총독부 내무국
공유수면 매립공사 일부 준공의 건	土第21號	1930.05.02.	총독부 내무국, 전매국	조선염업(주)
공유수면 매립공사 준공기간 연장의 건		1931.07.01.	총독부 내무국, 전매국	조선염업(주)

공유수면 매립공사 준공기간 연장의 건		1934.06.16.	총독부 내무국, 전매국	조선염업(주)
공유수면 매립공사 준공기간 연장의 건		1934.06.27.	총독부 내무국	경기도지사
염전축조를 위한 공유수면 매립구역 일부 폐지의 건	土第189號	1937.04.15.	총독부 내무국	조선염업(주)

고 자료가 일부 남아 있으며, 《매일신보》, 《동아일보》, 《조선일보》 등 각종 신문자료에도 조선염업주식회사에 대한 단편적인 사건, 사고들이 소개되고 있다.

이들 자료를 중심으로 하여, 2절에서는 공유수면매립 공사의 진행 과정과 염전 축조 등 이 지역의 공간적 변화상을 살펴보고, 3절에서는 조선염업주식회사의 생산 및 운영 상황을 시기별로 검토해 보겠다. 아울러 『인천부사』에서 개량제염으로 구분한 '천일함수전오법(天日鹹水煎熬法)'이 무엇인지도 알아보겠다.

2. 조선염업주식회사의 설립과 공유수면매립 과정

1) 공유수면매립의 청원

염전 축조를 위한 공유수면매립 청원은 1925년 3월 9일에 이루어졌다. 출원인은 도쿄(東京)의 수출입상 이다 타미쿠라(飯田民藏), 효고현(兵庫縣)의 회사원 오카다 신키치(岡田信吉), 돗토리현(鳥取縣)의 대의사(大議士; 국회의원) 타니구치 겐쥬로(谷口源十郎)이며, 타니구치가 내표사도 올라와 있다. 이들 3인은 경기도 부천군 다주면 장의

〈그림 4-1〉 1947년 항공영상지도(인천광역시)

〈그림 4-2〉 2014년 항공영상지도(인천광역시)

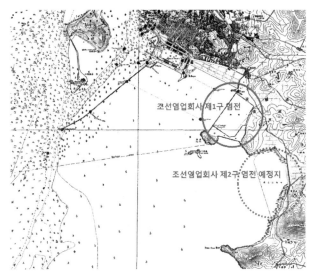

〈그림 4-3〉 1935년 일본해군 수로국 인천항 지도에 보이는
조선염업회사의 염전 지역

리 438번지부터 445번지에 이르는 지선해면(地先海面)을 갑구(甲區)
로, 다주면 용정리 516-1번지부터 632-2번지에 이르는 지선해면을
을구(乙區)로, 다주면 용정리 632-2번지부터 문학면 학익리 493번
지 북쪽 지선해면을 병구(丙區)로 하는 총 356,884평의 간석지(干潟
地)를 매립하는 면허를 허가해 줄 것을 청원하였다.[6] 출원지의 구역
별 면적은 다음의 〈표 4-2〉와 같다.

　한편 청원서에는 공사계획 설명서, 매립비용 설명서, 대리인계(代
理人屆), 부근 약도 및 지형도, 해도 등이 첨부되어 있어, 이들 출원
인의 염전 설립 목적과 계획을 말해주고 있다. 공사계획 설명서에 나
타난 이들의 목표는 다음과 같다.

　6) 「公有水面埋立免許願」, 『준공서』(CJA0015239), 1925.

〈표 4-2〉 1925년 타니구치 등의 공유수면 매립 출원지 구역의 면적(단위: 평)

구분	갑구(甲區)	을구(乙區)	병구(丙區)	계
염전(鹽田)	35,843	38,740	104,532	179,115
수로부(水路敷)	1,720	1,615	5,114	8,449
휴반(畦畔)	5,437	2,645	15,354	23,436
제방부(堤防敷)	9,580	9,250	7,060	25,890
함수류(鹹水溜) 및 부속지	2,000	2,000	5,000	9,000
전오공장부지(煎熬工場敷地)	7,800	0	18,020	25,820
저수지(貯水池)	20,400	24,374	40,400	85,174
계	82,780	78,624	195,480	356,884

　　무릇 食鹽은 인생에서 절대적인 필수품으로 쌀보다도 어쩌면 물보
다도 더욱 귀중하다고 확신한다. …(중략)… 그러나 內地에서는 海水
를 원료로 하는 入·揚濱鹽田法으로 製鹽을 하고, 朝鮮도 역시 동일
한 在來煎熬法이나, 근래에 官營 天日鹽田의 개축을 보아 自給自作
의 대책을 강구하고 있음에도 內鮮이 함께 오히려 다량의 식염 부족
을 느끼고 있음은 심히 유감인 바이다. 그리고 入·揚濱鹽田法에 의
한 때는 撤砂를 하여 鹹水를 얻는 상당히 繁鎖한 노력이 필요하고,
天日法에 의한 것도 結晶에 이르기까지 모두 日光과 風力에 의지해야
하기 때문에 기후가 적당한 조선과 같이 충분한 성적을 거두는 일은
매우 곤란하다. 따라서 이 양법을 절충한 개량방법, 즉 해수를 염전
에서 직접 농축하고, 그것을 적절한 장치에 의해 煎熬製鹽하는 때는
비용을 절약하고 생산을 배가시킬 것이 심히 명확하다. 게다가 조선
의 기상·풍토에서는 특히 적합한 것으로 확신한다. 따라서 今回 本
願을 제기하여 改良法을 試行한다면 분명히 이 법이 유리할 것이고,
실험으로써 국가의 食鹽制策에 이바지하며, 또 인생에 공헌할 수 있
을 것이다.[7]

천일법과 전오법을 절충한 개량방법으로 제염 비용을 절약하고 생산을 배가시키겠다는 것은 전술한 『인천부사』의 내용과 같다. 아울러 이들은 조선이 자신들의 개량제염 시험에 가장 적합한 기상과 풍토를 가지고 있다고 확신하고 있었다. 이들의 계획은 〈그림 4-4〉와 같이 우선 외제(外堤)를 축조하여 해수를 막고, 내부에 염전과 저수지, 전오공장(煎熬工場)으로 구분된 3구의 염전을 만든다는 것이다. 즉, 염전에서는 저수지에서부터 끌어들인 해수를 어느 정도의 농도까지 증발·농축시키고, 이것을 함수(鹹水) 탱크에 저장한 후, 적당량에 달했을 때 공장에서 전오제염(煎熬製鹽)을 한다는 것이다. 여기에 소요되는 매축 비용은 갑구 54,511엔 25전, 을구 44,214엔 48전, 병구 91,322엔 82전으로 합계 19만 엔을 예측하였다.

타니구치 등의 청원서를 접수한 조선총독부는 진해요항부(鎭海要港部)와 수로부(水路部) 등에 동 문서를 회람시켜 군사상의 문제나 기타 항로상 문제, 수산양식업 등에 미치는 영향 등이 있는지를 검토한 후, 1925년 6월 26일 총독 명의로 조건부 매립을 허가하였다. 장의리, 용정리, 학익리의 지선해면 매립은 염전 축조를 목적으로 하고, 면허의 날부터 3개월 안에 실시설계를 수립하여 인가를 신청해야 하며, 공사는 실시설계 인가의 날부터 2개월 내로 착수하여 1930년 6월 30일까지 준공해야 한다는 것이었다. 이밖에도 외제(外堤), 호안(護岸), 도로 등은 국유로 하고, 염전 축조의 변경과 폐지에는 모두 정부의 승인을 받으며, 매년 염전의 수지계산을 보고받는다는 등의 규정들도 넣었다.

---

7) 위와 같음.

그러나 계획과 달리 장의리, 용정리, 학익리의 지선해면 매립은 설계의 시작부터 순조롭지 못했다. 총독부의 조건부 허가 사항에 따르면 면허일로부터 3개월 안에 실시설계를 수립해야 하는데, 마침 그해 여름에 불어 닥친 '을축년 대홍수'라는 기록적인 호우 피해로 야외측량이 제대로 이루어지지 못했기 때문이다. 각지의 수해복구공사로 파견나간 측량 기사들의 복귀가 늦어짐에 따라 겨우 갑, 을 2구에 대한 설계를 마치고, 병구의 설계는 10월 말로 연기해 달라는 청원이 올라왔다.[8] 하지만 이때 이루어진 실시 설계에 따라 일부 계획이 변경되고, 또 신설되는 염전의 이름도 확정되었다. 염전은 '인천염전'으로 명칭하며, 당초 갑, 을, 병 3구로 계획된 것을 제1구와 제2구로 양분하기로 하였다. 즉, 〈그림 4-5〉와 같이 장의리의 7,141평 부지에 전오(煎熬)공장을 설치하고, 갑구와 을구를 합쳐 인천염전 제1구로 만드는데, 그것은 현재의 능안삼거리에서 원도(猿島)까지, 그리고 다시 원도부터 현재의 용정근린공원 돌산까지 외제(外堤)로 연결시키는 것이었다. 또한 종래의 병구였던 제2구 역시 용정근린공원 돌산부터 학익동 해안까지 일직선으로 제방을 설치하는 것으로 하였다. 1925년 9월 21일과 10월 13일에 각기 제출된 실시설계 인가 신청은 같은 해 12월 21일에 총독부로부터 인가를 받았다.

2) 조선염업주식회사의 설립과 제1구 염전 축조

실시설계를 마친 타니구치 외 2인은 염전 축조에 앞서 염업회사 법인 설립과 주금(株金) 모집에 나섰다. 우선 공유수면매립허가 때부

---

8) 「공유수면매립 실시설계 인가 신청 연기원」, 『준공서』(CJA0015239), 1925. 9. 21.

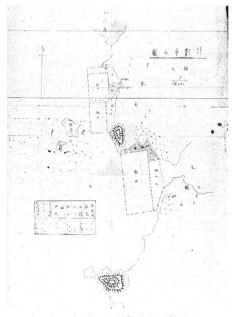

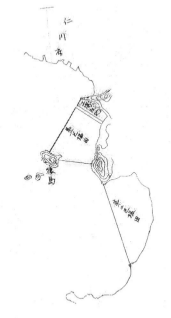

〈그림 4-4〉 최초의 인천염전 계획평면도　　　〈그림 4-5〉 실시설계 이후 변경된 계획평면도

터 자신들의 일을 대행해 준 주안염전의 기수(技手) 야마구치 시게미
츠(山口重道)를 대리인으로 선임하였다.

　야마구치는 일본전매국 미타지리(三田尻) 시험장에서 근무하다가
1919년 조선으로 건너와 조선전매국 주안출장소에 취직하여 주안염
전 제5구의 감독을 지내고, 식탁염(食卓鹽) 공장에서도 근무한 경력
을 갖고 있었다. 그는 1924년부터 염업회사의 창립을 계획하고,
1926년 주안염전을 퇴직한 후, 곧바로 신설된 조선염업주식회사의
대표로 취임했다.[9]

9)「昭和二年京畿道仁川に天日鹹水煎熱塩田の築造許可を受けた山口重道氏の朝鮮塩業株
　式會社に關する調査書」,『民間資本による天日鹽田築造關係資料』(CTA0002822)

조선염업주식회사의 설립자가 공유수면매립허가 청원인 대표인 타니구치인지, 그의 대리인인 야마구치인지는 확실치 않다. 타니쿠치(1883~1979)는 돗토리현의 중의원(衆議院) 의원이며, 돗토리은행(鳥取銀行)을 설립한 금융인이기도 하다. 따라서 타니쿠치가 자신의 사업 확장을 위해 제염기술자인 야마구치를 끌어들인 것으로 볼 수 있지만, 반대로 야마구치가 자신의 창업을 위해 일본 내지의 명망가인 타니쿠치를 내세웠을 수도 있다.

그런데 흥미로운 점은 1940년대 초 조선전매국에서 조사한 보고서에는 이와는 다르게 조선염업주식회사의 창업 자금은 오사카(大阪)에 있는 나가지마(中島) 제작소의 출자에 의해 이루어졌다고 기술되어 있다.[10] 즉, 이 보고서에 따르면 조선염업주식회사의 창업자금은 일본전매국 기사(技師) 타나카 신고(田中新吾)의 도움으로 나가지마 제작소의 출자가 이루어졌는데, 타나카는 일본 제염업의 주력품인 ST식 전오(煎熬) 가마[釜]의 발명자이고, 나가지마 제작소는 이 ST식 가마의 제작소라는 것이다. 조선염업주식회사 창립 후, 전오공장의 가마를 ST식 평부(平釜)로 하였고, 일본식 제염법인 전오식 제염을 발전시키려했다는 점에서 타나카의 지원은 분명한 사실로 보인다. 따라서 조선염업주식회사의 설립은 일본 제염업자들의 조선 진출로 그 성격을 규정해도 무방할 것이다. 조선염업주식회사는 1927년 1월 주금 불입을 종료하고, 같은 해 3월 19일, 자본금 50만 엔으로 설립 등기를 마쳤다. 대표는 야마구치이고, 이사에는 타니노(谷野滿藏), 야마모토(山本繁藏), 우노(宇野嘉吉), 마쓰이(松井秀三), 이데(井出治)가, 감사에는 스즈키(鈴木卓

---

10) 위와 같음.

郎), 모치타(持田汝良) 등이 선임되었다.11)

조선염업주식회사는 1927년 4월 16일, 장의리 현장에서 이케다(池
田) 식산국장 등 여러 관민이 참석한 가운데 성대한 기공식을 가졌
다.12) 그러나 공유수면매립 청원에서 염업회사 설립이 2년이나 걸린
것과 마찬가지로, 기공식 후 인천염전 축조에는 또다시 2년의 시간
이 소요되었다. 원활한 자금 지급이 이루어지지 않았고, 또 자연재해
로 제방이 붕괴되는 사고도 있었다. 1927년 7월, 《매일신보》는 극도
로 경영난에 빠진 조선염업주식회사의 상황을 다음과 같이 보도하고
있었다.

> 300여 명 土工들에게 임금을 지불하지 못하여 분규 중에 있는 仁川
> 府外長意里 朝鮮鹽業株式會社는 창립 당시부터 여러 가지 비난이 높
> 았었는데 최근에 사운이 점점 쇠퇴하여 극도의 경영난에 빠지어 목하
> 의 형편으로는 이를 구제할 방척이 묘연하므로 할 수없이 사업을 중
> 지키로 하였다는 바, 40만 평이나 되는 넓은 鹽田에는 사람의 그림자
> 하나 보이지 아니하여 그 정경이 매우 비참하게 되었다더라.13)

위의 기사처럼 조선염업주식회사는 설립 후 4개월도 되지 않아 사
업이 중지될 정도로 큰 위기에 빠졌다. 당시 염전 축조 공사는 오타
쿠와타구미(大田桑田組)가 맡았는데, 300명의 인부들과 임금 증액 문
제로 처음부터 갈등이 끊이질 않았다고 한다.14) 또한 여러 차례 풍

---

11) 『朝鮮銀行會社組合要錄』, 1927.
12) 「朝鮮鹽業會社 十六日起工」, 《每日申報》 1927년 4월 17일 5면.
13) 「土工은 動搖 事業中止, 비경에 싸아진 됴선염업회사」, 《每日申報》 1927년 7월 9일 2면.
14) 「仁川鹽工爭議」, 《동아일보》 1927년 7월 9일 5면.

랑의 습격을 받아 제방 복구에도 많은 시일이 걸렸고, 이는 곧 회사에 커다란 손실을 입혔다.[15] 그러나 이듬해인 1928년 초부터는 분위기가 반전되어 조선염업주식회사의 극적인 부활을 알리는 계기가 마련되었다. 다름 아니라 인천의 일본인 상공인들과 일본 내지의 정치인들이 결탁한 도시 개발의 붐이 일어난 것이다. 1928년 1월 18일, 《동아일보》는 일본 정우회(政友會)의 거물과 경인부호(京仁富豪) 간의 밀약설을 제기하며, 다음과 같은 기사를 신문 1면에 보도하였다.

同氏[古賀廉造] 到來의 唯一目的은 仁川實業界의 巨頭와 某某策士 등에 의하여 꾸며낸 仁川府와 同府 振興會가 협력하여 府債 200만원을 일으키고 府外 長意里 朝鮮鹽業株式會社 소재지로부터 沙島 並 汾島에 亘하는 線內 일원 16만여 坪의 埋立계획에 관한 利權問題와 密接不離의 因果關係를 有한 것인데, …(중략)… 그러나 彼等은 山梨 新總督의 來任을 기회로 방향을 전환하여 본 문제의 운동을 東京에 移하고 시대의 寵兒 政友會 방면에 달라붙어 補助金의 復活策을 講究하는 동시에 該 埋立計劃의 必成을 期하고 兼하여 財界不況의 影響을 受하여 命이 旦夕에 迫하고 있는 朝鮮鹽業株式會社의 株價와 所有地의 時價를 煽動하여 會社와 大株主를 救濟하고서 甘汁을 吸取하게 되면 一擧兩得의 奇策妙案이 될 것이다. 同時에 此 埋築事業竣工의 際에는 總督府에서 計劃中의 總工事費 豫算 250만圓으로써 할 仁川船渠 擴張計劃과 京城仁川間 電鐵計劃 實現의 際, 此에 伴한 埋立地 引込策 등과 相俟하여 仁川府勢發展策 등의 제목을 好餌로 市民의 耳目을 晦하면서 此間에 일을 하나 꾸미려는 魂膽도 포함되어 있다고 전한다. 其 결과는 政友會 방면에 대한 운동을 古賀氏에 依賴하

---

15) 「공유수면고사 준공기일 연기원의 건」(土第263號), 『준공서』(CJA0015239), 1934.5.11.

였음으로 그래서 同氏의 到來로 된 것임은 물론이다.[16]

　1928년 1월 6일, 고(故) 하라 다카시(原敬) 총리대신의 최측근이자
전 척식국(拓植局) 장관인 고가 렌조(古賀廉造)가 영하 20도가 넘는
혹한의 조선을 방문하였다. 1919년 만주에서의 아편사건(阿片事件)에
연루되어 실각했지만, "이권이 있는 곳에 그의 자취가 없는 데가 없
다"는 소리를 들을 정도로 일본 입헌정우회에서 막후 실권을 휘두르
는 그였기에, 기자는 조선에서의 그의 행적을 좇을 수밖에 없었다.
표면적인 그의 방문 목적은 아산농장(牙山農場) 공사비 잔액 지불문
제 분쟁 사건이었다. 그러나 야마나시 한조(山梨半造) 조선총독과 비
밀리 회견하고, 다나카 기이치(田中義一) 총리대신의 밀명으로 야마
모토(山本) 만철사장(滿鐵社長)을 만난 대의사(大議士) 마쓰오카(松岡
俊三)와도 만났다는 설도 있었던 만큼 그의 행적은 주목받았다. 그러
던 그가 15일 인천에 잠행하였다. 기자는 이를 다음 선거를 대비한
정우회의 선거비 모집 행위로 보았다.

　위의 기사에 나타나듯이 당시 인천부와 인천부세진흥회(仁川府勢
振興會)는 부채(府債) 200만 원을 일으키고, 인천항 일원에 16만 평을
매립하는 계획을 세워두고 있었다. 아울러 250만 원에 달하는 인천
선거(仁川船渠) 확장 공사와 경성-인천 간 전철(電鐵) 계획 등 다양한
인천부세발전책(仁川府勢發展策)을 내놓고 있었다. 여기에는 각종 이
권사업이 얽혀있었고, 정부 보조금 교부의 문제가 따르고 있었다. 여
기서《동아일보》기자는 고가 렌즈와 인천부세진흥회 회장인 리키다

---

16)「渡來目的은 選擧費運動? 京仁富豪와 密約說」,《동아일보》1928년 1월 18일 1면.

케 카지로(力武嘉次郎)와의 밀약설을 제기하고 있다. 매립 예정지 인근인 화정(花町) 1, 2, 3정목(丁目)에만 약 1만 5천 평의 토지를 소유하고 있는 리키다케가 개발에 따른 최고의 수혜자가 되기 때문이다. 아울러 매립 예정지 바로 옆에서 염전 축조 공사를 하고 있는, "명(命)이 단석(旦夕)에 박(迫)하고 있는" 조선염업주식회사도 "주가(株價)와 지가(地價)의 선동(煽動)으로 대주주를 구제하고 단물을 빨아들일" 수 있는 천재일우(千載一遇)의 기회가 되는 것이다.

위의 《동아일보》 기자의 예측대로 주가와 지가가 폭등하였는지는 관련 자료가 없어 확인하지 못하였다. 그러나 중단되었던 조선염업주식회사의 염전 축조 공사는 이후 재개되어 마침내 1929년 4월 29일, 제1구 염전이 준공되었다. 준공된 인천염전 제1구의 면적은 염전 127,546평, 저수지 36,679평, 외제방(外堤防) 4,599평 등을 포함한 총 168,824평이었다. 축조 비용은 총 146,324엔 98전에 달했다. 이것은 맨 처음 공유수면매립면허 청원시 예상했던 갑구(甲區)와 을구(乙區)의 매축비용 합계인 98,725엔 73전보다 48.2%가 초과된 금액이었다. 『준공서』에 나타난 「인천염전 제1구 축조공사 준공조서 총괄표」는 다음의 〈표 4-3〉과 같다.[17]

3) 제염업의 불황과 제2구 염전 계획의 폐지

1929년 4월, 제1구 염전의 준공으로 조선염업주식회사는 본격적인 소금 생산에 돌입할 수 있었다. 처음 200만 근에도 못 미치던 생산량도 숙전(熟田)이 되고 난 이후로는 연산 550만 근을 넘게 되었

---

17) 「공유수면매립공사 일부준공 인가 신청서」, 『준공서』(CJA0015239), 1929. 5. 6.

〈표 4-3〉 인천염전 제1구 축조공사 준공조서 총괄표

	공정	단위	수량	단가	금액	적요
1	外堤築造土積	立坪	8,310.600	3.907	32,469.330	
2	乙種及貯水池堤防築造土積	立坪	4,236.100	1.500	6,354.150	
3	外堤基礎石	立坪	459.000	9.000	4,131.000	
4	外堤外側長石垣	面坪	2,324.300	12.172	28,281.600	
5	外堤外側長石垣目筋工	面坪	2,324.300	2.285	5,311.131	
6	外堤外側波除壁混凝土	立坪	35.250	91.959	3,241.559	
7	外堤內側長石垣	面坪	759.000	4.850	3,681.150	
8	最終締切	間	30.000	176.966	5,309.000	締切後 決潰하여 再築費를 가산
9	海水取入水閘	個所	1.000		3,194.940	
10	外部排水閘	個所	1.000		3,194.940	
11	排水伏樋	個所	1.000		4,664.564	
12	外堤內側植芝	面坪	3,005.420	0.300	901.626	
13	外堤石垣法面腰固拾石工	立坪	1,593.000	20.087	32,000.000	
14	土石代				3,500.000	外堤 및 공장부지 축조용
15	工事監督費				10,080.000	소화2년 4월부터 4년 4월까지 공사 감독비 및 기타
	계				146,324.980	

다.[18] 그러나 1930년대에 불어 닥친 대공황의 여파로 좀처럼 수익을
내기가 어려웠으며, 연료비의 상승 등으로 비용이 상승하는 2중의
고통을 감내해야만 하였다. 이러한 상황에서 제2구 염전을 기한 내
에 완공하기란 불가능하였다. 결국 조선염업주식회사는 총 3회에 걸
쳐 공유수면매립공사 제2구의 준공기간 연장을 청원하였다.

---

18) 『인천부사』, 1118쪽.

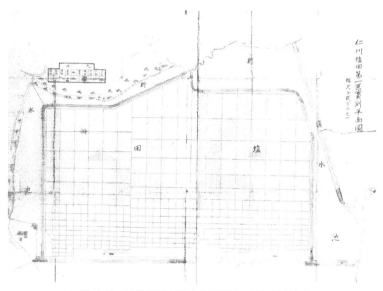

〈그림 4-6〉 조선염업주식회사 인천염전 제1구 실측평면도

첫 번째 청원은 실시설계 중이었던 1927년 7월 8일의 청원으로, 이를 통해 제2구 염전 준공기간을 1931년 6월 25일까지 연장하기로 승인받았다.[19] 그러나 1931년 3월 19일이 되자 다시 준공기간 연장 청원이 이루어져, 1934년 6월 25일까지로 미루어졌다.[20] 조선염업 주식회사는 5년 연장을 신청하였으나, 총독부는 지나치게 장기(長期) 라는 이유로 3년 연장을 허가한 것이었다. 그럼에도 불구하고 1934년 4월 25일, 조선염업주식회사는 또 다시 세 번째의 준공기간 연장 청원을 한다.[21]

19) 「공유수면매립공사 준공기간 변경의 건 지령안」, 『준공서』(CJA0015239), 1927.8.12.
20) 「공유수면매립공사 준공기간 연장의 건 지령안」, 『준공서』(CJA0015239), 1931.7.1.
21) 「공유수면매립공사 준공기간 연장의 건 지령안」, 『준공서』(CJA0015239), 1934.6.16.

1937년 6월 25일까지로 준공기간을 연장해 줄 것을 요청한 이 세 번째의 청원에 대해 총독부로써는 허가 여부에 대해 상당 기간 고민한 것으로 보인다. 조선염업주식회사는 준공기간 연장 이유를 "제1구 공사(168,824평)의 완성에 맞추어 이외의 손실을 입은 위에 내부의 분쟁이 있었고, 또 매기(每期) 결손누적으로 경영이 곤란에 빠짐에 따라 제2구 공사의 지연이 멈추지 않는데 이르렀다"고 하여 회사의 내부적 분쟁과 경영난이 있음을 실토하면서도, 한편으로는 "작년에 이르러 이러한 것들은 전부 해결되었고, 아울러 창업 이래 점차 판로가 확장되고 그 수요도 증가되어 지금은 증산이 필요하게 되었다"며 자신들의 제2구 증축 계획이 변함없음을 주장하고 있었다.

이와 같은 조선염업주식회사의 준공기일 연장 이유에서, 우선 회사 내부의 분쟁이 눈에 띈다. 「공유수면매립공사 준공기일 연기원」(토제282호)에 따르면, 설립초기 회사의 불안한 상태 속에서 "여전히 전임 중역이 되어 종종 부주의한 행동에 의해 생겨난 제문제 해결에 이르지 못하였다"고 하여 대표자의 부주의한 경영이 원인이었음을 밝히고 있다.[22] 이는 분명 조선염업주식회사의 대표인 야마구치 시게미츠(山口重道)를 말하는 것으로 보인다. 즉, 1934년 이전 어느 시기에 조선염업주식회사의 대표는 야마구치에서 전 해군 기수(技手)인 사키무라 코메조(崎村米造)로 교체되었던 것이다.[23] 아울러 위의 문서에는 1933년까지의 조선염업주식회사 실적과 손익계산서가 첨부되어 있다. 이것은 다음의 〈표 4-4〉 및 〈표 4-5〉와 같다.

22) 「공유수면공사 준공기일 연기원」, 『준공서』(CJA0015239), 1934. 6. 26.
23) 『한국근현대인물자료』, 국사편찬위원회, 한국사네이터베이스(http://db.history.go.kr) 참조.

〈표 4-4〉 조선염업주식회사 전오염 생산·판매표(단위:斤)

年月	생산고	판매고	잔고
1929.04.~1930.03.	1,520,580	550,593	969,987
1930.04.~1931.03.	1,660,720	2,309,417	321,290
1931.04.~1932.03.	2,416,820	2,645,520	92,590
1932.04.~1933.03.	3,444,811	2,508,151	1,029,250
1933.04~1934.03.	3,274,600	4,102,879	200,971

〈표 4-5〉 조선염업주식회사 손익계산표(단위: 円)

年月	수입금	지출금	손익금	손익금처분	비고
1927.03.~1928.03.	0	0	0		염전축조 중
1928.04.~1929.03.	1,278.89	13,058.74	-11,779.85	後期繰越損金으로 함	後期繰越損金: 11,779.85
1929.04.~1930.03.	20,108.41	31,497.51	-11,389.10	〃	後期繰越損金 누계: 23,168.95
1930.04.~1931.03.	44,670.26	53,187.02	-8,516.76	〃	後期繰越損金 누계: 31,685.71
1931.04.~1932.03.	47,929.43	45,929.98	1,999.45	前期繰越損金의 보전	後期繰越損金 잔액: 29,685.26
1932.04.~1933.03.	53,662.63	44,072.53	9,590.10	固定償却金: 5,000, 前期繰越損金의 보전: 4,590.10	後期繰越損金 잔액: 25,096.16

위의 〈표 4-4〉와 같이 조선염업주식회사의 생산과 판매고는 매년 조금씩 향상되어 가고 있었다. 그러나 〈표 4-5〉의 손익계산서가 보여주듯이 1933년까지 총 25,096엔 16전(감가상각비 포함)의 조월손금(繰越損金)이 발생하고 있다.

『준공서』에 따르면 경기도지사는 "기재 사유와 같이 준공되지 못하였다는 사정이 부득이하다고 인정"되므로 허가해 줄 것을 총독에게 진달하였다. 그러나 전매국은 반대의 의견을 나타낸 것으로 보인다. 「준공기간 연장 지령안」에는 1934년 6월 11일자로 전매국의 입장을 밝힌 작은 메모가 첨부되어 있는데, 여기에 따르면 "조선염업주식회사의 준공기한 연기는 금회가 세 번째로, 이는 장래 염업 통제에 있어 지장이 되고, 또 이러한 염전의 증설은 인천-경성 지방 다수의 재제염(再製鹽) 업자를 궁핍하게 하는 것"이라고 하며 반대하고 있는 것을 볼 수 있다. 그러나 총독부 및 경기도와의 협의 결과, 1937년 6월 25일 이후의 재연장은 없으며, 금회에 한하여 연기를 인정한다는 조건을 붙여 허가하고 있다.24)

총독부의 마지막 준공기간 연장 허가에도 불구하고, 조선염업주식회사의 제2구 염전 축조 공사는 끝내 착공조차 이루어지지 못했다. 결국 1936년 10월 29일, 총독부에 제2구 염전 축조를 위한 공유수면 매립공사 면허 폐지를 청원하고, 이듬해인 1937년 4월 15일에 이것이 승인되는 절차를 밟게 되었다. 총독부는 면허 폐지 승인 이유를 다음과 같이 밝히고 있다.

> 출원지는 인천부 발전의 현황을 비추어 볼 때, 염전으로 하기에는 이미 부적당하고, 장래에는 매립한 위에 공업지대로 하여 이용하는 것이 적절하다고 인식되기에 이르렀으므로, 인천부는 앞의 출원인과 협의하여 별도의 공업지대로 조성하기 위한 공유수면매립 출원을 위하는 동시에, 염업회사는 앞선 매립면허조건 6호(염전축조의 변경 및 폐지에 대해서 모든 것은 정부의 승인을 받으며, 염전에 부속하는 설비 역시 마찬가지이다)에 기반하여 염전축조 폐지의 승인을 청원한

24) 「공유수면매립공사 준공기간 연장의 건 案」, 『준공서』(CJA0015239), 1934. 6. 27.

것에 대해 지장이 없도록 함.[25]

위의 총독부 지령안의 골자는 1936년 인천부의 1차 구역 확장, 그리고 1937년에 공포된 '인천시가지계획'에 따라 20만 평에 달하는 조선염업주식회사의 제2구 염전 예정지를 공업지대로 변경한다는 것이다. 이와 같은 조짐은 이미 1935년 여름부터 있었다. 《동아일보》는 인천 부외(府外)에서 일어나는 대공장들의 설립 움직임을 인천부 구역 확장의 전주곡으로 예측하고 있었던 것이다.

> 인천에는 동방은 종업중이며, 오다후구, 풍국, 일본제분은 각각 공사가 진행되어 근근 종업을 하게 되었다는데, 그래도 부족하여 우복 일본내지의 대재벌이 속속 진출을 하여 과반은 神戸燐寸이 부외 道禾里 45번지에다 기지를 정하였는데, 또 근간 福井市에 있는 昌和工業株式會社에서는 부외 龍亭里 朝鮮鹽業株式會社 옆에 2천 5백 평을 매수하되 染織工場을 건설하려 기지 매수를 인천부윤에게 의뢰하여 실지감정까지 하고 지주와의 절충까지 끝난 모양이라 한다. 그런데 이와 같이 인천부외 富川郡 관내로 대공장을 위시로 少年刑務所 등이 속속 건설되는 것은 인천부 구역확장의 전주곡인 듯하다한다.[26]

위의 《동아일보》 기사처럼 1935년부터 염직회사인 창화공업주식회사가 조선염업주식회사 바로 인근 토지를 매수하려고 하고 있었다. 하지만 1937년 공업지대로 변경되어 매립된 제2구 공유수면 매립지

---

25) 「염전축조를 위한 공유수면매립구역 일부 폐지의 건 지령안」, 『준공서』(CJA0015239), 1937. 4. 15.

26) 「仁川府外에 大工場 簇出, 仁川府擴張前提?」, 《동아일보》 1935년 8월 16일 3면.

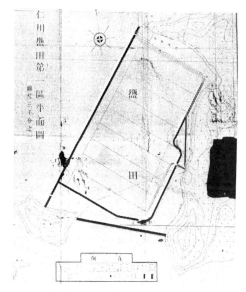

〈그림 4-7〉 인천염전 제1구 평면도

에는 1940년 공작기계를 제작하는 히타치(日立)제작소가 들어섰다.

3. 천일함수전오법의 시행과 인천제염소(인천염전)의 운영

1) 천일함수전오법의 시행과 전오 시설

이글의 서두에서 조선염업주식회사는 민간자본으로는 처음으로 천일염전 축조를 허가받았고, 또 천일법과 전오법을 혼합한 새로운 개량제염으로 소금을 생산하였다고 하였다. 여기서는 조선염업주식회사의 인천염전이 어떠한 방식으로 소금을 생산했고, 또 어떻게 운

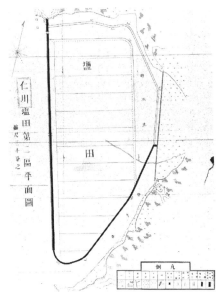

〈그림 4-8〉 인천염전 제2구 평면도

영되어 나갔는지를 살펴보도록 하겠다.

1925년 3월, 타니구치 외 2인이 제출한 「공유수면매립면허원」에는 「제염개량의견서」라는 문건이 첨부되어 있다. 여기에 자신들이 계획하는 개량제염의 목표가 드러나 있다.

본래 入·揚濱塩田法으로 얻는 식염의 생산이 海塩에 한정되므로 沙質 해안인 일본 내지에서는 어쩔 수 없는 수단이 되어 소위 神武 이래로 3천 년의 역사를 가진 교묘하고도 독특한 제염법이 되었다. 이 방법은 해수 중의 염분을 한 차례 撒沙하여 固結시키고, 다시 용해하여 산출한 濃鹹水를 얻는 것인데, 그 사이 撒砂, 撒潮, 爬砂, 碎砂, 集砂, 溶解 등 다대한 노역과 기교가 필요하여 대단히 迂遠하고 번쇄

한 과정으로 농함수를 얻고, 다대한 생산비와 기술이 소요되는 실상이다. 따라서 제품을 얻으려 이와 같이 撒砂로 들이지 않고 직접 海水로 농축한다면 상당한 노역의 절약과, 이에 따르는 생산비의 저감이 이루어질 것임이 명료한 사실이다. 그런데 다행히도 조선 서남부의 해안은 대체로 粘土, 야트마한 해안[遠淺] 등 자못 해수의 직접 농축 장치에 적합하고, 오히려 撒砂法에 의한 제염에 부적당함에도 불구하고, 공연히 古來의 옛 관습을 墨守하며 털 혹도 개선·진보하지 않고, 굳이 부적합하고 우원한 재래법에 의존하니 매우 유감이다. 따라서 이를 개선하여 조선에서의 자연지리적 풍토를 이용하는 海水直接濃縮法에 의한 煎熬製鹽을 발전시킨다면, 內地鹽 이상의 생산을 얻을 수 있을 것이고, 노력과 비용도 줄이는 등, 능히 이 목적을 달성할 수 있는 진보·개량의 방법이라고 말할 수 있을 것이다. 만일 내지 염전과 마찬가지로 1정보 당 20만 근을 생산한다면, 민간 재래의 염전 면적에서 보이는 것 같이 5억여 만근을 산출할 수 있으므로 鮮內의 수요를 채우고도 남음이 있다.[27]

위의 「의견서」에서 알 수 있듯이, 타니구치 등이 펼치려는 개량제염은 "신무(神武) 이래로 3천 년의 역사를 가진" 자신들 고유의 전오제염(煎熬製鹽) 방식을 계승하는 것이다. 그러나 전오제염에는 해안가의 갯벌을 갈아 염분이 달라붙은 흙을 생성하는 철사(撒砂) 과정과 이후 흙에 해수를 침투시켜 염도를 높인 후에 끓이는 전오(煎熬) 과정 등 복잡한 제조 과정을 거치기 때문에 많은 노역과 생산비, 기술이 소요된다.

이러한 문제점을 해결하기 위해 타니구치는 철사 과정을 생략하고,

---

27) 谷口源十郞 外, 「製鹽改良意見書」, 『준공서』(CJA0015239), 1925.

이를 천일법으로 대체하는 방식을 주장하고 있다. 이를 '해수직접농축법(海水直接濃縮法)'이라고 하며, '천일함수전오법(天日鹹水煎熬法)'이라고도 한다. 즉, 타니구치는 대부분의 해안이 사질(沙質)인 일본에 비해, 조선의 해안은 대부분 점토(粘土)로 이루어져 있으므로, 천일법에 의해 직접 해수를 농축하여 함수(鹹水)를 만들어내는 것이 가능하다고 하였다. 총독부는 이러한 제염개량 의견을 받아들여, 비록 조선에서는 관염 이외의 천일염전 축조를 금지하고 있었지만, 조선염업주식회사의 제염법만은 테스트-케이스로 허가한 것이었다.[28]

사실 천일염전에서 만들어낸 함수를 전오가마[煎熬釜]에서 끓여 소금을 생산한다는 것은 수입 천일염을 원염(原鹽)으로 하여 가마에서 용해시켜 만들어낸 재제염(再製鹽)과 다를 것이 없다. 다만 수입염의 가격 등락에 따라 일희일비하는 재제염업에 비해 개량제염은 일관적인 생산과 가격을 유지할 수 있었다. 또 재제염 생산이 어려울 경우에는 천일염으로만 생산하는 것도 가능하였다.

1908년 빈정(濱町)에 인천제염소(仁川製鹽所), 그리고 만석정(萬石町)에 만석제염소(萬石製鹽所)가 설립된 이후, 1910년경에 이르면 안도(安藤)제염소, 노미야마(野見山)제염소, 시바타(柴田)제염소, 조선제염소 등 인천에 재제염 공장들이 우후죽순으로 설립되었다. 1914년에는 공장 수 19개소, 가마수 151개, 재제력(再製力) 1억 근이라는 공전절후(空前絶後)의 최전성기를 누리기도 하였다. 그러나 1911~1913년 사이 수입염 가격이 폭등과 폭락을 거듭하고, 또 1914년부터 탁지부가 관염보호를 위해 수입염을 규제하면서부터는 급속히 쇠퇴하여, 1930년대에는 궁정

---

28) 「昭和二年京畿道仁川に天日鹹水煎熬塩田の築造許可を受けた山口重道氏の朝鮮塩業株式會社に關する調査書」, 『民間資本による天日鹽田築造關係資料』(CTA0002822)

(宮町)에 있는 조선제염소만이 남게 되었다.[29] 이러한 상황 속에서 조선염업주식회사의 설립은 '인천 재제염'의 새로운 부활과도 같았다.

조선염업주식회사의 제염 공장 규모는 전오공장 5동(337평), 소금 창고 5동(303평), 사무실·염부사(鹽夫舍) 5동(75평)이며, ST식 전오 평부(煎熬平釜) 7기가 설치되어 있었다. 1943년 현재 전오공장의 설비 규모와 건설비는 다음의 〈표 4-6〉과 같다.[30]

〈표 4-6〉 전오공장 건설비(1943년)

	내역	개소	건평	건설비(円)
建物建築費 (15,974円)	煎熬工場(목조슬레트)	5棟	337	6,807
	燃突(연와)	2本	2	720
	倉庫(목조)	5棟	303	4,652
	事務室·塩夫舍(목조)	5棟	75	3,795
	計			15,974
工場建設費 (27,501円)	煎熬釜(ST式 平釜)	7基		13,205
	電動送風機	7基		3,724
	鹹水탱크	9個		2,528
	鹹水輸送設備	1式		2,009
	製塩界見費	1式		1,867
	電力工事費	1式		2,068
	帆條設備費	1式		2,100
	計			27,501
合計				43,475

ST식 전오평부(煎熬平釜)란 앞에서 잠시 설명했듯이 조선염업주식 회사의 모기업이기도 한 오사카의 나가지마(中島) 제작소에서 만든

---

29) 『인천부사』, 1115쪽.

30) 「昭和二年京畿道仁川に天日鹹水煎熬塩田の築造許可を受けた山口里道民の朝鮮塩業株 式會社に關する調査書」

것이다. 발명가인 타나카 신고(田中新吾)의 영문 이니셜을 따서 ST식
이라고 하였다. 일본은 메이지유신 이후, 1883년 독일인 오스카 코
르쉘트(Oskar Korschelt)의 염업개선 보고서인 『일본해염제조론(日本
海鹽製造論)』에 자극받아 각종 서양식 철제 염부(鹽釜)가 고안되어 보
급되었는데, 1913년 미타지리 시험장에서 개발한 '개량 카나와식' 염
부를 시험장장인 타나카가 소규모 염전에 알맞게 개량하였다.[31] ST
식 평부의 특징은 평부 1단에 웅덩이를 설치하여 석출된 함수를 그
속에 모아 전열(傳熱) 효율을 높임과 동시에 그곳에 있는 석고(石膏)
를 제거하여 소금의 품질을 높인다는 것이었다. 이후에는 카나와식
보다도 더 원형으로 생각되는 유럽의 밀폐식 염부도 참고하여 1925
년에 증기이용 ST식 제염장치도 만들었다.[32]

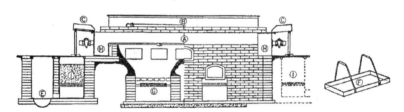

ⓐ結晶釜 ⓑ溫目釜 ⓒ鹽取箱 ⓔ母液槽 ⓕ石炭採取器 ⓖ爐烙 ⓗ탱크 ⓘ苦汁濾過槽

〈그림 4-9〉 ST식 평부 구조도

특히 ST식 평부는 1930년대 화학공업의 발전에 따라 그 쓰임이 점
차 높아지는 고즙(苦汁)을 효율적으로 만들어낼 수 있다는 장점이 있

31) 村上正祥, 「明治期における製塩技術」, 『日本塩業大系』近代, 日本専売公社, 1982.
32) 村上正祥, 「わが国における製塩法の発達: 明治以降の製塩法の発展」, 『日本海水学会』
    36-2, 1982, 67~68쪽.

었다. 당시 고즙은 의료용 약품, 화학약품, 염료 및 금속마그네슘 제조에 널리 쓰였을 뿐 아니라 독가스 등을 생산하는 군수용품의 원료로도 이용되었다. 과거 폐기물에 불과하던 부산물이 염업회사의 새로운 소득원으로 부상한 것이다. 1942년 조선염업주식회사 수입금 191,941엔 중, 고즙 판매가 차지하는 비율은 2.7%인 5,170엔이었다.

2) 인천제염소의 운영

조선염업주식회사의 개량제염이 아무리 제염과정을 획기적으로 개편하였다고 하지만, 함수를 끓여서 소금을 만드는 전오식 제염 방법을 벗어나고 있지 않기 때문에 연료비의 부담은 여전히 클 수밖에 없었다. 1942년 조선염업주식회사의 지출금 139,414엔(설비비 및 이자비용 제외) 가운데, 석탄연료비는 50,794엔을 차지해 36.4%로 가장 큰 비중을 차지하고 있다. 이는 인건비 34,435엔(24.7%)보다도 높은 금액이었다.[33] 기타 세부 내역은 다음 〈표 4-7〉과 같다.

〈표 4-7〉 조선염업주식회사 세부 지출금 내역(1942년)

	區分	數量	單價(円)	金額(円)	摘要
勞銀	天日塩田 塩夫給	延10,512人	1인당 1.786	18,774	常備 延1개월당 876人
	煎熬工場 釜焚給	延7,585人	1인당 2.065	15,661	常備 延1개월당 632人
	計			34,435	작업일수 360일
燃料費	石炭	2,581톤	19.680	50,794	無煙炭
燃料費	電力代	10,554kw	0.043	453	
	潤滑油	21톤	9.930	208	

---

33) 「昭和二年京畿道仁川に天日鹹水煎熬塩田の築造許可を受けた山口重道氏の朝鮮塩業株式會社に關する調査書」

	石油	140톤	3,920	549	
	揮發油	8톤	9,250	74	
	運轉費	1式		510	
	計			1,795	
包裝費	가마니[叺]代	43,883枚	0.211	9,359	
	繩代	6,404玉	1玉 0.391	2,504	
	포장수고비	43,883枚	0.045	1,975	
	叺·繩관련			833	
	計			14,576	
納付費	車馬費	1,910叺	0.890	1,700	
	積込費	1,910叺	0.074	141	
	計			1841	
經營費	工場消耗品			2,368	
	電燈料			205	
	役員報○			4,704	
	從業員給料			9,797	
	旅費			1,346	
	營繕費			369	
	事務消耗品			787	
	經營雜費			7,548	
	計			27,124	
公課費	地租附加稅			6,759	
	家屋稅			213	
	營業稅			443	
	全附加稅			793	
	法人登本稅			375	
	組合費			120	
	商工會議所會費			146	
	計			8,849	

위의 〈표 4-7〉에서 나타나듯이 조선염업주식회사 운영에 가장 어려움을 주는 지출 항목은 연료비, 즉 무연탄 대금이었다. 이러한 연

료비의 부담은 특히 전시체제기에 돌입하면서 더욱 표면적으로 나타났다. 1940년 5월, 경기도 경찰국은 연료비의 폭등 등으로 생산단가를 맞출 수 없어 휴업하게 되는 조선염업주식회사의 사정을 다음과 같이 보고하고 있다.

> 仁川府 大和町 440번지 소재 朝鮮鹽業會社는 昭和 4년(1925) 설립 이래 煎熬鹽의 생산을 하여 온 곳으로, …(중략)… 同社에서 판매하고 있는 煎熬鹽은 그것과 至大한 관계를 가지고 있는 燃料의 高騰으로 인해 예년보다 10만 斤의 減産을 이루게 되었으며, 本年度 4, 5월은 燃料의 高價와 煎熬鹽의 容器인 叺繩의 高價入手難으로 인해 同社에서의 9·18 판매가격으로 中味 100근에 2円 65錢(대규모 거래)에서 2円 75錢(소규모 거래)으로써는 採算이 맞지 않아 製鹽釜 7대 중 3대에 의해서 겨우 조업을 지속하며 단골 거래처를 이어가고 熟練工의 유지에 부심하고 있다. 이러한 生産高는 작년 同期에 비해 半減이 된 상태로, 한편으로 이것의 판매가격을 中味 100근에 3円 50錢 및 3円 80錢(100근 이하의 경우)으로 신청 중이라지만, 아직 그것의 인가를 보았다고 하는 것은 이른 현상으로, 변해가는 시간은 休業 외에 없다고 하고 있다. 최근 煎熬鹽의 需給 핍박은 지방 역시 상당하여 마침 그 성행에 주목할 만한 것이 있다고 사료된다.[34]

위의 보고서는 당시 전시통제체제로 인해 연료비 상승과 정부의 가격통제라는 이중의 고통을 당하고 있는 조선염업주식회사의 상황을 잘 보여주고 있다. 즉, 전오염과 불가분의 관계를 갖고 있는 석탄

---

34) 「朝鮮鹽業會社에서 煎熬鹽의 生産狀況에 관한 건」, 『京畿道秘』 제5267호, 1940년 5월 20일.

연료비 및 소금 가마니[叺繩]의 가격 폭등으로 제염 가마 7대 중 3대
만 가동시키는 감산에 들어갔으나, 이마저도 '9·18 판매가격'으로
묶여있는 소금가격이 인상되지 않으면, 휴업 외에는 답이 없는 상황
이었던 것이다. '9·18 판매가격'란 1939년 10월, 「국가총동원법」제
19조에 근거하여 만들어진 「가격등통제령」(칙령 703호)에 의해 토
지·건물·채소·과실 등 일부 품목을 제외한 모든 물품의 가격과 운
송임, 보관료, 임대료 등 가격구성요소 전반이 모두 1939년 9월 18일
자 가격으로 고정된 것을 의미한다.[35]

  이러한 사정은 회사 뿐 아니라 종업원인 염부(鹽夫)들에게도 마찬
가지였다. 조선염업주식회사에는 6명의 관리자, 51명의 상비 종업원
이 근무하였다. 관리자로는 공장장 1명, 사무원 2명, 염전감독 1명,
전오공장 감독 2명이고, 천일염전에는 29명의 상비 염부가 있었다.
아울러 전오공장에는 모두 22명의 종업원이 있었다. 1943년 염부들
의 임금은 최고 2엔 50전에서 최저 1엔 80전으로 평균 2엔에 달했다.
이에 비해 전오공장 종업원은 조금 높아서 최고 일당을 받는 가마 인
부는 3엔 70전이고, 최저임금은 1엔 70전, 평균 2엔 50전이었다.[36]
이 정도의 임금 수준이 어느 정도인지는 잘 모르겠으나, 10여 년 전
의 염부들의 임금은 겨우 40~60전에 불과하였다.

  1934년 8월 28일, 조선염업주식회사 50여 명의 종업원들이 임금
인상을 요구하며 동맹파업을 단행하였다. 회사 측은 여기에 대항해
따로 인부들을 모집하려 하자, 복업하려는 종업원과 파업하는 종업

---

35) 김혜숙, 「전시체제기 '가격통제' 제도와 조선의 상거래 관행」, 『숭실사학』24, 숭실대학
    교사학회, 2010, 225쪽.
36) 「昭和二年京畿道仁川に天日鹹水煎熬塩田の築造許可を受けた山口重道氏の朝鮮塩業株
    式會社に關する調査書」

〈그림 4-10〉 조선염업주식회사 인천염전 전경(인천부사)

원이 서로 갈려 폭력사태까지 발생하였다고 한다.[37] 이 파업의 결과
는 잘 알 수 없으나, 공산주의를 연구하는 단체인 '인천독서회'의 이
억근(李億根) 외 4명이 주동하여 일으킨 파업이었다고 한다.[38] 다른
지역 염전에서는 볼 수 없는 특이한 사례이다.

---

37) 「鹽業會社人夫 同盟罷業斷行, 賃金引上을 要求하고」, 《조선일보》 1934년 8월 30일
    5면.
38) 「實踐運動업는 仁川讀書會 二十二일 송국」, 《每日申報》 1935년 10월 22일, 5면.

제5장

전시체제기 인천에서의
기계제염 시도와 고즙공업

1. 화학혁명이 일으킨 근대제염업

소금은 그 쓰임에 따라 식염(食鹽)과 공업염(工業鹽)으로 나뉜다.
그리고 다시 식염은 김장용이나 식탁용 등으로 쓰이는 일반가정용과
수산물 가공, 장유공업 등에 쓰이는 식품공업염으로 나뉘며, 공업염
은 사료, 피혁, 농업 등에 쓰이는 일반공업용과 각종 소다용, 염료용
등에 쓰이는 화학공업용으로 구분된다. 2008년 현재, 우리나라의 소
금 수요 구조를 살펴보면 전체 수요량 329만 8천 톤 가운데, 일반가
정용이 23만 톤(7.13%), 식품공업용이 38만 톤(11.56%), 일반공업용
이 26만 톤(7.91%), 화학공업용이 242만 톤(73.41%)을 차지하여 공업
염 수요가 전체 소금 수요량의 81.32%에 달하고 있다.[1] 이것은 비단
우리나라만의 현상이 아니다. 세계 제1위의 소금 생산국인 미국의 경

---

1) 대한염업조합(http://www.ksalt.or.kr/) 통계

우도, 전체 소금 판매의 약 75%가 염소 및 가성소다 제조용, 그리고 도로 제설용 등 화학공업용이고, 식품가공에 사용되는 양은 5%에 불과하다.[2] 1800년경 90% 이상의 소금이 식용으로 쓰여진 것에 비해, 200년이 지난 오늘날에 이르러서는 전세계에서 식용으로 사용되는 소금이 10%도 넘지 않게 된 것이다. 이처럼 공업염, 그 중에서도 화학공업염이 전체 소금 수요의 절대 다수를 차지하게 된 것은 18세기 말부터 시작된 화학혁명의 결과이다.

새뮤얼 애드셰드에 따르면 1800년 이후 제염업은 세 단계에 걸쳐 연속적으로 진행된 화학혁명과 관련되어 있다고 하였다.[3] 그 과학혁명의 첫 번째는 알칼리 혁명이다. 르블랑(Leblanc)법, 솔베이(Solvay)법, 전해법(電解法) 등에 의해 소금에서 소다(탄산나트륨)를 생산해 낸 것이다. 소다는 유리, 비누, 직물 산업에서 필수적으로 쓰이는 원료로, 이러한 합성 소다의 개발은 소금 수요를 비약적으로 증가시키는 원인이 되었다. 두 번째는 아닐린 염료, 레이온, 페놀 플라스틱, 알루미늄 합성으로 나타나는 합성화학 혁명이다. 여기서는 소금이 주원료는 아니지만 가성소다(수산화나트륨) 생산의 중요 원료가 되어 레이온(人絹)이나 알루미늄 산업의 발전을 이끌었다. 세 번째는 염화에틸렌, 염화비닐, 클로로벤젠 등의 유기화합물 형태의 합성화학 제품을 만드는 염소화탄화수소 혁명이다. 이 기술에 의해 만들어지는 냉각제와 분무제, 세척제, 플라스틱 제품 등에는 반드시 염소(鹽素)가 필요했다. 유독한 폐기물에 지나지 않았던 염소를 얻기 위해 소금이 또 다시 필요해진 것이다.

---

2) 미국 소금協회(http://www.saltinstitute.org/salt-101/production-industry/)

3) 새뮤얼 애드셰드(박영준 역), 『소금과 문명』, 지호, 2001, 263~267쪽.

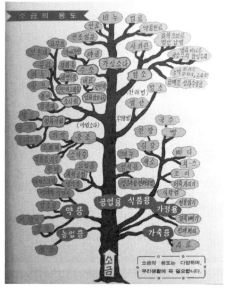

〈그림 5-1〉 소금의 용도
(1973년 대한염업주식회사 안내 팸플릿, 인천광역시립박물관 제공)

　　이밖에도 제염업에서는 필수불가결하게 생성되는 부산물들이 있
다. 석고(石膏, 황산칼슘)와 망초(芒硝, 황산나트륨), 그리고 흔히 '간
수'로 불려지는 '고즙(苦汁, bittern)' 등이 그것이다. 이러한 부산물
들은 소금 1톤당 대략 0.5kg 내외가 산출되는데,[4] 과거 두부 제조용
등으로 일부 쓰여지고 대부분 버려졌던 이 부산물들이 화학혁명의
결과 새로운 자원으로 떠올랐다. 특히 고즙은 염화마그네슘, 황산마
그네슘, 수산화마그네슘, 염화칼슘, 염화칼륨, 불소 등을 추출할 수
가 있어서, 의약품, 비료, 시멘트, 농약, 건축자재 등 다양한 산업에
주요 원료가 되었다. 이온교환막 제염법으로 바뀐 이후로는 그 생산

───────────────
4) 정동효 편저, 『소금의 과학』, 유한문화사, 2013, 155쪽.

〈그림 5-2〉 소금의 분석 시험
(1973년 대한염업주식회사 안내 팸플릿, 인천광역시립박물관 제공)

량도 소금 1톤당 0.3kg로 줄고 있고, 또 새로운 대체 기술 개발 등으로 현재는 거의 유명무실화되었지만, 염전에서 고즙을 추출하는 산업은 1970년대까지 '고즙공업' 또는 '간수공업'으로 불리며 크게 번창하였다.

이처럼 제염업과 화학공업과의 관계는 떨어질래야 떨어질 수 없는 긴밀한 관계에 있다. 우리나라에서 제염업과 화학공업 간의 관계는 1930년대 식민지기 공업화 과정 속에서 시작되었는데, 조선질소비료(朝鮮窒素肥料)를 시초로 조선에서 화학공업이 발흥하기 시작하면서 제염업은 기존의 식염뿐만 아니라 공업염과 고즙원료의 증산이라는 새로운 임무를 부여받게 되었다. 아직 식염의 자급화를 완성시키지 못하고, 수요량의 절반을 수입염에 의지해야만 했던 총독부로써는 대규모 신규염전의 조성과 기설염전의 개량을 통해 대폭적인 염

의 증산, 그리고 품질의 개선을 이루어야만 했다. 이러한 임무를 전
매국 혼자로는 감당해낼 수 없었기에, 1930년대 후반에 들어서서는
실질적인 염 제조전매제를 포기하고, 다이니폰(大日本)염업주식회사
와 토타쿠(東拓), 가네후치(鐘淵)방적 등 내지(內地) 민간자본의 진출
을 허용하고 말았다.

본고에서는 이러한 시대적 배경을 기반으로, 1930년대 후반 이후
인천에서 벌어진 일본 민간자본의 제염업 진출, 그리고 그 민간자본
과 전매국과의 관계를 중심으로 살펴보고자 한다. 특히 이 시기 주안
염전 등에서는 제염업 개량과 고즙 증산을 위한 주목할만 한 시험들
이 이루어졌다. 이러한 시험결과보고서들은 다행히 우방협회의 『조
선염업사료』에 몇 건이 실려있어서 1930년대 이후의 제염정책 변화
과정을 이해하는 데 큰 도움을 주었다. 문제는 일본 본국과 조선총독
부(전매국), 그리고 민간자본(주로 내지의 독점자본)과의 상관 관계를
어떻게 규명하는가에 있을 것이다. 그러나 아쉽게도 지금까지 1930
년대 후반 이후 조선의 제염업 변화와 화학공업과의 관계를 규명한
연구는 거의 손꼽을 정도이다. 그것도 화학공업(주로 조선질소비료주
식회사)에 있어서의 연구성과가 대부분이고,[5] 제염업에 관해서는 필
자의 관견(管見)으로 볼 때 다나카 마사타카(田中正敬)의 논문 두 편
이 유일하다. 그리고 고즙공업에 대해서는 단 한 편도 눈에 띄지 않

---

5) 조선질소비료주식회사에 대한 연구는 糟谷憲一의 「戰時經濟と朝鮮における日窒財閥の
展開」(『朝鮮史硏究會論文集』12, 1975)를 시작으로 姜在彦編의 『朝鮮における日窒コン
ツェルン』(不二出版, 1985), 大塩武의 『日窒コンツェルンの硏究』(日本經濟評論社,
1989), 손정목의 「日帝下 化學工業都市 興南에 관한 硏究(상·하)」(『한국학보』59·60,
일지사, 1990), 호리 가즈오(주익종 역)의 「일본의 화학공업과 일본질소콘체른」(『한국
근대의 공업화: 일본자본주의와의 관계』(전통과 현대, 2003) 등이 있다.

는다.

다나카 마사타카는 조선의 관영염전이 크게 확장되는 1930년대 후반 상황에 주목하였다. 1933년부터 본격적으로 개시된 전매국의 신염전의 건설은 1944년까지 약 2,900정보를 개설하는 성과를 이루었는데, 이는 이전시기까지 건설된 염전 2,500정보를 상회하는 것으로 단시일 내에 대규모 공사가 집중적으로 이루어졌음을 알 수 있다고 하였다. 그리고 그는 그 원인이 1930년대 후반 조선에서 화학공업이 발흥한 것에서 생겨난 소다공업용염 수요에 있는 것으로 보았다.[6] 아울러 1930년대 이후 일본은 내외지염무주임관회의(內外地鹽務主任官會議)[7]나 내외지염무관계관회의(內外地鹽務關係官會議)[8] 등을 통해 일본 본국은 물론 식민지·조차지·점령지 등과의 긴밀한 협력으로 전체 일본세력권 내에서의 염의 자급자족 체제의 완성을 꾀했다는 사실을 실증적으로 증명하였다.[9]

자유경쟁체제가 아닌 '엔 블록'이라는 통제체제 안에서, 본국의 염부족 상황을 식민지·조차지·점령지 등에서 생산한 소위 '잉여염(剩

---

6) 田中正敬, 「1930年代以後の朝鮮における塩需給と塩業政策」, 『姜德相先生古稀·退職記念 日朝關係史論集』, 2003.
7) 일본 拓務省 주최로 1931년, 1934년 두 차례에 걸쳐 열린 內外地 염업 실무자(과장급)들의 회의이다. 척무성 외에 조선총독부 전매국, 대만총독부 전매국, 關東廳, 大藏省, 商工省 등 염업 관계자들이 참석하였다. 염 증산책보다는 주로 內外地 간의 염 수급 조정 문제가 논의되었고, 만주염전 개발 문제 등에 있어서는 내지와 외지 사이에 첨예한 이견이 노출되기도 하였다.
8) 일본 大藏省 專賣局 주최로 1936년 이후 매년 열린 內外地 염업 관계관(국장급) 회의이다. 내외지염무주임관회의에 비해 대장성, 척무성, 외무성, 상공성, 조선총독부, 대만총독부, 관동주청, 만주국, 육군성 등 참여 기관이 확대되었고, 근해염증산5개년계획 수립 등 내외지에서의 염 증산책에 대한 구체적이고도 실천적인 의제가 논의되었다.
9) 田中正敬, 「日本における工業用塩需要の拡大と朝鮮塩業: 內外地塩務主任官會議を中心に」, 『人文科学年報』36, 專修大學 人文科學研究所, 2006.

餘鹽)'으로 해결하려 했다는 사실은 분명 제국주의의 수탈적 성격을 여실히 드러내는 일일 것이다. 그러나 다나카 마사타카는 조선의 특수한 상황, 즉 대만(臺灣)이나 관동주(關東州)와는 달리 염의 자급조차 이루지 못했기 때문에 일본으로의 강압적인 수이출(輸移出)은 없었다고 결론 맺고 있다. 공업염 역시 대부분의 화학공장들이 자기수입염(自己輸入鹽)[10]에 의지하였고, 전시체제기의 물자 및 인력 부족으로 총독부가 계획한 신염전 확장 역시 소기의 성과를 이루지 못했다고도 하였다. 하지만 이러한 해석은 필자가 볼 때 너무 나이브한 해석이 아닌가 하는 생각이 든다. 우방협회『조선염업사료』등의 자료를 볼 때, 전시체제기 총독부 당국은 너무도 절실한(?), 그래서 너무나 무모한 정책을 펼치고 있었다. 이를 증명하기 위해 제5장은 다음과 같이 구성하였다.

먼저 2절에서는 1930년대 후반 이후 총독부의 염업정책 변화 배경과 조선으로 들어온 제염업 민간자본의 진출 동기, 그리고 이에 따른 전매국의 대응책을 살펴보겠다. 그리고 3절에서는 주안출장소 등에서 실시한 여러 가지 천일제염의 개량 시험(주로 함수전오법과 진공법)과 민간자본으로 소래염전에서 펼치려고 했던 기계제염의 시도 과정을 살펴 보겠다. 마지막으로 4절에서는 1940년대 총독부가 조선의 모든 천일염전에 설치하려 했던 고즙공업에 대해서, 인천에 진출한 다케다(武田)제약과 조선제염공업(朝鮮製鹽工業)주식회사의 사례를 중심으로 살펴보겠다. 이를 통해 우리나라 천일제염에 덧씌워진 '식

---

10) '自己輸入'이란 소다제조업자들이 스스로 수입취급인이 되어 수입을 명하고, 그것을 전매국이 수매하면 그 수매한 가격과 똑같거나 혹은 일정한 금액을 덧붙인 특별가격으로 재판매하는 제도이다. 주로 스페인, 아프리카, 중동 등의 지역에서 생산되는 순도 높은 염을 수입하였다.

민지적 근대'의 양상이 이해되기를 바란다.

2. 소금을 지배하는 자가 화학공업의 경영을 지배한다

1) 일본 민간자본의 천일제염업 진출 과정

식민지기 조선의 제염업은 소위 '내지(內地)'로 불리우는 식민 본국 일본은 물론, 조선과 함께 같은 일본 세력권 아래에 놓인 대만(臺灣)·관동주(關東州)·청도(靑島)·만주국(滿洲國) 등 소위 '외지(外地)'의 제염업과도 유기적으로 연결되어 있었다. 이들 외지에 대한 기본적인 일본의 제염업 통제정책은 외지의 제염업을 발전시켜 생산된 잉여염을 내지로 반출하는 것이다. 그러나 처음부터 이러한 정책의 기조가 세워진 것은 아니었다. 19세기 말까지 일본은 식민지의 획득을 일본산 전오염(煎熬鹽)의 판로 확대의 기회로 인식하고 있었다.

1895년 청일전쟁의 승리로 일본은 요동반도(遼東半島)와 대만(臺灣)을 획득하였다. 당시 입빈식(入濱式) 염전의 증가로 공급과잉을 겪고 있던 일본 제염업자들은 이 기회를 발판으로 자신들의 생산과잉을 타개하는 유일한 방안인 청국(淸國)으로의 수출을 노리게 되었다. 그러나 1895년 3월과 이듬해인 1896년 1월에 각각 실시한 요동반도와 대만의 제염업 조사의 결과는 일본의 제염업이 청국에 비해 매우 열세라는 사실만을 증명할 뿐이었다.[11] 이는 부언할 필요없이 제염

---

11) 明治期 일본 염업의 對淸輸出運動에 대해서는 伊藤昭弘의 「日露戰後の遼東半島における日本人の製塩經營-山口県村井家を事例に」(荒武賢一朗·池田智忠 編著, 『文化交渉における画期と創造』Vol.3, 関西大学文化交渉学教育研究拠点, 2011)을 참조.

방식(천일제염과 전오제염)의 차이에 따르는 생산비의 격차를 일본의 제염업으로는 따라잡을 수 없었기 때문이다. 오히려 이곳에서 생산한 천일염이 일본으로 수입될 경우 일본의 제염업자들은 모두 붕괴되고 말 것이라는 위기감이 높아졌다. 이에 따라 일본 당국은 1905년 6월 염전매제(鹽專賣制)를 실시하여 외지염을 수이입부터 도·소매의 매도까지 모두 대장성(大藏省)에서 관리토록 하였다. 아울러 불량염전을 도태시키고 국비로써 전오제염의 기술향상을 도모하는 등 염전정리작업도 병행하며 일본 제염업자를 보호하는 데에 힘썼다. 그러나 이러한 일본 제염업의 위기는 일부 제염업자들에게 새로운 기회로 다가왔다. 일본에서의 전오제염 사업을 접고 식민지의 천일제염 사업에 도전하는 사람들이 생겨난 것이다.[12]

먼저 1899년 대만총독부가 염전매제 실시를 공포하고, 대만 제염업에 진출을 희망하는 일본 자본의 모집책을 발표하자, 노자키 부키치로(野崎武吉郎)와 대만염업주식회사, 대만염전주식회사 등이 사업참여를 신청하였다. 노자키는 1889년 당시 일본 다액납세자 중 전국 7위의 대자산가로, 내지에서 제염사업과 지주경영으로 큰 돈을 벌었으나 "시세(時勢)의 조류에 함께 그 운명을 유지코자" 대만에 진출한다고 밝히고 있듯이 대만에서의 천일제염 사업을 운명으로 받아들이고 있었다. 대만염업주식회사 역시 내지 제염업의 위기를 절감한 세토나이(瀬戸内)지방의 제염업자들이 합동출자한 회사였다.

요동반도로의 일본 자본의 진출은 삼국간섭으로 요동반도를 다시

---

12) 이하 일본자본의 대만 및 관동주 진출 과정에 대해서는 前田廉孝의「戰前期台湾·関東州製塩業における日系資本の進出過程: 野崎家と大日本塩業株式会社を中心に」(『社會經濟史學』78-3, 社會經濟史學會, 2012)을 참조하였다.

청국에 반환하는 과정과 러일전쟁 후 관동주의 조차지 획득을 거치
면서 좀 더 늦어져서 1906년에야 이루어졌다. 대만과는 달리 제염업
자들이 아닌 상인 자본이 주를 이루었다. 대만염을 수입하여 재제염
(再製鹽)을 생산하던 일본식염(日本食鹽)코크스주식회사, 도쿄(東京)
의 식염상(食鹽商)들이 설립한 만한염업(滿韓鹽業)주식회사, 다롄(大
連)의 일본인 상인들인 타쿠(宅)합명회사, 시키 노부타로(志岐信太
郎), 무라이 분타(村井文太), 만한기업(滿韓起業)주식회사 등이 그들
이었다. 조선은 앞 장에서 살펴본 바와 같이, 천일염을 전매국에서
직영으로 제조·판매하는 '제조전매제'를 취했기 때문에 1930년대 후
반까지 민간자본의 진출은 이루어지지 않았다. 다만 4장에서 살펴본
조선염업주식회사만이 1929년 인천에 42정보를 설립하여 시범적으
로 운영했을 뿐이다.

　이들 외지 제염업은 서로 때로는 경쟁관계로 다투고, 때로는 외국
염(주로 산동염)에 대항하는 협력관계를 유지하기도 하면서 성장하였
다. 대만의 노자키의 경우처럼 초기 투자에 실패하여 막대한 피해를
입기도 했지만, 장기적으로 이들 외지염이 내지의 염수급 안정에 이
바지한다고 판단한 일본 당국의 지원(생산 보조금 지원 및 수송비 보조)
으로 1910년대 후반 이후 급속한 성장을 이루었다. 아래의 〈그림
5-3〉은 1908년부터 1945년까지의 일본에서의 염의 수급상황을 그
래프로 나타낸 것이다. 내지염의 수납은 계속 50~60만 톤에서 정체
하고 있는데 반해, 수이입염은 전간기(戰間期) 동안 급속한 성장을
보이어 마침내 1932년에는 내지염의 공급량을 넘어섰다.

　한편 이들 외지 제염업자들 가운데 가장 눈여겨 보아야 할 회사가
1908년 다이니폰(大日本)염업주식회사로 사명을 바꾸는 일본식염(日

〈그림 5-3〉 일본에서의 염의 공급 상황(1908~1945년, 단위: 톤)

【비고】 田中正敬,「日本における工業用塩需要の擴大と朝鮮塩業: 內外地塩務主任官會議を中心に」(『人文科學年報』36, 專修大學 人文科學硏究所, 2006), 7쪽의 〈표-1〉을 전거로 작성.

本食鹽)코크스이다. 1903년에 설립된 일본식염(日本食鹽)코크스는 원래 고베(神戶)에서 코크스 제조의 여열(餘熱)을 이용하여 대만염을 재생하는 재제염(再製鹽) 회사였다. 러일전쟁 중 대만염의 독점적 판매권자인 오쿠리(小栗)상점이 일방적으로 가격을 인상하자 더 값싼 원료염을 얻기 위해 관동주로 진출하였다. 관동군에게 코크스와 식염을 조달하는 군납(軍納)을 맡았고, 또 관동주염의 독점적 판매권을 갖고 있는 전도유망한 회사였다. 그런데 이 회사의 성장을 주의깊게 지켜 본 사람이 있었으니, 바로 대재벌 스즈키(鈴木)상점을 이끄는 카네코 나오키치(金子直吉)였다.[13] 카네코는 1909년 오쿠리(小栗)은행의 파산을 계기로 대만염 독점판매권을 계승하여 대만염업(臺灣鹽

〈그림 5-4〉 관동주염전   〈그림 5-5〉 다이니폰염업의 푸란덴염전 저염장

業)을 설립하였다. 그러나 당시 시장에서 압도적인 점유율을 차지하
고 있던 관동주염에 더욱 관심이 많아 1912년 관동주의 푸란덴(普蘭
店)에 염전의 개발 허가를 얻었고, 마침내 1915년에는 다이니폰염업
의 주식 과반을 차지하여 사장에 후지타 켄이치(藤田謙一)를 파견하
였다. 아울러 1917년에는 대만염업과의 합병으로 다이니폰염업주식
회사는 대만염과 관동주염 모두를 취급하는 거대 기업이 되었다.

카네코 나오키치는 그 누구보다 외지에서의 천일제염 사업의 유망
함을 일찍 간파한 인물이다. 특히 제1차 세계대전은 그에게 새로운
도전의 가능성을 열어준 사건이었다. 유럽에서의 전쟁 발발로 가성
소다 및 소다회의 수입량이 크게 줄고, 또 국제가격이 현저하게 상승
하였다. 따라서 일본 당국은 그동안 80~90%를 수입에 의존하던 소

---

13) 鈴木商店은 다이쇼(大正)시대 미츠이(三井), 스미모토(住友), 미쓰비시(三菱)에 필적
　　하는 대재벌로써 당시 카네코(金子直吉)는 '財界의 나폴레옹'으로도 불리었다. 스즈키
　　상점과 카네코 나오키시에 대해서는 鈴木商店記念館 홈페이지(http://www. suzuki
　　shoten-museum.com/)의 자료들을 참조.

다류의 국산화를 추진하게 되었다. 앞에서도 밝혔듯이 소다공업은 소금을 원료로 하기 때문에 공업염 수요가 크게 증가하였다. 1913년 20,514톤에 불과하던 공업염 소비량이 1919년에는 59,692톤으로 2.9배 증가하였다. 이러한 소다제조용 공업염은 장유양조용(醬油釀造用)나 어업용(漁業用)처럼 색상이 문제되지 않아 값싼 대만·관동주 염이 원료로 적합하였다.[14] 또한 어업에 있어서 북미지역으로의 수출 확대와 어선의 동력화에 의한 어획고의 증가는 염장용(鹽藏用) 염 소비도 크게 증가시켰다. 1913년 105,612톤이던 어업용염 소비량은 1919년 170,520톤으로 약 1.6배 증가하였다. 이에 따라 다이니폰염업은 재제염 공장과 분쇄세척염 공장을 5개소나 신설하는 등 호황을 누리었다.

그러나 전후에 불어닥친 대공황을 카네코 나오키치 역시 피하지는 못하였다. 1927년 모기업인 스즈키상점(鈴木商店)의 파산으로 다이니폰염업은 존망의 위기를 맞았다. 다행히 대만은행(臺灣銀行)에서 자사 선박을 유리한 가격에 매각하여 채무를 변제하였지만 스즈키상점이 보유한 다이니폰염업의 주식은 요코하마쇼우킨은행(橫浜正金銀行)과 대만은행이 인수하는 것으로 되었고 경영진은 퇴진하였다. 하지만 스즈키상점 파산 후에도 다이니폰염업의 염전 경영이나 염의 수이입은 멈추지 않고 오히려 더욱 확장되었다. 1930년대 후반에는 관동주, 대만 뿐 아니라 만주국과 조선으로도 진출하였다. 또한 구(舊) 스즈키계 기업과의 연대도 깊어져 스즈키상점의 후계회사인 태

14) 대만과 관동주염은 결정지가 토판이어서 쥐색을 띄고 있었다. 따라서 醬油 제조업자나 漁業者들은 수이입 천일염보다 NaCl 함유량이 낮고 가격은 오히려 비싼 內地의 5등염을 주로 사용하였다. 이들은 천일염의 색깔이 "순백이 아니어서 鹽藏魚의 색깔을 해친다"는 우려를 하였기 때문이다(前田廉孝, 앞의 논문, 356쪽).

〈그림 5-6〉 일본에서의 염의 소비 상황(1908~1945년, 단위: 톤)

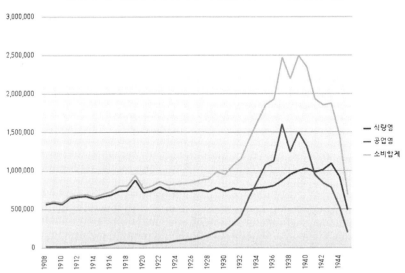

【비고】田中正敬, 「日本における工業用塩需要の拡大と朝鮮塩業: 內外地塩務主任官会議を中心に」(『人文科学年報』36, 專修大學 人文科學硏究所, 2006), 7쪽의 〈표-1〉을 전거로 작성. 1935년까지의 '식량염'은 味噌, 醬油, 漬物 , 麵類, 魚類鹽藏, 選種, 肥料, 家畜의 輸移出이고, 36년 이후는 家庭, 漬物, 味噌, 醬油아미노酸, 水産, 調味, 麵類, 빵, 家畜, 醫藥의 輸移出임. 1935년까지의 '공업염'은 工業, 鑛業, 獸魚皮保存, 그 이후는 소다, 特定化學, 皮革, 油脂, 火藥, 窯業, 石炭, 鑛業, 精製임.

양산업(太陽産業), 일상산업(日商産業), 고베제강소(神戶製鋼所) 등과 함께 관동주와 조선 등에 금속마그네슘 공장을 설립하기도 하였다. "소금을 지배하는 자가 화학공업의 경영을 지배한다. 즉, 소다칼륨은 다수의 공업을 제약한다"고 한 카네코 나오키치의 신념이 실현되는 순간이었다.

2) 전시체제기 공업염 수급 위기와 조선에서의 공업용 천일 염전 축조

〈그림 5-6〉은 1908년부터 1945년까지의 일본에서의 염의 소비상황을 나타낸 것이다. 〈그림 5-3〉의 염의 공급상황과 마찬가지로 전간기(戰間期)에 급속한 상승을 보여주고 있다. 이러한 염 소비의 증가는 그림에서도 나타나듯이 공업염의 소비가 격증하는 것이고, 식량염에 있어서는 그 상승률이 매우 완만하다. 그러나 일본에서의 공업염 수요는 1937년 160만 톤으로 최고의 정점에 올랐다가 1940년대 이후 급속히 하락하고 있다. 이것은 후술하겠지만 공업염을 주로 수이입염에 의존했던 일본의 염업정책의 파국적 결말을 보여주는 것이다.

공업염은 주로 관동주와 청도, 대만 등 일본 세력권인 외지에서 공급되었지만, 스페인·이집트·소말릴란드(Somaliland)·에리트리아(Eritrea) 등 유럽과 아프리카, 중동 등지에서도 수입되었다. 이를 원해염(遠海鹽)이라고 불러 동아시아에서 나오는 근해염(近海鹽)과 구분하는 데, 〈그림 5-6〉에 나타나는 것처럼 1930년대에는 원해염의 수입이 근해염의 수이입양을 따라잡을 정도였다. 이것은 소다공업염에 있어서 높은 NaCl 함유량이 필요한 것과 깊은 관계가 있다.

1920년대 아사이글라스(旭硝子)의 조사에 의하면 관동주염의 NaCl 함유량은 85.28%에 불과한데 비해, 스페인염의 NaCl 함유량은 94.21%였다. 아울러 소다회를 제조하는 때에는 산화마그네슘(苦土)의 혼입이 생산을 현저하게 방해하는 데, 스페인염은 정제의 필요가 없을 정도로 산화마그네슘의 함유량이 낮았다. 이로 인해 운반비

〈그림 5-7〉 일본에서의 수이입염 구분(1905~1945년, 단위: 톤)

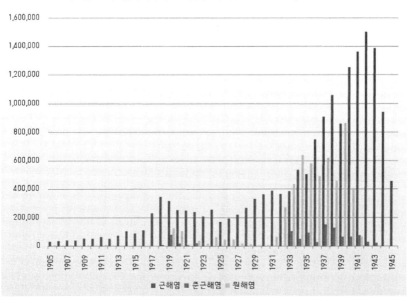

【비고】田中正敬, 「日本における工業用塩需要の拡大と朝鮮塩業: 內外地塩務主任官会議を中心に」(『人文科学年報』36, 專修大學 人文科學研究所, 2006), 9쪽 〈표-2〉를 전거로 작성.
　- 근해염: 臺灣, 關東州, 長蘆, 青島, 山東半島, 滿洲, 福州, 海州, 廣東, 海南島 등
　- 준근해염: 베트남, 타이, 인도네시아, 필리핀 등
　- 원해염: 미국, 멕시코, 인도, 이란, 아프리카의 홍해연안, 유럽 등

의 면에서 보면 스페인염이 훨씬 비싸지만(기타큐슈항 도착도로 톤당 관동주염 16.934엔, 스페인염 19.135엔), 정제 처리 과정을 거친 후의 톤당 가격은 관동주염 20.394엔, 스페인염 19.855엔이 되었다.[15] 미국이나 아프리카의 염들도 90% 이상의 NaCl 함유량을 지녔지만, 이러한 요건을 갖춘 동아시아의 근해염은 한 곳도 없었다.

---

15) 兒玉州平, 「滿州塩業株式會社の設立意義: 過当競争下日本ソーダ製造業との關連に注目して」, 『國民經濟雑誌』210(6), 神戸大学経済経営学会, 2014, 3쪽.

따라서 일본의 소다 제조 기업들은 전매국이 관할하는 염 뿐만 아니라 1917년 염 수요의 급격한 수요 변화에 대응하기 위해 제정된 '소다공업염 자기수입제도(自己輸入制度)'를 적극적으로 이용하기 시작하였다. 자기수입제도는 소다제조 기업이 스스로 수입취급인이 되어 수입을 요청하면 전매국이 이를 매입하고 이를 다시 수입요청 기업에 동액(同額)이나 일정금액을 더한 특별가격으로 되파는 제도였다. 형식적으로는 전매제도의 틀 안에 있었지만, 실제는 "유럽에서 돌아오는 공선(空船) 편에 자용염(自用鹽)을 매입하여 수이입(輸移入)을 행하는 것이어서 사실상 전매제도의 정부 독점 일부를 방기"한 것[16]이라는 비판도 많았다.

그러나 이와 같이 소다기업들의 자기수입 또는 정부구매에 의해 이루어지는 원해염 수입이 1935년 이탈리아의 에디오피아 침공으로 아프리카의 정세가 혼란해지면서 수급의 어려움을 겪기 시작하더니, 1942년 4월에는 마침내 소다공업염 자기수입제도 자체가 폐지되면서 중단되고 말았다. 자기수입제도 폐지에는 자신들의 생산염 판매를 늘리려는 근해염 생산지역의 로비도 있었지만, 무엇보다 소위 '엔블록' 체제를 강화하려는 일본 당국의 정책적 의도가 숨겨져 있었다. 아울러 본격적인 아시아·태평양전쟁의 개전 이후로는 항로를 통한 원해염 수입이 현실적으로 불가능해졌다는 이유도 있을 수 있다. 따라서 일본의 화학공업계는 극심한 혼란을 겪게 되었다. 이제 유일하게 공업염을 제공받을 수 있는 곳은 관동주, 대만, 조선 등 외지의 근해염뿐이었다. 공업염 수급의 위기는 1936년 10월, 제1회 내외지

---

16) 大藏省, 『昭和財政史』 第七卷, 1964, 131쪽.

염무관계관회의에서 대장성 전매국이 외지의 염업관계관들에게 다음과 같은 구체적인 목표 할당량까지 제시하고 있는 점에서 그 다급함을 알 수 있다.

> 이것(工業鹽=인용자주)을 전부 近海 및 外地에서 공급할 수 없다는 것은 아니다. 먼저 그 대부분을 확보해 둘 정도로 그치면, 즉 그 7~8할의 공급을 확보하면 가능하다고 생각한다. 따라서 그 8할인 140만톤에 대해 關東州로부터 40만톤, 滿洲國으로부터 35만톤, 長蘆 20만톤, 山東 40만톤, 台湾 5만톤을 충당하고, 나머지 2할은 貿易調整이나 기타 國際貸借 등의 견지에 의해 他國에서 이것을 구하는 것으로 하면 어떨까 하고 생각하고 있다. 아울러 이외에 長蘆에서 10만톤, 海州에서 20만톤의 공급여력을 保持하고 있으면 170~180만톤의 공급의 확보에는 어느 정도 걱정할 필요가 없을 것으로 생각한다.[17]

이것은 대장성 전매국이 소다공업 등 화학공업의 진전에 따라 5년 후의 공업염 수요 예정고를 170만 톤으로 산정하고, 그 70~80%를 관동주, 만주국, 북지나(北支那), 대만에서 충당해 줄 것을 요청한 것이다. 조선에 대해서는 "당분간 자급자족을 목표로 하고 공업용염 생산을 도모할 것"이란 단서를 두어 내지로의 공업염 공급 할당에서는 빠졌지만, 1937년 12월에 열린 제2회 염무관계관회의에서 조선총독부 전매국은 "1943년 이후는 선내(鮮內) 수요를 채우고, 또한 점차 여력이 생기기에 이른 1947년 이후는 내지(內地)에 대해 년액 162,000톤의 공급을 할 수 있을 것"이라고 하여 앞으로의 공업염 이출 계획

---

17) 大藏省 專賣局, 『秘 內外地鹽務關係協議會議事要領』(1930年), 170쪽(田中正敬이 앞의 논문 43~44쪽에서 재인용).

을 밝히었다.[18] 그리고 마침내 1937년 조선총독부는 다이니폰염업 주식회사에 대하여 1,200정보의 염전건설을 허가하였다. 아래의 무네스에(棟居) 전매국장의 발언에서 전매국이 왜 민간자본에게 공업용 염전 축조를 허가하는지에 대한 이유가 밝혀지고 있다.

조선에서의 공업용염은 현재 年額 3만톤정도를 외국에서 수입하고 있지만, 가까운 장래에 대체로 12만톤 정도의 소요를 예측하므로, 당장 이에 대한 대책을 강구할 필요가 있다. 당국으로서는 이미 말했던 바처럼 식량용염의 자급자족을 급무로 한 계획을 실행 중에 있어서, 그것이 완성되기까지는 상당한 年月이 필요하므로, 차제에 공업용 원료염의 생산염전 축조를 당국의 사업으로 하는 것은 예산 상의 관계 등도 있어 급속히 옮길 수 없는 사정이 있는 것으로 알고 있다. 이밖에 식량용염은 일상생활의 필수품이 되는 것으로 민중생활에 직접 지대한 관계가 있으므로, 이것이 천일제염을 관영으로 하고, 동시에 그 輸移入에 대한 관리제도를 시행하고 있는 所以로 되어 있다. 공업용염은 강력히 정부가 직접 관장하도록 요구되지만, 동시에 曹達[소다]류의 제조공업과 서로 관련이 있는 점 등을 고려할 때, 이것을 민간사업에 위탁하는 것도 사업 촉진상 하나의 방도가 된다고 결론 내려져, 이에 먼저 大日本塩業株式會社의 공업용 염전개설 출원에 대해 우선 平安南道 平原郡 龍湖面 地先에 1천 2백 정보의 면허를 부여하는 바이다.[19]

이상의 발언에서 알 수 있는 사실은 1937년경 조선에서도 3만 톤

---

18) 田中正敬,「日本における工業用塩需要の拡大と朝鮮塩業: 內外地塩務主任官会議を中心に」,『人文科学年報』36, 專修大學 人文科學硏究所, 2006, 46쪽.
19)「地方專賣局長會議に於ける專賣局長訓示」,『專賣の朝鮮』, 1937년 5월호, 11쪽.

가량의 공업염 수요가 발생하고 있고, 이러한 수요는 앞으로 급증할 것이라는 점, 전매국으로서는 식염의 자급화도 완성하지 못한 상황에서 공업용 염전을 신축할 재정적 여유가 없으므로 이를 소다류의 제조공업과 관련된 민간사업에게 위탁하겠다는 점 등이다.

조선에서의 공업염 소비는 1933년 조선질소비료주식회사의 소다공업 부분에서 가성소다와 표백분의 생산을 개시한 것으로 시작되었다. 본격적인 가동 시기는 1936년에 전해법(電解法) 소다공장이, 1938년에 암모니아법 소다공장이 준공되므로써 시작하였다고 한다.[20] 가성소다의 생산능력은 연산(年産) 1만 5천 톤에 달했고, 소다회는 연산 1만 톤이었다.[21] 아울러 1936년부터 화약생산을 개시한 조선질소화약과 1944년 해군의 명령으로 급속히 준공한 로켓연료(hydrazine)제조용 비밀공장에서도 공업염이 필요하였다.[22] 조선질소비료 외의 공장으로는 1940년에 전해소다 공장을 건설한 협동유지(協同油脂: 연산 9천톤)와 1943년에 전해소다 공장을 개설한 아사히경금속(朝日輕金屬: 연산 2만톤) 등이 있었다.

이들 소다제조 공장들은 조선질소비료 외에는 대부분 전시체제기에 설립되어서 그 생산능력을 최대한 발휘하기는 힘들었을 것으로 여겨진다. 따라서 조선에서의 공업염 소비는 조선질소비료에서 그 대부분을 소비했을 것으로 보아도 무방할 것이다. 전매국의『조선총독부 전매국연보』에 따르면 1935년 13,361톤, 1936년 15,228톤, 1937년

---

20) 田中正敬, 「1930年代以後の朝鮮における塩需給と塩業政策」,『姜德相先生古稀·退職 記念 日朝關係史論集』, 2003, 312쪽.
21) 「特集 興南工業」,『化學工業』2-1, 1955, 28쪽.
22) 1938~1945년간 조선질소비료의 생산 동향에 대해서는 糟谷憲一의 「戰時經濟と朝鮮に おける日窒財閥の展開」(『朝鮮史硏究會論文集』12, 1975)가 참조된다.

〈표 5-1〉 1940년대 천일염전 축조를 승인받은 민간자본

염전별	주소	허가 면적(町步)	용도
다이니폰(大日本)염업주식회사	평안북도 청천강	3,000	공업용염
가네후치(鐘淵)해수이용공업	평안남도 용강군	600	〃
동양척식(東洋拓殖)주식회사	황해도 옹진군	300	〃
조선제염공업(朝鮮製鹽工業)주식회사	경기도 부천군	官營 소래염전 549정 보를 天日鹹水에 의한 煎熬製鹽으로 행함	〃
남선화학공업(南鮮化學工業)주식회사	전라북도 줄포	300	식량염

35,681톤, 1938년 20,616톤, 1939년 48,523톤의 자기수입염 수량이 나오고 있는데, 1939년(관동주 10,264톤, 청도 4,496톤, 기타 33,763톤)을 제외하면 대부분 원해염을 사용하였다. 일본과 마찬가지로 1940년 대에는 근해염으로 수입선을 바꾸었을 것으로 추측된다.

한편 다이니폰염업주식회사의 청천염전(淸川鹽田)은 1938년 착공하여 1940년 1,200정보의 제1기 염전을 완성시켰다.[23] 계속하여 1,800정보를 제2기 염전으로 조성하려 했으나 결국 미착공으로 끝난 것으로 전해진다. 채염 목표는 4만 6천 톤이었으나 1943년의 첫 채염 작업이 약 7천 톤에 그쳐, 목표치에 크게 미달하는 성적을 내었다.[24] 이 밖에도 전매국은 가네후치(鐘淵)해수이용공업, 동양척식(東洋拓殖)주식회사, 조선제염공업(朝鮮製鹽工業)주식회사, 남선화학공업(南鮮化學工業)주식회사 등에게 천일염전 축조를 승인하였으나 모두 전시 체제 하의 자재 및 인력 부족 등의 이유로 완공을 보지 못하였다.

〈표 5-1〉에서 알 수 있듯이 이들 민간자본이 총독부 전매국으로부

---

23) 「大日本鹽業의 平南鹽田一期工事終了」, 《每日申報》 1940년 2월 8일자 4면.
24) 田中正敬, 앞의 논문, 315쪽.

터 천일염전 축조를 승인받은 면적은 소래염전을 임차하기로 한 조선제염공업주식회사를 제외하고도 4,200정보에 달한다. 이것은 조선전매국이 1907년부터 1940년에 걸쳐 완공한 관영염전 4,325정보에 맞먹는 면적이다. 그렇다면 이들 민간자본이 이처럼 갑작스럽게 조선의 천일제염업에 뛰어든 이유는 무엇일까? 이러한 현상을 단순히 내지(內地)의 부족한 공업염 증산을 위해서라고만 할 수는 없을 것이다. 예를 들어 1933년 일본과 만철(滿鐵), 그리고 만주국 등이 무려 총면적 1만 4천 정보에 달하는 공업용 염전을 조성하기 위한 '만주염업회사(滿州鹽業會社) 설립 요강안'을 내놓았을 때, 다이니폰염업, 아사이글라스(旭硝子), 니폰소다공업(日本曹達工業), 도쿠야마소다(德山曹達), 동양척식(東洋拓殖) 등 유수의 관계기업들이 참여했지만, 이들 민간자본은 쉽사리 일본 당국의 계획안을 받아들이지 않았다. 결국 사업의 축소, 그리고 수 많은 이권과 판로 보장을 약속받은 후에야 1936년 만주염업주식회사는 출범할 수 있었다.[25] 이는 1930년대 중반 이미 소다공업이 카르텔을 형성해야 할만큼 '과당경쟁' 상태에 돌입하였음을 증명하는 일이다. 그럼에도 불구하고 만주염업 설립 후 불과 몇 년 만에 이들 민간자본이 조선에 또 다시 대규모 공염용 염전을 설립한다는 것은 이해할 수 없다. 과연 조선총독부는 이들 민간자본에게 어떤 유인책을 썼을까?

흥미로운 사실은 조선에 진출한 이들 민간자본의 사업계획안에는 공업염 또는 식료염 생산이라는 목적 외에 고즙(苦汁)을 채취하여 금

---

25) 만주염업주식회사 설립과정에 대해서는 兒玉州平의 「滿州塩業株式會社の設立意義: 過当競爭下日本ソーダ製造業との関連に注目して」(『國民經濟雑誌』210(6), 神戸大学 経済経営学会, 2014)를 참조.

속마그네슘 등을 생산하겠다는 목적도 함께 병기되어 있다는 것이다.[26] 총독부가 제시한 유인책이 바로 고즙공업이었을 가능성이 크다. 여기에 대해서는 제4절에서 후술하겠다.

3. 천일제염의 개량과 기계제염의 시도

1) 천일제염법과 천일함수전오법과의 우열에 관한 시험

2절에서 살펴본 바와 같이 근해염은 NaCl 함유량에 있어서 원해염보다 크게 미달한다는 치명적인 약점이 있었다. 공업염으로의 수요에 부응하기 위해서는 이와 같은 NaCl 함유량을 높히는 것이 최우선적으로 필요했다. 더구나 외국염과의 경쟁을 위해서는 생산단가의 절감도 반드시 요구되는 사항이었다. 그러나 조선산 관영 천일염은 원해염은 물론이거니와 같은 외지(外地)의 천일염인 관동주염, 산동염, 청도염보다도 NaCl의 함유량이 낮았다. 중국 연안의 천일염 산지보다 다우다습(多雨多濕)한 기상조건이 무엇보다 가장 큰 원인이었다. 따라서 천일염을 원염(原鹽)으로 하여 소금을 가공하는 재제염(再製鹽)업자들에게조차 종종 외면을 받고 있었다.

1938년 경성(京城)의 재제염업자들은 중국산 수이입염보다 조선 관염으로 재제염을 만들 때 전오(煎熬) 과정에서 제품 불량이 나오는 경우가 많다고 하며 전매국에 항의하였다. 이때 광량만출장소의 사나다(眞田吉之助) 기사(技師)가 중국산 천일염과 조선 관염의 성분을

---

26) 石川武吉, 『朝鮮鹽業史料 總說篇: 朝鮮の天日製塩に関する資料』, 1971, 141~142쪽.

분석하였는데, 아래의 〈표 5-2〉는 그 분석 시험의 결과이다.[27]

〈표 5-2〉 관염 및 수입염 정량 분석 성적(단위: %)

산지별		수분	협잡물(挾雜物)					계	염화 나트륨	합계
			불용 해분	황산 칼슘	황산 마그네슘	염화 마그네슘	염화 칼륨			
官鹽甕 瓦産鹽	주안2등염	10.8900	0.8399	0.6747	1.6149	2.2004	0.4415	5.7713	82.7761	99.4375
	남동2등염	9.0620	1.3186	0.3210	1.7104	1.4757	0.3154	5.1411	84.9193	99.1224
	평균	9.9760	1.0792	0.4978	1.6627	1.8381	0.3784	5.4562	83.8477	99.2798
官鹽土 床産鹽	군자2등염	7.4480	1.7250	0.6149	1.8759	2.0496	0.3995	6.6629	85.1007	99.2116
	광량만2등	6.1960	0.8052	0.3397	2.8927	0.9817	0.3574	5.3767	87.8400	99.4127
	덕동2등염	5.1560	0.5368	0.3971	1.6518	1.7379	0.3574	4.6810	89.7168	99.5538
	남시2등염	7.1900	1.0804	0.3129	1.0523	1.1341	0.2733	3.8530	88.7606	99.8036
	평균	6.4975	1.0367	0.4162	1.8682	1.4758	0.3469	5.1434	87.8545	99.4954
輸人鹽	관동주염	8.2860	0.4608	0.3265	0.5351	1.1951	0.2313	2.7489	88.3814	99.4163
	산동염	7.5320	0.6442	0.2286	0.7797	1.0491	0.2523	2.9539	88.8925	99.3784
	청도염	8.7520	0.9178	0.2694	1.1191	1.4066	0.2944	4.0073	86.4400	99.1993
	평균	8.1900	0.6743	0.2748	0.8113	1.2169	0.2593	3.2366	87.9046	99.3313

관염에 대한 재제염업자들의 불만은 크게 두 가지로, 하나는 전오(煎熬)할 때 액(液)이 찰지다는 것이고, 다른 하나는 재제(再製) 후 산출되는 양이 적다는 것이었다. 액이 찰지다는 것은 중국산염에 비해 협잡물(挾雜物)이 많다는 것이다. 위의 분석 성적표에서도 나타나듯이 마그네슘(苦土) 등의 함유량이 중국산염 평균 3.2%에 비해 옹편(甕片) 결정지 관염은 5.4%, 토상(土床) 결정지 관염은 5.1%의 성적이었다. 반면에 NaCl의 함유량은 관염이 각각 83.8%, 87.8%인데 비해 중국염 평균은 87.9%였다. 1927년에 조사된 수치는 이보다 더 낮

---

27) 「昭和十三年, 朝鮮産天日鹽の品質に關する資料」, 『專賣局鹽業統計資料』(CTA0002793)

아서 관염은 평균 82.19%에 지나지 않았다. 이는 당연히 재제염 생산량을 저하시키는 원인이 되었다. 물론 중국산염의 분석을 한 곳이 중국 현지가 아니라 인천항에 수이입된 염을 대상으로 했기 때문에 적재 기간과 운송 기간을 고려할 때 그 많큼 간수가 빠진 중국산염이 훨씬 유리했지만, 조선 관염의 품질이 중국산염에 미치지 못한다는 것은 부정할 수 없는 사실이었다. 따라서 조선 관염의 품질 개량을 위한 다양한 개선책이 연구되었다. 결정지(結晶池)를 개선한다든지 염고(鹽庫)에서의 적재 기간을 늘린다든지 하는 작은 개선책도 있었지만, 이참에 천일제염법을 근본적으로 개선해 보자는 움직임도 있었다. 즉, 4장에서 살펴본 조선염업주식회사의 천일함수전오법을 관영염전에서도 적용해 보자는 것이다.

천일염의 품질을 획기적으로 개선할 수 있는 천일함수전오법에 대해서는 비단 인천의 조선염업주식회사 뿐 아니라 관동주에 있는 다이니폰염업의 푸란뎬(普蘭店) 공장, 토타쿠(東拓)의 뤼순(旅順) 공장, 대만에 있는 대만염업(臺灣鹽業) 등에서도 관심을 갖고 시험 작업을 행하였다. 조선전매국 역시 천일함수전오법에 대해 관심을 갖고, 1934년 주안출장소의 시험염전에서 주목할 만한 시험을 하였다. 주안 제4구 염전의 진공식(眞空式) 공장에서 행해진 이 시험의 담당자는 주안출장소의 후쿠시마(福島正男) 기수(技手)였는데, 우방협회의『조선염업사료』에 그 자세한 시험 결과가 실려있다.[28]

후쿠시마 기수의 시험은 주안염전 제4구의 23,832㎡(2.4031정보)에서 포화함수(飽和鹹水)를 만들고, 그것을 2.5마력의 석유발동기에

---

28)「昭和九年, 天日塩田に於ける天日結晶製塩と天日鹹水煎熬製塩法との比較試驗」,『專賣局南市海南出張所關係資料』(CTA0002816)

의해 움직이는 2인치의 나선형 무자위[唧筒]를 통해 진공식 제염공장
으로 보내어 전오농축(煎熬濃縮)시키는 것이었다. 기존 제염방식과 비
교하기 위해 인접한 염전 122,755㎡(12.3778정보)에서는 종래대로 천
일제염 방식으로 천일염을 제조하였다. 그 해 기상 상태가 순조롭지
못했고, 또 숙련된 염부(鹽夫)를 구하지 못하는 등 어려움이 있었지만,
1년 간의 채염기간을 통해 다음과 같은 결과를 얻어내었다.

〈표 5-3〉 천일제염량과 천일함수전오제염량과의 비교

구분	면적(ha)	제염량(kg)	1헥타르당(kg)	1정보당(斤)
천일제염	12.2755	669,000	54,498	90,081
천일함수전오제염	2.3832	118,470	49,710	82,165
감수량			-4,788	-7,916

위의 〈표 5-3〉에서 알 수 있듯이, 1934년 주안출장소에서 실시된
천일함수전오제염 시험은 기존의 천일제염에 비해 1헥타르당 4,788
kg(1정보당 7,916斤)의 감수(減收)가 되는 것으로 나타났다. 그러나
NaCl 함유량에 있어서는 천일제염이 87%, 천일함수전오제염이 95%
로 나와 큰 차이를 보였다. 이 결과를 가지고 후쿠시마 기수는 거꾸
로 천일제염을 95%의 NaCl 함유량을 가진 것으로 가정한다면 그 제
염량은 49,909kg으로 축소되므로, 실제 생산에 있어서 천일제염과
천일함수전오제염과의 채염량은 거의 차이가 나지 않을 것이라고 예
측하였다. 하지만 이러한 해석은 천일함수전오제염에서 발생하는 추
가 생산비를 전혀 고려하지 않고 오로지 NaCl의 함유량에 의한 생산
량만을 추정한 것이어서 그 실효성은 의심되는 것이었다.
한편 1939년경에는 내지(內地)의 사업가 이세무라 호지(伊勢村鳳

次)[29]가 광량만염전에서 생산하는 천일함수를 불하받아 그것을 진남
포(鎭南浦)까지 파이프 라인으로 송수(送水)한 후, 전오제염(煎熬製鹽)
을 행하겠다는 사업신청서를 총독부에 제출하였다. 여기에 대해 전
매국은 광량만출장소의 사나다(眞田吉之助) 기사와 전매본국 염삼과
(鹽蔘課)의 타나베(田邊隆平) 기수로 하여금 이 건에 관련된 사항을
조사하여 의견서를 제출토록 하였다.[30]

이세무라의 사업신청서의 주지를 요약하자면, 조선의 천일제염은
결정지(結晶池)의 설비가 미약하여 상당량의 함수를 손실하고 있는
데, 이를 함수전오법으로 바꾸거나 또는 결정지를 목판조(木板槽)로
개량한다면 지금 생산액의 약 3배를 증산시킬 수 있다는 것이었다.
또한 함수를 파이프로 송수하는 것에서도 회송비의 많은 절약을 기
할 수 있다고 하였다. 그러나 이에 대한 전매국의 사나다, 타나베 두
사람의 의견은 부정적이었다. 그리고 자신들의 실험 결과를 수치로
정리하여 예상되는 실제 비용을 계산했는 데, 그 내용은 아래의 〈표
5-4〉와 같다.

---

29) 이세무라 호지에 대해서는 아직 자세한 이력을 알아 내지 못하였다. 다만 1915년『臺灣
總督府專賣局檔案』의 '朝鮮移出食鹽賣渡의 건'에 있는 대만염업주식회사와의 「食鹽
賣渡契約書」에 그 이름이 올라와 있어 한때 대만염 판매에 종사한 인물이었음을 알
수 있었다.

30) 「昭和十四年, 天日製塩法と天日鹹水煎熬法との優劣に關する意見書」(『專賣局鹽業統計
資料』)에 사나다(眞田吉之助)와 타나베(田邊隆平) 두 사람의 의견서가 모두 실려있다.
그러나 사나다 기사의 의견서는 「昭和八年, 天日製鹽法と天日鹹水煎熬法との優劣に關
する朝鮮專賣局の意見書」(『朝鮮の天日製鹽に關する資料』)란 제목의 거의 동일한 의견
서가 다른 문서철에도 수록되어 있다. 사나다 기사는 1931년 이후 계속 광량만출장소
에서 근무했으므로, 현재로서는 이 문건의 작성시기가 소화 8년(1933)인지 소화 14년
(1939)인지를 판단하기 어렵다. 일단 본고에서는 사나다, 타나베 두 사람의 의견서가
같이 수록된 1939년의 문서를 기준으로 서술하였다.

〈표 5-4〉 伊勢村鳳의 계획과 전매국의 실험 비교

구분	이세무라의 계획		전매국의 계산	천일제염의 실험
	煎熬法	木板法		
염전 1정보 당 함수 생산량	4,367石	4,367石	2,000石	
함수 1석 당 제염량	70斤	60斤	60斤	
염전 1정보 당 염생산고	305,690斤	262,020斤	120,000斤	95,000斤
염전 1정보 당 공비(工費)	-	-	3,965円	1,844円
진남포에서의 염 100근 당 원가	1,100厘	600厘	1,058厘	423厘

【비고】 (1) 당국 계산의 염전 1정보 당 함수생산량과 함수 1석 당 제염량은 주안염전에서의 시험성적에 의함 (2) 광량만에서의 천일제염 100근 당 생산비는 33錢 5厘의 진남포까지의 회송비가 더해져 42전 3리가 됨

사나다, 타나베 두 사람의 의견서는 다음과 같이 정리할 수 있다.

첫째, 천일제염보다 3배액을 생산할 수 있다는 이세무라의 주장은 과장되었다는 것이다. 함수전오법을 시행한 조선염업주식회사나 관동주, 대만 등에서의 실험에서도 이러한 성과를 이룬 전례가 없고, 대만에서는 오히려 감수(減收)한 예가 있다고 하였다. 따라서 아무리 설계 및 조작에 실수가 없더라도 그 증산량은 천일제염의 20~30%에 불과할 것으로 보았다.

둘째, 과도한 설비비와 생산비가 든다는 것이다. 함수전오 또는 목판조 제염에 필요한 시설비는 약 160만 엔이 추정되는데, 이는 현재의 광량만염전 770정보 축조비에 해당하는 금액이었다. 생산비도 1kg당 1엔 6~7전이 들어 천일제염비의 2배에 달할 것으로 보았다.

셋째, 결정지 개량이나 회송비에 있어서도 경제적 효율성을 고려해야 한다는 것이다. 현재 옹파편(甕破片)이나 연와(煉瓦)를 쓰는 결정지는 비록 전오염에 못미치는 색상과 품질을 얻는다고 하지만, 설

비비가 평당 2~3엔에 불과한 이것을 평당 수십 엔이 드는 목판설비로 바꿀 필요는 없다고 하였다. 오히려 우량 천일염을 분쇄·세척하는 방법이 더 경제적이라고 하였다. 아울러 광량만염전에서 진남포까지 배편으로 회송하는 비용도 1kg당 14전 7리에 불과하여 아직까지는 큰 부담이 되지 않는다고 하였다.

이를 근거로 총독부는 광량만염전을 천일함수전오제염으로 바꾸려던 이세무라의 계획안을 받아들이지 않았다. 그러나 1940년대가 되면 이러한 상황은 반전을 이루고 만다.

2) 소래염전의 기계제염 병용 계획과 조선제염공업주식회사의 설립

1943년 4월 전매국에서 열린 '제염기술자 타합회(打合會)'에서는 조선제염공업(朝鮮製鹽工業)주식회사가 신청한 「소래염전에 기계제염(機械製鹽)을 병용하는 계획안」을 다음과 같은 이유를 들어 승인하였다. 모두 11개에 달하는 승인 사유는 다음과 같다.[31]

【기계제염의 병용을 필요로 하는 이유】
① **급속한 증산 가능**: 천일염전의 확장 및 증산은 측량설계기간을 제하고도 축조에 4~5년, 게다가 熟成에 4~5년을 필요로 하여, 전염전이 완전히 기능을 발휘하기까지 7~8년 내지 10년의 세월을 필요로 한다. 기계제염공장의 건설은 현재의 비상시에 있어서도

---

31) 「昭和十八年, 蘇萊鹽田に機械製鹽を倂用する計劃案」, 『朝鮮の天日製鹽に關する資料』((CTA0002790)

2년 내외에 전 기능을 발휘할 수 있다.

② **苦汁 收量의 증가:** 자원의 개발 및 이용상 近時에 특히 중요시되고 있는 苦汁工業의 수요에 대비하기 위해 苦汁의 增量은 급무 중의 급무이다. 그러나 천일염전에 있어서 結晶 후에 폐기되는 苦汁의 採量은 理論數보다 많은 減收가 어쩔 수 없는 작업의 현상이 되었다. 반대로 기계제염은 鹹水 안에 함유하는 전량을 採收하여 이용할 수 있다.

③ **苦汁工業 이익에 따른 鹽 생산비의 합리화:** 기계제염을 병용하는 제염부터 苦汁工業에 이르는 一貫作業의 경영 아래에서는 苦汁 처리의 이윤으로써 염의 생산비를 합리화시킬 수 있다.

④ **鹽의 自産自給 촉진에 기여:** 眞空製鹽의 발달과 苦汁工業의 이윤에 의한 鹽 생산비의 합리화에 의해 기계제염은 工業鹽의 제조에도 적용할 수 있다. 따라서 일반적으로 要望되고 鮮內 食料鹽 및 工業鹽의 自産自給을 급속하게 실현시킬 수 있다.

⑤ **품질의 우량화**

⑥ **노동력 절감**

⑦ **생산력의 탄력성:** 하루 아침 비상시 혹은 흉작의 경우에 있어서의 天日結晶鹽은 그 해의 기후에 지배되어 인력으로써는 아무리 해도 되지 않는 어려움이 있는데 반해, 기계제염을 병용하는 경우는 석탄의 소비량을 증가시켜 증산을 도모한다면 그 필요량에 卽應하는 탄력성이 있다.

⑧ **조선의 氣象에 적당함:** 조선의 기상 상태는 關東州, 滿洲, 北支 등의 天日鹽地 보다도 기계제염 병용의 생산 증가율이 유리하다.

⑨ **토지의 이용상에 유리:** 천일염전의 평면적 확대 증산에는 광대한

토지를 필요로 하지만 기계제염을 병용하는 증산은 용지의 사용
이 적다. 따라서 국토의 이용상 유리하다.

⑩ **內地 食料鹽의 부족 보충에 협력:** 純良한 天日鹹水 眞空式 鹽을
싼 가격으로 內地에 공급할 수 있다.

⑪ **저렴한 白鹽의 공급:** 現時 조선에서 소비되고 있는 民製의 煎熬鹽
및 再製鹽은 年額 7만 톤이 되지만 그 鹽法은 유치하여 생산비는
비싸고 품질도 조악하다. 따라서 합리적 기계제염법을 채용하여
싼 값으로 공급하는 것이 필요하다.

아울러 진공전오염의 생산비 및 생산량을 추정해 보았는데, 그 결
과는 아래의 〈표 5-5〉와 같다. 천일염에 비해 진공전오염의 생산비
는 1.6배가량 높지만, 그 생산량은 1.8배, 그리고 고즙 수량(收量)은
3.2배나 될 것으로 예측하였다. 지름 14피트 4중효용 방식의 진공식
증발장치를 설치하려는 진공염 공장의 건설비는 5,328,000엔으로
계상되었다.

〈표 5-5〉 천일염·재래전오염·재제염과의 비교에 의한
진공전오염의 예상 생산비 및 생산량

구분	단위	진공전오염	천일염	재래전오염	재제염
생산비	100kg	1,170~1,673엔	0,757~1,030엔	2,378엔	3,720엔
생산량	549정보	60,115톤	32,940톤		
정보당생산량	1정보당	109.5톤	60톤		
고즙수량	549정보	28.8톤	9.1톤		
NaCl 함유량	%	93%	85%	83%	88%
판매가격	100kg	3,333엔	2,033엔(1등염) 1,783엔(2등염)	3,526엔	3,678엔

염의 빠른 증산과 경영의 합리화 모두를 이룰 수 있다는 기계제염의 당위성은 위의 11가지 이유를 모두 거론하지 않아도 누구나 수긍할 수 있는 지극히 원론적인 사항들이다. 문제는 이러한 염 생산의 진보를 이룰 수 있는 경제적 토대가 이루어졌느냐는 것인데, 주지하는 바와 같이 1943년은 일본이 아시아·태평양전쟁의 수렁 속에 빠지어 극도의 경제적 파탄 상태에까지 이르른 시기였다. 전매국이 1939년 이세무라의 계획안을 경제적 효율성 문제로 거부했음에도 불구하고, 불과 4년 만에 이와 유사한 조선제염공업의 계획안에는 승인한 이유는 무엇일까? 이에 대한 답을 얻기 위해서는 위의 11가지 이유 중 ②번과 ③번의 이유에 주목해야 할 것으로 본다. 1939년과는 다르게 고즙(苦汁) 증수의 중요성, 그리고 이에 따른 이익이 강조되고 있다. 아울러 제염업과 고즙공업을 일관작업(一貫作業)의 경영 아래에서 염의 생산비를 합리화시킬 수 있다고도 하였다. 고즙의 생산이 제염업에서의 새로운 소득원으로 떠오른 것이다.

일본에서 진공식 기계제염이 개발된 것은 1909년으로, '일본의 에디슨'으로 불리는 발명왕 스즈키 도우자부로(鈴木藤三郞)에 의해서였다.[32] 일본의 시죠우카식(枝条架式) 염전에서 얻어진 함수를 다중효용(多重效用) 진공식 증발장치에서 보일러의 발생 증기를 열원(熱源)으로 하여 소금을 만들어낸 것이다. 스즈키제염소에서는 연산 3,000톤의 염을 생산하는 능력을 갖추었는데, 여기서 생산된 염의 NaCl 함유량은 90% 이상에 달했다고 전해진다. 그러나 이러한 기계제염 설비에는 상당한 자금이 소요되어 결국 그 해 말에 스즈키는 파산하

---

32) 村上正祥,「明治期における製鹽技術」,『日本鹽業大系』近代編, 日本專賣公社, 1982.

고 말았다. 이후 일본전매국이 이러한 진공식 증발법 시험을 진전시
켜, 1927년 전매국 직영의 무코지마(向島)제염소에 지름 8피트의 증
발부(蒸發缶) 3기를 주체로 자가발전하는 제1호 진공식 제염공장을
완성시켰다. 1929년에 완성된 주안염전의 진공식 공장은 일본의 제3
호 공장이다.[33] 그러나 이러한 진공식 기계제염이 실용화되는 시기
는 상당한 시간을 거쳐야 했다. 기계제염에는 상당액의 자금이 들뿐
더러 전시체제기에 들어서는 철강 등의 자재 수급에도 어려움이 많았
다. 1936년 내지(內地) 염전에 총 25개의 진공식 공장을 건설하겠다
는 일본 전매국의 계획은 결국 10개의 공장 건립으로 끝나고 말았다.

그렇다면 1943년 전매국으로부터 소래염전 사용을 허가받은 조선
제염공업주식회사는 이후 어떻게 운영되었을까? 여기에 대해서는
1946년 조선총독부의 명의로 만들어진 『재조선기업현상개요조서(在
朝鮮企業現狀槪要調書)』가 참조된다. 이 자료는 아마도 해방 후, 총독
부가 미군정과의 협상을 위해 조선에 있는 일본인 기업과 시설들의
현황, 그리고 재산 상황 등을 조사한 것으로 보여진다. 이 서류철에
는 「조선제염공업주식회사개요」라는 문건이 수록되어 있어서 해방
직전까지의 조선제염공업주식회사의 사업설비, 직원 및 종업원 수,
재산 상황, 사업수지 등을 알 수 있었다.[34] 조선제염공업주식회사는
총 11,900,000엔을 투자했고, 1944년 천일염 40,124톤을 생산하였
다고 한다. 그런데 '전후(戰後) 처리에 관한 소견'이라는 항목에는 "사
업설비 중 진공식 제염장치는 그것을 완성시키기에는 상당한 자재와

---

33) 村上正祥, 「わが国における製塩法の発達: 明治以降の製塩法の発展」, 『日本海水学会』
36-2, 1982, 70쪽.
34) 「朝鮮製鹽工業株式會社槪要」, 『在朝鮮企業現狀槪要調書4(製鹽)』, 1946년(CTA0001384)

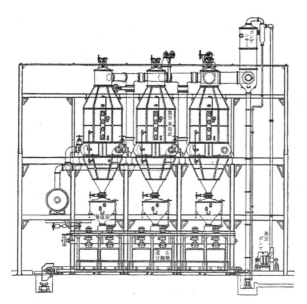

〈그림 5-8〉 진공식 증발장치(3중효용)

더불어 년월(年月)이 필요하기 때문에 이것을 멈추고 현재 일부 준공
된 고즙처리 설비를 이용하여 염전으로부터의 함수를 전오(煎熬)하
여 염을 얻는 것이 가능하다고 판단됨"이라고 적혀 있었다. 따라서
처음에 계획한 진공식 증발장치는 1945년 해방 전까지 만들지 않았
음을 알 수 있다. 다만 고즙처리 설비는 일부 준공이 되어 생산을 하
고 있었다. 아울러 1942년 자본금 5백만 엔이 출자되어 설립한 조선
제염공업주식회사의 주주명부도 나와 있는데, 이는 다음의 〈표
5-6〉과 같다.

〈표 5-6〉 조선제염공업주식회사 주주명부

氏名	株數	비율(%)	氏名	株數	비율(%)
島本正一	4,000	4.0	山岸睦造(감사)	2,000	2.0
芝喜代二	2,000	2.0	前田馬城太(전무이사)	2,000	2.0
岡雅枝(이사)	2,000	2.0	高橋敏(대표이사)	7,000	7.0
田中新吾(이사)	2,000	2.0	後藤金三郎	2,000	2.0
鈴木丸衛	2,000	2.0	村山正雄	2,000	2.0
福永範一	2,000	2.0	佐野茂幸	2,000	2.0
池上武顯	2,000	2.0	丹下玄一	2,000	2.0
高烟誠一	2,000	2.0	大日本鹽業株式會社	56,900	56.9
谷治之助(감사)	2,000	2.0	吉田眞次(총무부장)	100	0.1
林茂樹(이사)	2,000	2.0			
澤村亮一	2,000	2.0	이상 20명	100,000	100.0

위의 조선제염공업주식회사 주주명부에서 가장 눈에 띄는 점은 바로 전체 10만주 가운데 56.9%의 보유주식을 지닌 제1대 주주가 다이니폰염업주식회사라는 사실이다. 따라서 조선제염공업주식회사는 다이니폰염업의 계열사였다는 것을 알 수 있다. 대표이사인 타카하시 사토시(高橋敏)는 경성부윤(京城府尹)과 전매국장 등을 역임한 인물이다. 이밖에 다나카(田中新吾)와 야마기시(山岸睦造) 등 전매국의 제염기술자들이 주주와 주요 임원을 차지하고 있는 점도 특징이다.

앞에서 살펴 본 바와 같이 다이니폰염업은 1937년 공업용 염전인 청천강염전 1,200정보의 축조를 허가를 받고 처음으로 조선에 진출하였다. 그러나 다른 한 편으로는 고즙공업에도 진출하여 1942년 인천에 조선제염공업주식회사라는 별도의 계열 회사를 설립하였음은 물론, 그 이전인 1939년에는 평안북도 신의주에 금속마그네슘 제조공장인 도요(東洋)금속공업주식회사(이후 朝鮮神鋼金屬으로 개칭)를 설립하기도 하였다. 도요금속공업은 같은 스즈키상점계인 고베제강소(神戸製鋼所, 70%)와 태양산업(太陽産業, 15%)이 합동으로 출자하는 형식이었다. 따라서 다이니폰염업의 조선 진출과 조선제염공업의 설립에는 단순한 제염사업의 확대에 머물렀을 것으로 보지 않는다. 여기에 대해서는 「조선제염공업주식회사개요」에 있는 또 한 가지 흥미로운 사실을 발견할 수 있었다.

〈표 5-7〉 조선제염공업주식회사의 대차대조표(1945년 3월 말)

수입부		지출부	
염배상금(鹽賠償金)	고즙처리 제품대	채함·수송·제염 및 일반관리비	고즙처리 경비
1,959,351엔(54%)	1,666,937엔(46%)	1,259,160엔(61%)	795,240엔(39%)
총수입금: 3,626,288엔(100%)		총지출금: 2,054,400엔(100%)	

위의 〈표 5-7〉은 1945년 3월 말 기준의 조선제염공업주식회사의 대차대조표이다. 천일염 55,449톤, 염화마그네슘 10,000톤, 기타 브롬·칼륨·석고(石膏) 등을 판매하여 총 3,626,288엔의 수입금을 얻었고, 생산에 필요한 경상경비 총 2,054,400엔을 지출하여 총 1,571,888엔의 수익금을 내었다. 고정자산 상각비, 조세 및 공과금, 지불이자, 퇴직급여 충당금 등을 제한 순이익금은 425,000엔이었다. 미군정과의 협상을 위해 어느 정도 부풀여졌을 가능성도 있지만, 이를 통해 알 수 있는 사실은 총수익금의 46%가 천일염 판매가 아닌 고즙처리 대금에서 나오고 있다는 것이다. 필자가 앞에서 잠시 언급한 출두부이 민간자본 유이책이 바로 고즙에 있지 않았을까 하는 추정을 입증하는 한 가지의 사례가 될 것이다.

4. 전시체제기 고즙공업과 그 의의

1) 고즙과 금속마그네슘공업

고즙(苦汁)의 효용성을 처음 발견한 것은 아마도 천일제염 기술자들일 것이다. 다우다습한 우리나라의 기후조건에서는 채염기간이 외국에 비해 짧았다. 이를 극복하기 위해 고즙을 포함하는 고도로 농축된 함수, 즉 보메(Baume) 20도 정도의 모액(母液)을 '해주'라는 시설에 저장해 두고 이를 결정지(結晶池)로 들어온 새로운 함수와 조금씩 섞어 순간적으로 소금 결정체를 만들어 내었다. 따라서 천일제염법, 특히 조선의 천일제염에서 고즙은 매우 중요한 자원이다.

그러나 서두에서도 밝혔듯이 고즙은 제염업뿐만 아니라 제약업 등 각종 마그네슘공업에서도 중요한 원료가 된다. 1910년대에 이미 조선에서도 이러한 고즙을 이용하는 화학공업이 시작되고 있었다.

近時 內地에 있어서의 化學工業의 발흥에 동반하여 苦汁을 원료로 하는 화학공업도 또한 매우 왕성한 것이 되었다. 현재 苦汁에서 製出되는 것은 臭素加里(브롬칼리)를 제일로 하고, 그 뒤를 이어 臭素那篤里(브롬나트륨), 鹽化加里(염화칼리) 및 적은 량의 沃度(요오드)로 하며, 이 밖에는 有價物로 하여 일찍이 □□한 것은 적다. 苦汁은 朝鮮에서도 결코 採收가 곤란한 것은 아니다. 가장 수집하기 편한 곳은 各地 民營의 煎熬鹽에서이고, 朱安·廣梁灣과 같은 天日製鹽場은 아직 일찍이 苦汁의 採取를 행하는 실험은 없었기 때문에 과연 어느 정도 수량의 苦汁을 얻을지는 분명치 않다. 그러나 지금 某 전문가에 따르면 위의 兩 製鹽 1개년의 추정 산출량을 들으면 전오염으로부터는 약 1만 2천石, 천일염으로부터는 약 2~3천石이 되지 않을까 한다.

조선에서는 이미 苦汁을 응용한 화학공업이 점차 발흥하여 慶南의 香椎源太郎(카시이 겐타로)씨를 비롯하여 경기도 南陽郡 지방에서도 近時 臭素加里(브롬칼리), 沃度加里(요오드칼리) 등을 제조한다. 제품의 優良하고 또 찬양할 만한 것이지만, 製産費가 매우 높고, 또 內地에서 이런 종류의 藥이 속출하는 결과, 점차 생산과잉으로 기울고 있어 販路의 困難이 심하다.[35]

필자가 조사한 바로는 위의 신문 기사가 우리나라에서 이루어진 고즙공업 실태를 알려주는 최초의 자료가 될 것이다. 1917년에 이미 부산의 대자본가 카시이 켄타로(香椎源太郎) 등이 경남과 경기도 남양 지역에서 고즙을 원료로 브롬과 염화칼륨, 요오드 등을 제조하고 있었음을 알 수 있다. 고즙 채취는 천일염전보다는 주로 민간의 전오염 산지에서 이루어졌고, 제조품목으로 보아 대부분 약품제조용에 사용된 것으로 보인다. 그러나 1930년 일본 니가타현(新潟縣)에 있는 이화학연구소(理化學硏究所, 흔히 '리켄(理硏)'으로 약칭)의 공업시험소에서 고즙을 원료로 하는 마그네슘 제조에 성공하면서 그 수요가 급격히 늘어났다. 마그네슘은 각종 내화용 벽돌과 클링커(clinker), 그리고 비행기, 자동차 등에 쓰이는 경금속(輕金屬)의 재료가 되어 특히 군수산업(軍需産業)으로써의 가치가 높았다.[36] 이러한 마그네슘은 고즙에서 추출하는 방법 외에도 '마그네사이트(magnesite)'라는 광석에서 추출하는 방법이 있었는데, 조선에서의 마그네사이트 매장

---

35) 「苦汁と化學工業」, 《釜山日報》 1917년 4월 15일자.

36) 「マグネシウム: 飛躍的なる需要増加(上)-軍事上の価値重大」, 《中外商業新報》 1935년 1월 26일자 및 「マグネシウム: 軍事的需要より一般需要へ(下)-用途上の新傾向」, 《中外商業新報》 1935년 1월 27일자.

량은 함경남도 단천군에서만 약 6억 5천 7백만 톤(향후 2천년 간의 소
비량)을 추정 할 만큼 풍부하였다.[37] 고즙 역시 조선에는 방대한 천
일염전이 있으므로 그 산출액은 크게 기대될 만 한 것이었다. 이러한
기대는 1935년 7월 12일, 서울에 온 이화학연구소장 오오코치 마사
토시(大河内正敏) 박사의 조선호텔 강연에서 잘 나타나고 있다.

리켄(理硏)은 몇 해전부터 금속마그네슘의 精錬에 대해 많은 발명
을 하였을뿐 만 아니라, 또 그것을 공업화하여 수입을 완전히 防遏하
였다. 오늘날에는 소량이지만 외국의 높은 관세 장벽을 타고 넘어 수
출되고도 있다. 물론 외환 관계도 있지만 독일품과 경쟁하여 품질에
서도 가격에서도 승부에 지지 않고 있다. 비행기의 재료로 하여도 군
사상에서도 알루미늄보다 가벼워 오늘날 금속마그네슘만큼 중요한
것은 없다. 이 마그네슘 제조의 필요 원료인 苦汁은 일본에 적다. 그
러나 마그네사이트를 원료로 해서 인공으로 苦汁을 만들고, 그 다음
금속마그네슘을 만든다. 또한 마그네사이트를 태워 탄산마그네슘으
로 하고, 炭으로 환원시켜 금속마그네슘으로 하는 것도 가능하다. 싸
기만 하다면 수요는 많다. 어느 곳이라도 수출할 수가 있어 장래 일본
이외에 금속마그네슘을 싸게 할 땅은 없다고 생각한다. …(중략)… 따
라서 풍부한 전력과 배의 운송, 철도의 운송의 편리함이 있다면 조선
에서 만드는 것 만큼 싼 마그네슘이 되는 일은 없다. 우리들은 금속마
그네슘의 생산비를 부단히 낮추는 노력을 하고 있는데, 알루미늄(알
루미늄은 현재 우베(宇部) 공장에서 1,400~1,500엔 정도로 가능)의
그것보다 훨씬 저하시키는 일이 결코 불가능하지 않다는 확신을 가지
고 있기 때문에, 일본은 금후 세계에서의 금속마그네슘의 공급국으로

---

37) 「朝鮮の化学工業②: 内鮮対立の虞れあるマグネシューム工業」, 《京城日報》 1936년 11
월 13일~17일자.

된다는 자부심이 있다.[38]

위의 오오코치 소장의 발언에서 알 수 있듯이 그는 풍부한 마그네
사이트광과 고즙을 산출하는 조선을 기반으로 세계 제일의 금속마그
네슘 생산국을 꿈꾸고 있었다. 아울러 조선에 산업전력과 해양 및 철
로 운송의 편의만 갖추어진다면 조선이 최적의 마그네슘 공업지대가
될 것이라고 예측하였다. 그리고 강연 말미에서 금속마그네슘공업
등 화학공업은 다각적, 연쇄적 경영이라 할 소위 '우만식(芋蔓式)' 경
영으로 생산원가 인하에 힘써야 한다고 강조하면서 다음과 같이 말
하였다.

전술한 것과 같이 금속마그네슘 精鍊의 理硏法은 해수 중의 苦汁이
원료이다. 우리들은 금속마그네슘 정련의 생산비를 低下하는 일수단
으로 하여 마그네사이트공업의 芋蔓式 경영법의 案을 세웠다. 이에
생각되는 일은 理化學硏究所에서 물리도 화학도 전기도 기계도 종합
적으로 연구되어지고 있는 고마움이다. 금속마그네슘 정련에 조금도
관계없는 것처럼 보였던 기계나 전기의 연구 발명이 소위 多角經營,
즉 芋蔓式 경영법으로 되고 여기저기 연결되어 와서 생산원가 인하에
대해 뜻밖의 주역을 맡게 되었다. 마찬가지로 화학의 발명에서도 발
명 그것은 우수하였지만 원료의 관계나 부산물의 시장성이 없었기 때
문에 공업화가 곤란하였던 것이 芋蔓式 경영의 것과 결합되면서 처음
으로 발명의 효과가 나타나 유리한 공업이 되었다.

---

38)「日本のコスト低下原因, 優秀な機械と技術. 理化芋硏九所長 大河内博士講演」,《京城日報》1935년 7월 14일~19일자.

〈그림 5-9〉 다이니폰염업의 신의주 공장(고즙처리공장)

　　화학공업은 마치 고구마 덩굴처럼 전기, 기계산업 등 관련 산업이 함께 발전해야 한다는 소위 '우만식' 경영법은 금속마그네슘공업이 원료부터 완제품까지 일관산업으로 함께 발전해야 한다는 점을 강조한 것이다. 이미 조선에서는 리켄법(理研法)에 의한 마그네슘 정련의 원료가 되는 고즙을 천일염전으로부터 얻을 수 있었고, 또 전력에 있어서도 일질(日窒)콘체른에 의해 1920년대 후반부터 시작한 대규모 수력발전사업(부전강, 장진강, 수풍 등)이 1930년대 후반경에는 대부분 완공을 보고 있었다. 1940년에는 발전력이 66만 9천 KW에 이르렀으며, 해방 직전에는 148만 9천 KW까지 올라섰다.[39] 이러한 전력자원이 공급되면서 일질계인 일본마그네슘금속을 비롯하여 미쓰비시마그네슘공업, 조선경금속, 미쓰이유지화학(구 협동유지), 도요(東

39) 호리 가즈오(주익종 역), 「조선의 전력업과 일본자본」, 『한국 근대의 공업화』, 전통과 현대, 2003, 260쪽.

洋)금속공업 등 금속마그네슘 공장이 속속 설립되었다. 특히 1940년 압록강수력전기의 제1기 계획으로 세워진 수풍발전소의 건립으로 약 10만KW의 전력이 공급되자, 압록강 및 대동강 하구에 알루미늄 및 마그네슘 경금속공업 공장들이 신설된 것에 주목할 필요가 있다. 다이니폰염업주식회사의 관계회사인 도요금속공업과 조선화학주식회사가 신의주에 공장을 세웠고, 조선이연금속주식회사가 평양에 공장을 세웠다.[40] 이러한 공장들은 수풍발전소의 전력을 얻을 수 있을뿐더러, 고즙을 공급받을 수 있는 천일염전과도 가까워 그 발전의 가능성은 충분히 예견되었다. 이제는 천일염전에서 고즙을 추출해 내는 산업이 필요했다.

전매국은 1930년대 후반부터 이러한 고즙 수요의 증가에 대비한 대책을 세웠다. 1937년 3월, 무네스에(棟居) 전매국장은 기자단과의 회견에서 총 3기에 걸친 고즙공업 발전계획을 발표하였다. 제1기 계획은 주안과 광량만에 각각 300석씩 고즙을 추출하는 것이고, 제2기 계획은 이를 50만석으로 확장하여 야마구치현(山口縣)의 우베(宇部)로 이출한다는 것이다. 그리고 마지막 제3기 계획은 조선에서 고즙공업을 대대적으로 확장시켜 직접 마그네슘을 제조하는 것이었다.[41] 고즙공장은 액체상태의 고즙을 고형고즙(固形苦汁) 형태로 만드는 것인데, 해방 전까지 제3기 계획까지의 완전한 이행은 이루지 못했지만 상당량의 고즙은 생산된 것이 확실하다. 1943년까지 광량만염전에서는 조선이연금속주식회사가, 주안염전에서는 다케다제약주식회사가, 소래염전에서는 조선제염공업주식회사가 각각 영업을 하고 있

40) 「鴨江水電開發로 各種化學工業簇出」,《每日申報》1939년 5월 08일자 2면.
41) 「朝鮮에서 '苦汁'生産 마구네슘도 將來는 製造」,《每日申報》1937년 3월 24일자 2면.

었다.[42] 전매국은 이러한 고즙공장을 남동, 군자, 남시염전 등으로
더욱 확장하겠다는 계획을 발표하였다.

2) 고즙과 제약업

고즙에서 마그네슘 다음으로 중요한 원료는 흔히 '취소(臭素)'라고
불리우는 '브롬'이다. 브롬은 주로 제약용으로 쓰였는데, 이러한 브
롬을 채취하기 위해 가장 먼저 조선에 진출한 회사가 오사카(大阪)에
본점을 둔 다케다(武田)제약이었다. 1937년 전매국으로부터 주안염
전의 고즙을 대여받아 그해 4월부터 브롬 생산에 나서게 된 것이다.

전매국의 사이토(斎藤) 鹽蔘課長의 말에 의하면 오사카(大阪)의 다
케다 쵸우비(武田長兵衛)상점에서는 주안염전의 苦汁에 착안하여 대
체로 전매국으로부터 苦汁을 받기로 양해를 얻었고 2개월 전부터 技師
가 들어가 주안출장소의 시설 대여를 받아 苦汁의 연구에 착수하였으
며 시험공장 부지, 苦汁溜 등도 결정하여 4월 採鹽期에 들어가면 본격
적으로 苦汁에서 臭素를 생산할 모양이다. 이 臭素는 醫藥으로 해서는
진정제, 지한제, 해열제, 수면제 등의 여러 藥用이 있고 染料에도 사용
하는 외에, 화학병기 중의 백미인 독가스(毒瓦斯)의 원료로, 현재 年
450톤의 수요가 있다. 우리나라는 年産額 230~240톤 정도로 半分을
수입에 의존하기 때문에 주안의 苦汁工業이 성공한다면 수입을 防遏
할 수 있으므로 國防, 國策上으로도 중대시되고 있다.[43]

---

42) 「간수 工場을 增設, 專賣局에서 南洞, 君子, 南市鹽田에」, 《每日申報》 1943년 10월
9일 3면. 이 밖에도 신의주에서 고즙을 처리하는 도요금속공업이 1942년부터 조업을
개시하였으므로, 1943년 현재 조선에 있는 고즙처리공장은 모두 4곳이었다.
43) 「鹽田の廢物苦汁から大發見: マグネシユームと臭素製造明朗な快ニユース」, 《朝鮮新
聞》 1937년 3월 19일자.

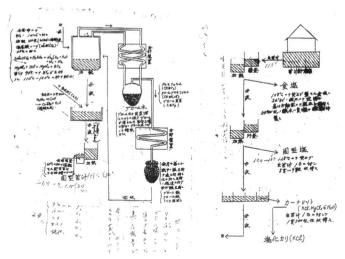

〈그림 5-10〉 다케다제약의 주안공장 브롬제조 공정

위의 기사를 통해 알 수 있듯이 브롬은 진정제, 지한제, 해열제, 수면제 등 다양한 약품을 생산할 수 있는 주요 원료이고, 또 화학병기 중의 하나인 독가스의 원료가 되어 군수산업(軍需産業)으로도 중요성을 인정받고 있었다. 고즙 1석(石)당 약 0.15kg의 브롬이 채취되었다고 한다.

〈그림 5-10〉은 다케다제약 주안공장의 브롬 제조 공정을 나타낸 것이다. 브롬을 생산하기까지의 과정을 설명하면, 먼저 보메 31도에서 생산된 고즙을 필터 프레스(filter press)에서 여과한다. 여과된 액은 농후부(濃厚釜)에서 섭씨 약 108도까지 가열하고, 결정지(結晶池)로 옮겨 섭씨 60도까지 냉각하여 식염(食鹽)을 채취한다. 식염을 원심뷰리기에서 분리하여 얻은 모액(母液)은 다시 농후부(濃厚釜)에서 섭씨 120도까지 가열하고, 이때 가마 안에서 식염 일부가 결정(結晶)하

〈표 5-7〉 다케다제약 주안공장의 1938년 수지(收支) 계산서

收入之部				支出之部			
科目	수량(kg)	kg당 단가(錢)	금액(円)	科目	수량(kg)	kg당 단가(錢)	금액(円)
브롬	2,128.5	177.78	3,784.00	苦汁	2,874,774	0.605	1,739.24
食鹽	74,718.0	2.83	2,116.50	石灰	7,694	2.660	204.65
粗製鹽	30,000.0	1.42	425.00	硫酸	2,825	11.000	310.75
固形鹽	405,224.0	3.15	12,751.08	鹽素酸소다	1,266	40.000	506.25
硫酸마그네슘	10,025.0	4.22	423.20	캐러멜	506	33.300	168.75
固形苦汁	294,140.0	4.82	14,181.75	石炭	660톤	톤당 2,134.000	14,084.40
카널라이트	52,950.0	3.92	2,075.64	포장재료			6,672.48
				공장소모품			2,173.11
				영업비			2,202.69
				설치 및 수리			961.23
				공임	延8,222人	100.000	8,221.99
				동력비			856.81
				전등비			472.16
				토지사용료			319.41
				이자			1,000.00
총계			35,757.17	총계			39,893.92
				差引			-4,136.75

는 것을 채취한다. 그 모액은 섭씨 128도까지 농축하는데, 1시간 정도 방치하여 고형염(固形鹽)이 침전하면 상층의 액을 원심분리기로 분리 한다. 모액을 탱크로 옮겨 충분히 냉각시키면 카널라이트(carnallite) 의 결정을 얻는다. 모액이 투명해질 때까지 두었다가 이를 브롬 가마 로 옮겨 염소산(鹽素酸)소다 및 유산(硫酸)을 유리(遊離)시키면 브롬을 얻을 수 있다. 브롬을 채취한 폐액(廢液)은 석탄으로 충분히 중화시킨

후 저장한다. 폐액을 증발부(蒸發釜)에서 섭씨 160도까지 농축하면 고
형고즙(固形苦汁)이 된다.[44] 브롬의 제조에는 이와 같이 상당히 복잡
한 과정을 거치지만, 이러한 과정을 통해 브롬 외에도 식염, 고형염(固
形鹽), 유산마그네슘, 고형고즙(固形苦汁), 그리고 칼륨비료의 원료가
되는 카널라이트 등을 얻을 수 있었다.

3) 고즙 채취가 제염 감수에 미치는 영향

앞에서 서술했던 바와 같이 고즙은 화학공업뿐 만 아니라 천일제
염에 있어서도 중요한 원료이다. 순도 높은 공업염을 생산하기 위해
서는 염 성분상 최대한으로 고즙을 없애야 하지만, 기상조건이 불리
한 우리나라에서 소금을 결정(結晶)시키기 위해서는 반드시 고즙이
필요했다. 따라서 이러한 고즙을 반출하여 화학공업의 원료로 사용
한다는 것은 불가피하게 제염 생산의 감소를 초래할 것이란 점을 충
분히 예측하게 한다.

1938년경 전매국은 천일염 결정(結晶)과정에서 나오는 고즙(苦汁)
을 결정모액(結晶母液)에서부터 채집하는 시험을 실시하도록 각 제염
관서(製鹽官署)에 명하였다. 금속마그네슘의 원료가 되는 고즙을 천
일염전에 채취할 경우 천일제염 생산량에 어떠한 영향이 미치는지
알아보기 위해서였다. 이 시험에 관해서는 마침 우방협회『조선염업
사료』에 주안과 광량만 두 염전에서 실시한 「고즙폐기(苦汁廢棄)에
의한 염감수(鹽減收) 조사 시험성적서」가 실려있어 그 결과를 알 수

---

44) 「昭和十三年, 天日鹽田産苦汁利用及藥品製造關係資料」, 『專賣局朱安山張所關係資
料』(CTA0002798)

있다.[45] 말이 고즙 '폐기'이지 실상은 고즙 '반출'인 시험이다.

먼저 주안염전의 시험성적서에 대해 알아보겠다. 주안염전은 이미 1년 전인 1937년에 제5구 염전의 2정보를 시험염전으로 하여 시험을 실시하였다. 제5구 2호의 병(丙)염전에서 동측(東側) 2정보를 고즙폐기 염전으로 하고, 역시 같은 면적의 서측(西側)을 기존방식의 염전으로 구분하여 비교한 것이다. 시험기간은 1937년 6월 24일부터 동년 8월 20일까지였지만, 7월 22일까지는 날씨 관계로 고즙의 비중(比重) 상승이 이루어지지 않아 7월 23일 이후 32일간을 유효일수로 하였다. 시험방법은 양 염전의 저류(貯溜) 함수(鹹水)를 동등의 비중으로 분할하고, 고즙폐기 염전은 채염(採鹽) 직후 모액(母液)의 비중이 31도를 초과할 때 결정면적의 약 1할 상당량을 폐기하는 것으로써 동서(東西) 염전의 채염량과 성분 등을 분석하는 것이었다. 이 실험으로 얻어진 염의 생산량과 분석성적은 아래 표와 같다.[46]

〈표 5-8〉 고즙폐기 염전과 재래식 염전과의 염 생산량 비교표

염전별	면적	결정면적			생산능력(kg)	채염 실수량(kg)	능력에 대한 생산비율
		연면적(m³)	유효일수	1일1정보당			
고즙폐기염전	2町	44.118	32	0.68935	16,230	25,416	1.566
재래식염전	2町	44.887	32	0.70136	15,144	24,708	1.632
비교				-0.01201		-708	-0.066

---

45)「昭和十四年, 金属マグネシウム原料とーて塩田産苦汁の採集」, 『專賣局南市海南出張所關係資料』(CTA0002816).

46) 專賣局 朱安出張所,「昭和十三年度, 朱安天日鹽田苦汁廢棄に衣る鹽減收調査」, 同上書.

위의 시험으로 고즙폐기 염전에서 약 6.6%가 감산되는 708kg의 감수량(減收量)을 보았음을 알 수 있다. 비중 31도의 폐기된 고즙은 모두 35.5석(石)이 나와서 고즙폐기 기간을 31일로 할 때 1일 1정보당 폐기량은 0.573석이었다. 아울러 위 실험을 동등의 조건으로 주안염전 198정보 전체에서 총 제염기간(4월 1일부터 10월 15일까지)인 198일 간 실시한다고 상정한다면, 염 감수량은 약 911,394kg에 이를 것으로 예측되었다.

그러나 주안염전에서의 시험은 전체 제염기간 중 일부 기간만을 대상으로 한 시험이어서 그 시험의 적확 여부를 담보할 수 없었다. 전체 제염기간 중에는 기상 변화 등 외부환경에 영향을 받는 일이 많아서 한 가지 시험 결과를 일반화하기에는 어려움이 있었던 것이다. 이에 비해 광량만염전에서 실시한 시험은 시험염전의 전체 제염기간을 대상으로 하는 것이어서 신뢰성이 높았다.

광량만염전에서의 시험은 1938년 3월 31일부터 10월 8일까지(222일간)의 1차 시험, 1939년 3월 1일부터 10월 5일까지(218일간)의 2차 시험으로 하여 시행되었고, 모두 광량만 제5구 3호염전 3.25정보를 시험염전으로 하였다. 주안염전과 마찬가지로 결정모액 31도를 초과하는 고즙을 폐기하는 방식으로, 전체를 폐기하는 것이 아니라 1정보당 100석을 한도로 하였다. 이 두 차례의 시험결과는 다음과 같다.[47]

---

47) 專賣局 廣梁灣出張所, 「昭和十三年度, 苦汁廢棄試驗鹽製造試驗報告」 및 「昭和十四年度, 苦汁廢棄試驗鹽製造試驗報告」, 同上書.

〈표 5-9〉 각년도 시험염 월별 제조고 및 생산 비율(단위: kg)

월별	1938년 시험				1939년 시험			
	재래법	고즙폐기법	증감량	비율	재래법	고즙폐기법	증감량	비율
4월	46,249.7	45,271.9	-977.8	0.98	35,812.4	35,812.4	0.0	-
5월	47,885.1	44,421.7	-3,463.4	0.93	76,322.5	76,322.7	0.2	-
6월	60,672.9	52,445.9	-8,227.0	0.86	70,852.1	65,268.6	-5,583.5	0.92
7월	34,929.7	33,865.0	-1,064.7	0.97	59,162.9	55,981.5	-3,181.4	0.95
8월	46,111.7	42,226.5	-3,885.2	0.92	80,800.5	70,322.2	-10,478.3	0.87
9월	19,136.0	16,857.2	-2,278.8	0.88	1,693.0	1,941.0	248.0	1.15
10월	4,958.0	5,295.0	337.0	1.07	4,499.0	4,142.6	-356.4	0.92
합계	259,943.1	240,383.2	-19,559.9	0.92	329,142.4	309,791.0	-19,351.4	0.94

광량만염전의 시험 결과 1938년에는 19,560kg, 1939년에는 19,351kg의 염 생산이 감수(減收)되었다. 각각 8%와 6%의 감수율을 보인 것이다. 32도 비중의 고즙 폐기량은 1938년 97.622㎥(1정보당 30.037㎥), 1939년 59.776㎥(1정보당 18.393㎥)였다. 따라서 1937년에 실시한 주안염전의 시험 결과와는 큰 차이를 보이지 않았다. 두 염전 모두 1정보당 100석(또는 결정면적의 약 10%) 정도의 고즙을 폐기할 경우, 6~8%의 생산 감수를 예상하는 것이었다.

천일제염을 하기에 중국 등 다른 외국에 비해 기상환경이 불리한 우리나라의 조건에서 고즙은 천일염 생산의 항상성을 유지시켜 주는 필수 요소이다. 따라서 아무리 고즙이 떠오르는 화학산업의 중요 원료가 되었다고 해서 이것을 모두 반출시켜 버린다면 조선에서의 천일제염은 불가능한 것이 되어버린다. 이러한 염려는 위의 시험보고서에도 그대로 나타나고 있었다.

〈고즙폐기 방법〉

제염기간을 통해 1정보당 100석 내외의 폐기로 한다면 과거 2개년 폐기 실적량의 6할 5푼에 상당함. 이것의 폐기 시기와 방법에 대해서는 최선의 주의를 쏟을 것

1) 最盛期까지의 폐기를 일정한도에서 멈추고, 最盛期의 다량 생성시에는 꼭 필요한 것 이외는 폐기하는 것으로 함. 雨期 후에도 일정한도로 폐기하는 방법

2) 제염기간을 통해 전체를 폐기하지 말고, 전량의 6할 정도 폐기하고 나머지 여분은 재래법과 같은 방식을 이용하는 방법 등 實地에 맞추어 연구, 감산량을 최소한도로 멈추는 식으로 공부할 것[48]

이처럼 전매국은 고즙을 전체 제염기간이 아닌 최성기(最盛期)에 폐기할 것을 권고하고 있다. 특히 제염 준비기간이나 최성기에 이르기 이전 기간에는 최대한 고즙 폐기를 중지할 것을 당부하였다. 아울러 위의 시험에서 고즙 폐기량을 1정보당 100석으로 규정하고 있는 점도 눈여겨 볼 만하다. 필자가 추측컨대 각 염전에 이미 총독부 측으로부터 고즙 반출에 대한 할당량이 나온 것이 아닌가 의심하지 않을 수 없다.

앞서 보았듯이 고즙공업을 통해 생산되는 마그네슘 제품들은 자동차, 비행기 제작의 재료가 됨은 물론, 독가스와 같은 화학무기도 생산할 수 있었다. 따라서 전시체제 아래에서는 중요 군수산업으로 보호와 지원이 아껴지지 않았다. 제2차 세계대전으로 수입염 수급의 곤란을 받고, 인력과 자재난에 의해 염 생산량은 점차 떨어졌음에도

48) 專賣局 廣梁灣出張所, 「昭和十三年度 苦汁廢棄試驗 鹽製造試驗報告」, 同上書.

불구하고 총독부의 고즙생산 독려는 식민지기 마지막까지 더욱 노골
화하였다.

> 본년도의 채염은 大東亞戰爭의 歸趨를 결정할 大決戰이 가을에 있
> 어서, 염 수급의 □度에 緊迫한 狀勢로 보아, 自産自給의 心□으로써
> 철저하게 大增産을 결행하여, 戰時下 국민생활의 안정을 기하는데 노
> 력하고, 특히 아래의 사항을 유의하여 생활 확보에 만사 유감이 없도
> 록 기해야 한다.
> 〈指示事項〉
> 1. 苦汁 생산에 관한 건: 臭素 및 金屬마그네슘, 그리고 鐵의 精錬上
>   어디까지나 확보해야하는 중요한 자원으로서, 본년도에서는 이 생산
>   을 모든 염전에서 실시할 것으로 결정되었음. 종래의 염의 本意主義
>   는 鹽 및 苦汁의 倂進主義로 전환, 생산 확보에 만전을 기해야 함.
> 2. 결정지 개량에 관한 건: 본년도부터 10개년 계획으로 매년 염전
>   면적 240정보의 결정지를 개량할 예정임. 과거의 개량 실적은 자
>   재 입수난으로 예정 계획에 대해 기설염전 69%, 신염전 5%를 하
>   지 못함. 내년도부터는 이를 촉진하도록 本局에서 극력 노력할 것
>   으로, 施工의 速進化 및 자재의 확보에 관해서는 출장소에서 만전
>   을 기할 것.[49]

위의 글은 1943년 전매국 염삼과장(鹽蔘課長)이 전 제염관서장에
게 보낸 통첩문이다. 아시아·태평양전쟁이 한창인 중에도 브롬 및
금속마그네슘 공업의 중요자원인 고즙의 생산을 독려하고 있다. 아

---

49) 石川武吉 編, 「朝鮮の天日製鹽に關する資料總說編」(1973), 『朝鮮の鹽業』, 友邦協會,
   1983, 111쪽.

울러 전매국의 방침이 제염 및 고즙의 병진주의(倂進主義)로 전환하였음을 밝히고 있다. 고즙의 반출이 계속되는 한 제염의 증산은 결코 이루어질 수 없음에도, 제염과 고즙의 병진주의라는 상호 모순된 정책이 이루어진 것이다.

이러한 모순된 정책의 결과는 통계적으로도 증명된다. 1940년대 이후 공업염과 식량염 증산을 위한 천일염전 확장은 크게 늘어났어도, 그 생산량은 오히려 떨어지고 마는 이해할 수 없는 상황이 도래한 것이다. 즉, 1939년 4,328정보인 천일염전의 면적은 1945년 5,925정보로 약 1.4배 늘어났지만, 천일염의 생산량은 1939년 431,355톤을 정점으로 1940년 281,055톤, 1941년 284,391톤, 1942년 264,380톤으로 계속 하락하였다. 통계 자료가 남아있지 않은 1943년, 1944년의 상황도 마찬가지였을 것이다. 1943년 제염 생산의 목표량은 392,338톤이었지만 1944년에는 363,418톤으로 낮추어 잡고 있다. 이는 실제 생산량이 목표량에 크게 못미치었을 가능성이 크다는 사실을 암시한다. 이와 같은 전시체제기의 제염 생산 하락을 단순히 자재 및 인력 부족에서 기인한 것으로만 볼 수는 없을 것이다. 식민지기 일본으로 향한 조선에서의 염의 이출은 없었다고 하지만, 일본은 천일염 증산의 중요 자원인 고즙을 반출함으로써 염의 생산력을 급속히 저하시켰을 것이다.

맺음말

　본 연구는 우리나라 천일제염에 담겨있는 '식민성'과 '근대성' 양 측면을 탐구해 보는 것이었다. 아울러 비교적 최근까지도 대표적인 염전 도시였던 인천의 공간적 변화 양상도 함께 살펴보았다.

　1907년 주안염전에 세워진 1정보의 천일제염시험장을 시작으로 1945년까지 식민지기 동안에 건설된 천일염전은 5,922정보의 관영 염전과 1.242정보의 민영염전을 합해 총 7,164정보에 달한다. 관영 염전에서만 최고 연산액이 43만톤에 이를 정도로 우리나라 염 수급 안정에 큰 공을 세웠다. 인천지역에 세워진 관영 천일염전은 주안, 남동, 군자, 소래염전 등 1,700여 정보이다. 식민지기 전체 천일염전 중 23.8%에 불과하지만, 한국전쟁 이후로는 남한 지역에 유일하게 남은 관영염전으로서 역시 우리나라 제염업 발전에 크게 공헌하였다.

　남한의 천일염전은 한때 1만 정보를 넘을 정도로 크게 확장이 되었다가 제염업의 구조조정을 거쳐 현재 남은 염전은 허가면적 약 4,900여 정보에 불과하다. 그러나 2008년 현재, 국내 총 생산액 55만 6천 톤 가운데 약 70%에 달하는 38만 4천 톤을 생산하고 있어 아직까지는 그 독보적인 위치를 상실하지 않았다. 다만 인천지역의 관영 천일염전은 도시화 과정 속에서 1996년 소래염전의 폐전을 끝으로 모두 사라져버렸다. 현재 남아 있는 천일염전은 옹진군 관할 도서 지역의 일부 민영염전뿐이다.

이처럼 위의 통계 수치상으로만 보아도 천일제염이 우리나라 제염업 발전에 미친 영향은 가히 절대적이다. 통감부에 의해 세워진 계획이 100년이 넘도록 지속되고 있는 것이다. 그러나 그 내면적 측면을 보았을 때, 천일염전에 드리워진 식민적 성격 또한 쉽사리 지워지지는 않는다. 제1장에서 일본인 제염기술자들이 증언하였듯이 조선의 천일제염의 발전은 일본의 제염업자를 보호하고 일본의 전매제도를 유지하는데 그 목적이 있었기 때문이다. 다음으로 지금까지의 연구 결과를 정리하여 식민지기 인천의 근대 제염업을 정의하자면 다음과 같은 특징을 발견할 수 있었다.

첫째, 인천은 근대 제염업의 시험장이었다. 식민지기 인천은 '소금의 인천[鹽の仁川]'이라는 칭호를 받았다. 천일염의 시발지인 동시에 재제염, 가공염, 정제염, 공업염 등 각종 제염법에 있어서의 다양한 시험이 이루어졌다. 특히 주안염전에서는 제4구 염전의 일부를 시험염전으로 설정하고 결정지 개량이나 고즙채취 등 다양한 실험을 전개하였다. 아울러 1929년에는 일본에서도 3번째인 진공식(眞空式) 제염공장이 설치되어 우리나라 최초의 정제염을 생산하기도 하였다. 최초의 민영 천일염전인 조선염업주식회사의 인천제염소에서도 천일제염과 전오제염을 결합한 천일함수전오법이라는 개량제염을 시행하여 세간의 주목을 받기도 하였다.

둘째, 인천은 소금의 유통에 있어서도 중심지였다. 주지하듯이 인천은 그 어느 도시보다 빠른 시기에 항만과 철도가 완비되었다. 따라서 관영 천일염전의 생산염뿐 아니라 산동, 청도, 관동주 등으로부터 들어오는 수입염도 인천이 그 집산지가 되었다. 1930년대 초의 기록에 따르면 수입염 7만 톤을 비롯해 인천항에서 유통되는 소금의 양이

13만 8천 톤에 달했고, 여기에 주안역을 통해 반출되는 1만 4천 톤을 합하면 총 15만 2천 톤이 되어 전체 인천항 수이출 화물의 24%를 차지했다고 한다. 이는 해방 후에도 지속되어 1970년대까지 연안부두의 염부두에 있는 위탁상들이 국내 소금 수요량의 약 50%를 장악하고 있었다.

셋째, 인천의 염전은 공업도시로서의 성장에도 기여하였다. 인천의 천일염전은 1972년 주안염전이 완전 매립되어 수출산업단지가 된 것으로 시작으로 1990년대까지 모두 폐전되어 공업단지나 주택단지로 탈바꿈하였다. 그러나 그 훨씬 이전인 1930년대 말부터 공업염과 고즙(苦汁)을 이용하기 위해 화학공업 공장들이 속속 인천에 입주하였다. 1937년 주안염전에 설립된 다케다(武田)제약회사와 1943년 소래염전에 설립된 조선제염공업주식회사가 대표적이다. 아울러 해방 후에도 한국화약, 인천판유리, 동양제철화학 등 국내 굴지의 화학공장들이 제품의 원료인 소금을 얻기 위해 인천에 공장을 세웠다.

하지만 이러한 식민지기 제염업에서의 변화 과정을 총독부가 온전히 끌고 간 것은 아니었다. 총독부는 소위 '제조 전매제'와 '염수이입 관리령'을 통해 조선에서 생산되고 유통되는 모든 천일염의 통제권을 장악하고자 했지만 급증하는 공업염 수요의 증가와 화학공업의 발전에 효과적으로 대처할 수 없었다. 대규모 염전 확장에 따르는 재정적 부담을 이겨낼 수 없었기 때문이다. 따라서 1930년대 후반 실질적인 염전매제를 포기하고 일본 대기업의 천일제염업 진출을 허용하고 만다. 전매국의 수많은 제염기술자들이 이들 민간기업으로 이직하였고, 또 관영염전으로 건설된 소래염전을 조선제염공업주식회사에게 대여할 정도로 총독부는 적극적인 지원에 나섰지만, 전시체제기에 들어선 정국의 불안과 자재 공급의 지연 등으로 소기의 성과는 이루지 못하였다. 대신에 군수물자를 생산하는 마그네슘공업이 크게 발전함에 따라 천일염전의 부산물인 고즙의 유출이 확대되었고, 결국 이것은 제염생산의 저하를 초래하는 파국적 결말로 돌입하고 말았다.

한때 인천 사람의 기질을 나타내는 말로 '짠물'이란 말이 돌았다. '짠-물'이라 함은 바닷물이나 소금물의 고유한 특성을 표현하는 말이지만, 여기서는 바닷가나 부둣가 사람들의 거친 삶을 비하하는 문화적인 멸시의 뜻도 담겨있다. 그러나 우리나라에서 '짜다'는 말이 '인색하다'라는 뜻을 품게 된 것은 그리 오래된 일이 아니었다. 1980년대 초부터 발행된 국어사전에서야 그러한 의미가 추가되어 있었다. 언어는 그 시대와 지역의 역사와 문화를 반영한다. 우리와는 역사와 문화가 상이한 프랑스에서 '짜다'라는 말의 의미는 '터무니없이 비싸다'라는 뜻을 가지고 있다. 프랑스혁명의 발단이 되는 가혹한 염세(鹽稅)가 암거래와 억압이라는 악순환을 거치며 언어의 의미를 변질시킨 것이다.

몇 년 전, 인천광역시립박물관에서는 '짠물에 대한 해명'전(展)이라는 특별전을 개최한 일이 있다. '짠물'이라고 하는 인천의 부정적 이미지를 역으로 드러내 오늘날 인천의 번영은 소금처럼 짜게(근면하고 검소하게) 살아온 인천 사람들이 있었기에 이루어졌음을 시민들에게 알려 주었다. 그리고 인천이 '짠물'의 대명사가 된 원인이 인천에 수많은 염전이 있었기 때문이라고 결론을 내리었다. 하지만 필자는 여기에 더해 인천 '짠물'에는 수 많은 인천 염전의 몰락, 그리고 우리나라 제염업의 전반적인 몰락과도 관계가 있다고 본다. 앞에서도 이야기 하였듯이 인천은 소금의 생산 뿐 아니라 유통에서도 중심적 지위에 있었다. 70~80년대만 하여도 인천에서 염전을 갖고 있는 지주들은 상당한 부호에 속했다. 아울러 수입염을 둘러싸고 적지 않은 밀수도 횡행하였다. 여기서 돈을 번 사람들이 요정 등 화류계(?)에서 돈을 물 쓰듯 쓰다가 우리나라 제염업이 쇠퇴하면서 인색해져 버리자 이를 세간의 사람들이 비웃으며 만들어진 말이라는 신문 기사도 있다.

현재 우리나라의 천일제염은 전반적인 하향세를 면치 못하고 있다. 정부의 지원도 있지만 실질적인 도움에는 크게 못미치며, 전라남도 도서지역에서 간신히 그 생산을 유지하고 있는 정도이다. 그렇다면 이제 우리나라의 천일제염업은 그 종말을 앞두고 있는 존재에 불과할까? 이러한 의문 속에 필자는 어느날 우연히 인터넷 검색을 하던 중, 2016년 5월에 있은 북한 조선중앙통신의 보도문을 보게 되었다. 평안남도 귀성제염소에서 소금 생산공정을 혁신적으로 변화시킬 수 있는 '지하 초염수'를 발견했다는 것이다. 현지지도에 나선 김정은 노동당 위원장은 "인민군대에서 지하초염수에 의한 소금생산방법을 받아들여 적은 면적의 소금밭에서 많은 양의 소금을 생산하고 있다는 보고를 받고 너무 기뻐 잠이 오지 않았다"고 한다. 지금까지 우리나라 서해안에서 농도 높은 함수가 해저에 매장되어 있다는 사실은 한 번도 알려지지 않았던 일이다. 그런데 북한에서 이 해저의 함수를 발견했다는 사실은 분명 놀라운 일일 수 밖에 없다. 북한 측의 보도여서 여기에 대한 진위를 어디까지 인정해야 할지 모르겠으나, 지금도 국가의 기간산업으로 천일제염이 활발히 이루어지고 있는 곳이 북한이라는 사실만은 확인할 수 있었다. 식민지기에도 70%가 넘

는 천일염전이 북한 지역에 있었으므로, 지금 현재까지 어떠한 변화
가 있었는지 자못 궁금해진다. 앞으로는 광량만염전 등 북한 지역의
제염업에 대해서도 연구해 보도록 하겠다.

찾아보기

참고문헌

[자료]

『公有水面埋立許可竣工書』(국가기록원 CJA0015239)

『關東州の鹽業(附朝鮮の鹽業)』滿鐵調査資料 第十三篇, 南滿洲鐵道株式會社社
　　長室, 1922.

『國有財産臺帳(인천경성지방전매국)』(국가기록원 CJA0020267, CJA0020288,
　　CJA0020289, CJA0020290)

『男爵目賀田種太郎』, 目賀田男爵傳記編纂會, 1938.

『民間資本による天日鹽田築造關係資料』(국가기록원 CTA0002822)

『鹽田經營ノ爲ニスル埋立承認』(국가기록원 CJA0014770)

『鹽田築造ノ爲ニスル公有水面埋立件』(국가기록원 CJA0002790)

『仁川府史』, 仁川府廳, 1933.

『仁川商工業調査』, 朝鮮總督府, 1913.

『仁川鄕土誌』, 仁川敎育會, 1932.

『在朝鮮企業現狀槪要調書4』(국가기록원 CTA0001384)

『專賣局廣梁灣出張所關係資料1』(국가기록원 CTA0002800)

『專賣局廣梁灣出張所關係資料2』(국가기록원 CTA0002807)

『專賣局貴城出張所關係資料』(국가기록원 CTA0002809)

『專賣局南市海南出張所關係資料』(국가기록원 CTA0002816)

『專賣局朱安出張所關係資料』(국가기록원 CTA0002798)

『朝鮮の天日製鹽に關する資料』(국가기록원 CTA0002790)

『朝鮮專賣史』1~3, 朝鮮總督府 專賣局, 1936.

『朝鮮天日製鹽調査報告書』, 日本水産講習所, 1919.

『朝鮮總督府專賣局年報』(1921　1930)

『朝鮮總督府專賣局鹽業統計資料』(국가기록원 CTA0002793)

『韓國水産誌』1~4, 農商工部 水産局, 1911.

『韓國鹽務槪況』, 度支部 臨時財源調査局, 1910.

『韓國鹽務行政要領』, 度支部 臨時財源調査局, 1910.

『韓國鹽業調査報告』第1編, 度支部 臨時財源調査局, 1908.

[단행본]

姜在彦 編, 『朝鮮における日窒コンツェルン』, 不二出版, 1985.

紀麗眞, 『明淸山東鹽業硏究』, 齊魯書社, 2009.

吉田敬市, 『朝鮮水産開發史』, 朝水會, 1954.

김진균 외, 『근대주체와 식민지 규율권력』, 문화과학사, 1997.

大塩武, 『日窒コンツェルンの研究』, 日本經濟評論社, 1989.

落合 功, 『近世瀨戶內鹽業史の硏究』, 校倉書房, 2010.

마크 쿨란스키(이창식 역), 『소금』, 세종서적, 2003.

박은경, 『일제하 조선인 관료 연구』, 학민사, 1999.

새뮤얼 애드세드(박영준 역), 『소금과 문명』, 지호, 2001.

石橋雅威 編, 『朝鮮の鹽業』, 財團法人友邦協會, 1983.

宋良曦 外, 『中國鹽業史辭典』, 上海辭書出版社, 2010.

신기욱·마이클 로빈슨 엮음, 『한국의 식민지 근대성』, 삼인, 2006.

유승훈, 『우리나라 제염업과 소금민속』, 민속원, 2008.

_____, 『작지만 큰 한국사, 소금』, 푸른역사, 2012.

유종인, 『소금이 일어나는 물거울, 염전』, 눌와, 2007.

윤형숙 외, 『소금과 새우젓』, 민속원, 2010.

이승일 외, 『일본의 식민지 지배와 식민지적 근대』, 동북아역사재단, 2009.

이영호, 『한국근대 지세제도와 농민운동』, 서울대학교출판부, 2001.

인천광역시 남구, 『도시마을 생활사: 용현동·학익동』, 2016.

인천도시인문센터 엮음, 『파도위의 삶, 소금밭에서의 생』, 한울, 2013.

日本專賣公社, 『日本鹽産業大系』近·現代資料編, 1975.

전상숙, 『조선총독정치연구』, 지식산업사, 2012.

정동효, 『소금의 과학』, 유한문화사, 2013.

정연태, 『한국근대와 식민지 근대화 논쟁』, 푸른역사, 2011.

丁長淸 外, 『中國鹽業史: 近代·当代編』, 人民出版社, 1997.

정태헌, 『한국의 식민지적 근대 성찰』, 선인, 2007.

피에르 라즐로(김병욱 역), 『소금의 문화사』, 가람기획, 2001.

호리 가즈오(주익종 역), 『한국 근대의 공업화: 일본자본주의와의 관계』, 전통과
현대, 2003.

홍성찬 외, 『일제하 경제정책과 일상생활』, 혜안, 2008.

[논문]

강만길, 「朝鮮後期 公鹽 制度考—鳴旨島 鹽場을 중심으로」, 『사학지』4, 단국대
학교 사학회, 1970.

고승제, 「李朝鹽業의 經濟構造」, 『논문집』, 서울대학교, 1956.

＿＿＿, 「李朝鹽制의 基本構造」, 『논문집』, 서울대학교, 1956.

고태우, 「1930년대 조선총독부의 궁민구제토목사업과 지역개발」, 『역사와 현
실』86, 한국역사연구회, 2012.

＿＿＿, 「조선총독부 토목행정과 토목관료의 '조선개발' 인식」, 『역사와 경계』
97, 부산경남사학회, 2015.

곽민선, 「우리나라 소금産業의 特性과 發展方案에 관한 硏究」, 고려대학교 생명
환경과학대학원 석사학위논문, 2005.

紀麗眞, 「淸代山東海鹽生産技術硏究」, 『鹽業史硏究』 2007年 2期.

김경옥, 「19~20세기 비금도 간척지의 조성과 이용 실태」, 『한국학연구』41,
인하대학교 한국학연구소, 2016.

김의환, 「조선후기 소금 생산법의 변화와 曬鹽法의 대두」, 『한국사학보』59,
고려사학회, 2015.

김일기, 「煎熬鹽 製造方法에 관한 硏究」, 『문화역사지리』3, 한국문화역사지리
학회, 1991.

김준, 「소금과 국가 그리고 어민」, 『도서문화』20, 목포대학교 도서문화연구소, 2002.

김혜숙, 「전시체제기 '가격통제' 제도와 조선의 상거래 관행」, 『숭실사학』24, 숭실대학교사학회, 2010.

김호종, 「朝鮮後期 魚鹽의 流通實態」, 『대구사학』31, 대구사학회, 1986.

_____, 「朝鮮後期 製鹽에 있어서의 燃料問題」, 『대구사학』26, 대구사학회, 1984.

문홍일, 「천일염 생산시설의 변화」, 『도서문화』46, 목포대 도서문화연구원, 2015.

미야타 세쓰코(정재정 역), 『식민통치의 허상과 실상』, 혜안, 2002.

박민웅, 「1905~1910년 일제의 염업정책」, 『지배문화와 민중의식』, 한신대학교 출판부, 2008.

박정석, 「천일염의 생산과정과 유통체계, 그리고 정부정책」, 『도서문화』34, 목포대 도서문화연구원, 2009.

박준형, 「'租界'에서 '府'로: 1914년, 한반도 공간의 식민지적 재편」, 『사회와 역사』110, 한국사회사학회, 2016.

石谷寅三, 「鹽の仁川」, 『朝鮮之水産』105, 朝鮮水産會, 1934.

손정목, 「日帝下 化學工業都市 興南에 관한 硏究(상·하)」, 『한국학보』59·60, 일지사, 1990.

宋志東, 「民國時期山東鹽業生産管理硏究」, 『鹽業史硏究』2008年 1期.

辻弘範, 「韓國近代史 關係史料의 蒐集·編纂現況과 展望-友邦文庫 朝鮮總督府 관계자료를 중심으로」, 『史學硏究』70, 한국사학회, 2003.

_____, 「朝鮮總督府關係史料の整理と調査-學習院大學東洋文化硏究所での事例-」, 『동북아시아문화학회 국제학술대회 발표자료집』, 2005.

兒玉州平, 「滿州塩業株式會社の設立意義: 過当競爭下日本ソーダ製造業との關連に注目して」, 『國民經濟雜誌』210(6), 神戸大學經濟経營學會, 2014.

여은영, 「鹽田」, 『녹우연구논집』24, 이화여대 사범대학 사회생활과, 1982.

유승훈, 「20세기 초 인천지역의 소금생산」, 『인천학연구』3, 인천대학교 인천학연구원, 2004.

_____, 「20세기 초 일제의 소금정책과 생산체제의 재편」, 『국학연구』6, 한국국학진흥원, 2005.

_____, 「인천연안의 염전」, 『인천연안의 어업과 염업』, 인천광역시립박물관, 2011.

伊藤昭弘, 「日露戰後の遼東半島における日本人の製塩經營-山口縣村井家を事例に」, 『文化交渉における畫期と創造』Vol. 3, 關西大學文化交渉學教育研究據点, 2011.

이영민, 「경인선 철도와 인천의 문화지리적 변화」, 『인천학연구』4, 인천대 인천학연구원, 2005.

이영학, 「개항기 제염업에 대한 연구」, 『한국문화』12, 서울대학교 규장각 한국학연구원, 1991.

_____, 「19세기 후반 정부의 염세징수와 그 성격」, 『한국학연구』26, 인하대학교 한국학연구소, 2012.

이영호, 「통감부시기 조세증가정책의 실험과정과 그 성격」, 『한국문화』12, 서울대 규장각 한국학연구원, 1991.

이욱, 「조선후기 염업정책 연구」, 고려대학교 박사학위 논문, 2002

李正熙, 「朝鮮開港期における中國人勞働者問題-'大韓帝國'末期廣梁灣鹽田築造工事の苦力を中心に」, 『朝鮮史研究會論文集』47, 朝鮮史研究會, 2009.

이형식, 「패전 후 조선통치관계자의 조선통치사편찬-우방협회를 중심으로」, 『동양사학연구』131, 동양사학회, 2015.

日下辰太, 「關東州の鹽業政策」, 『工業化學雜誌』36-12, 社團法人 日本化學會, 1933.

前田廉孝, 「戰前期台湾·關東州製塩業における日系資本の進出過程: 野崎家と大日本塩業株式會社を中心に」, 『社會經濟史學』78-3, 社會經濟史學會, 2012.

田中新吉, 「日本塩業を顧みて」, 『日本塩學會志』4(3-4), 日本塩學會, 1950.

_____, 「本邦內地製鹽に就て」, 『工業化學雜誌』33-4, 社團法人 日本化學會, 1930.

田中正敬, 「統監府の塩業政策について」, 『一橋論叢』115-2, 一橋大學 一橋學會, 1996.

_____, 「植民地期朝鮮の塩需給と民間塩業-1930年代までを中心に」, 『朝鮮史研究會論文集』第35集, 1997.

_____, 「近代朝鮮における塩需要と塩業政策」, 一橋大學 博士學位論文, 2001. 2.

_____, 「1930年以後の朝鮮における塩需給と塩業政策」, 『姜德相先生古希·退職記念日朝關係史論集』, 新幹社, 2003.

_____, 「日本における工業用塩需要の擴大と朝鮮塩業: 內外地塩務主任官會議を中心に」, 『人文科學年報』36, 專修大學 人文科學硏究所, 2006.

_____, 「植民地期朝鮮における專賣制度-鹽業を中心に-」, 『東洋文化硏究』13, 學習院大學 東洋文化硏究所, 2011.

糟谷憲一, 「戰時經濟と朝鮮における日窒財閥の展開」, 『朝鮮史硏究會論文集』12, 1975.

조한보, 「인천연안염업에 관한 연구」, 『논문집』18-2, 인천교대, 1984.

주강현·이기복, 「군자와 소래염전의 천일염」, 『시흥시사』6, 경기도 시흥시, 2007

村上正祥, 「わが國における製塩法の發達: 明治以降の製塩法の發展」, 『日本海水學會』36-2, 1982.

최성환, 「비금도 천일염전 개발과정과 사회적 확산」, 『도서문화』40, 목포대 도서문환연구원, 2012.

추교찬, 「소금생산과 남동·소래염전」, 『남동구 20년사』, 인천광역시 남동구, 2010.

土師盛貞, 「朝鮮に於ける專賣事業の槪要」, 『滿洲及朝鮮』196, 1931년 9월.

한인수, 「한말이후 일제하의 우리나라 제염업의 실태」, 『응용지리』1-3, 한국지리연구소, 1977.

황은수, 「주안염전의 축조 배경과 과정」, 『남동구 20년사』, 인천광역시 남동구, 2010.

류창호(柳暢浩)

인하대학교 사학과를 졸업하고 동 대학원 한국학과 박사과정을 수료하였다. 전공은
한국근대사이며, 주로 서해 도서 연안의 개발과 문화 교류에 관심을 갖고 연구에 임
하고 있다. 인하대학교 한국학연구소 연구원을 거쳐 현재는 인하대학교박물관 학예
연구사로 재직 중이다. 저서로는 『근대제국과 만난 인천-충돌과 변화』(공저), 『서해
5도민의 삶과 문화』(공저) 등이 있고, 논문으로는 「20세기 초 경기도 통진군 '보구
곶' 마을 사람들의 생활 양태」, 「일제강점기 '송도'연안의 개발과 어촌주민들의 삶」,
「1920년대 어느 식민지 지식인의 서해도서 '순례'」, 「서해 북부 해역에서의 해랑적
활동과 조선정부의 대응」 등이 있다.

인천학연구총서 37
식민지기 인천의 근대 제염업

2017년 2월 20일 초판 1쇄

기 획 인천대학교 인천학연구원
지은이 류창호
발행인 김흥국
발행처 보고사

등록 1990년 12월 13일 제6-0429호
주소 경기도 파주시 회동길 337-15 보고사 2층
전화 031-955-9797(대표)
     02-922-5120~1(편집), 02-922-2246(영업)
팩스 02-922-6990
메일 kanapub3@naver.com / bogosabooks@naver.com
http://www.bogosabooks.co.kr

ISBN 979-11-5516-633-8 94300
     979-11-5516-336-8 (세트)
ⓒ 류창호, 2017

정가 20,000원